L'AFFAIRE DREYFUS

JOSEPH REINACH

VERS LA JUSTICE
PAR LA VÉRITÉ

PARIS
P.-V. STOCK, ÉDITEUR
Ancienne Librairie TRESSE & STOCK)
8, 9, 10, 11, GALERIE DU THÉATRE-FRANÇAIS
PALAIS-ROYAL
—
1898
Droits de reproduction, de traduction et d'analyse réservés pour tous les
pays, y compris la Suède et la Norvège.

VERS LA JUSTICE PAR LA VÉRITÉ

Il a été tiré à part dix exemplaires sur papier de Hollande.

PRO MISERO

I

LE CURÉ DE FRÉJUS, OU LES PREUVES MORALES

14 mars 1898.

Bien qu'un peu légiste ou peut-être parce qu'un peu légiste, j'ai toujours pensé que les *preuves morales* sont de beaucoup supérieures aux preuves matérielles. J'entends, cela va de soi, les preuves morales qui résultent d'un examen approfondi du sujet, qui sortent du fond même des choses. L'innocence ni le crime ne peuvent fournir de démonstrations plus évidentes que celles-là.

I

Il y avait à Fréjus, dans les premières années de la Restauration, un curé d'un caractère très estimable; tous ses revenus s'en allaient en aumônes; il menait la vie la plus simple, la plus modeste; il n'avait même pas de servante.

Un matin, dans une maison qui n'était séparée de la sienne que par la largeur de la place de l'Église, on découvre qu'une vieille femme a été assassinée. On appelle les gendarmes; l'un d'eux, accompagné de plusieurs habitants, court chez le curé qui dormait encore. Il ouvre lui-même sa porte, aux premiers cris de ceux qui le venaient chercher et qui entrent chez lui. On lui annonce le crime. « Allons chez cette malheureuse », dit le curé, et il se prépare à s'habiller, pendant que l'un de ses visiteurs pousse le volet de la fenêtre.

Au moment où l'abbé va prendre sa soutane, le gendarme fait entendre cette exclamation : « Mais voyez donc, monsieur le curé, votre soutane est pleine de sang. » Le curé regarda : sa soutane, en effet, était rouge d'un sang qui avait à peine séché. Il demeura stupéfait.

« Etes-vous sorti hier soir ? demande le gendarme. — Non, répond l'abbé, j'étais très fatigué, je me suis couché de bonne heure. — Ah ! pardon, monsieur le curé, interrompent deux enfants, nous vous avons vu hier soir et vous nous avez parlé ! — Qu'est-ce ? comment ? demande le gendarme. — Il pouvait bien être dix heures, répondent les enfants, M. le curé a passé sur la place. Nous lui avons dit : « Bonsoir, monsieur le curé ! » M. le curé nous a dit : « Bonsoir les enfants ! » — Où allait-il ? — Mais chez la vieille femme. »

C'était celle qui avait été assassinée.

Le curé proteste avec véhémence qu'il ne comprend rien à ce mystère, qu'il n'est point sorti la veille. Les enfants, avec un ton de véracité qui convainc, affirment l'avoir vu, sur la place, l'avoir salué. La soutane sanglante était là, qui criait plus haut encore que leur témoignage.

Il y avait quelque chose qui criait plus haut encore que les enfants et même que la soutane rouge : c'était toute la vie de l'abbé, vie irréprochable et pure, qui aurait dû suffire à démontrer l'absurdité du soupçon, le mensonge des preuves matérielles. Mais, dans le tumulte qui emplit bientôt la petite ville de Fréjus, on n'entendit pas cette voix-là.

II

Le procureur du roi ayant été averti, l'abbé fut arrêté et, peu après, traduit devant la Cour d'assises du Var. Les enfants répétèrent leur témoignage, sous la foi du serment. On exhiba le vêtement ensanglanté. Comme on avait scrupule, sous la Restauration, de condamner un prêtre à mort, le curé de Fréjus ne fut condamné qu'aux travaux forcés. Il fut envoyé au bagne de Toulon.

Quelques libre-penseurs, grands lecteurs de l'*Encyclopédie*, furent seuls à élever des doutes. C'étaient des gens qui aimaient à s'expliquer les choses. Ils se refusaient à admettre qu'un homme qui avait toujours passé pour bon et vertueux fût devenu tout à coup un meurtrier. Pourquoi? Pour le plaisir de tuer? Cela n'était pas possible. Cet homme croyait au Christ : ils ne croyaient, eux, qu'à la Raison. Mais ils ne s'inquiétèrent pas de sa foi. Ils eurent le courage de dire qu'il y avait là quelque horrible méprise. La populace les hua.

Trois ou quatre ans après, un malandrin de la pire espèce fut condamné à mort par la même Cour d'assises du Var. Au moment de monter à l'échafaud, cet individu demanda à faire des aveux. Il y a une manière régulière de recueillir les aveux des condamnés; elle fut employée. Le condamné déclara donc que c'était lui qui avait tué la vieille femme de Fréjus. Il était entré dans la chambre de l'abbé qui dormait et, profitant de son sommeil, avait revêtu sa soutane. Passant sur la place, c'était lui qui avait causé avec les enfants. Après avoir égorgé la vieille, il était retourné chez l'abbé et avait dépouillé chez lui la soutane accusatrice.

Par bonheur, l'abbé vivait encore. Il fut mis aussitôt en liberté. Mais l'affreux supplice qu'il avait subi, l'indéchiffrable énigme contre laquelle il s'était débattu pendant les dures journées et les terribles insomnies du bagne, avaient épuisé ses forces. Il ne tarda pas à mourir.

Cependant, M. le Procureur du roi avait reçu de l'avancement et ses collègues continuèrent à professer la théorie de l'infaillibilité des preuves matérielles.

III

Voici maintenant un juif. Il est deux fois Français, puisqu'il est Alsacien. Il appartient à une famille de puissants industriels. Comme il est avéré, depuis Spinoza, et, même depuis le fils du charpentier de Nazareth, que l'amour du lucre est la seule passion des juifs, il se fait soldat. Bien qu'il soit issu d'une race qu'on dit maudite, sans doute pour avoir donné au monde la Bible et l'Évangile, il est supérieurement noté dans toutes les grandes écoles où il entre par la voie du concours. Le général de Miribel, catholique fervent, mais grand cœur, l'appelle à l'État-Major du ministère de la guerre. Une carrière superbe s'ouvre devant lui. Il occupe le poste de ses rêves. Aucune ambition ne lui est interdite. Il est marié, père de deux enfants, riche, considéré, heureux.

Tout à coup, en pleine joie de travailler dans un

métier qu'il adore, en plein bonheur, il est accusé du crime le plus effroyable, de trahison.

Il n'y a point d'acte, partant point de crime sans mobile. Quel peut être le mobile de celui-ci? Il n'y en a point. A-t-il des besoins d'argent? Il est possesseur d'une belle fortune, ne dépense pas ses revenus, n'a jamais emprunté un sol à qui que ce soit. A-t-il jamais écrit « qu'il serait parfaitement heureux si on venait lui dire que, demain, il serait tué comme capitaine de uhlans en sabrant des Français »? Il est ardemment patriote, presque chauvin, la terre natale d'Alsace lui est interdite, précisément par des capitaines de uhlans.

Et quelle est la preuve matérielle qui se dresse contre lui? Une seule, un morceau de papier. L'écriture est-elle de lui? Non, répond l'expert de la Banque de France après quatre jours d'un minutieux examen. Oui, répond un maniaque, qui n'est même pas expert, après quatre heures d'une rapide étude. Cela suffit. A qui? A un théoricien de l'antimilitarisme. Non, au ministre de la guerre, au gardien de l'honneur de l'armée.

L'homme est arrêté, puis jugé dans l'ombre et condamné.

IV

Je veux laisser de côté toutes les preuves qui ne sont pas simplement morales. Dans la minute qui a précédé son arrestation, un officier furibond lui a dicté une lettre qui reproduisait les mots principaux du bordereau accusateur et il affirme que le traître a tremblé en l'écrivant. Où est cette pièce? Elle existe, elle n'est point de nature à compromettre la sûreté nationale que défendent deux millions d'hommes armés et qui a coûté, depuis vingt-cinq ans, plus de vingt milliards. Pourquoi ne la produit-on pas ? Les ambassades étrangères, au profit de qui l'on accuse cet officier d'avoir trahi son pays, affirment sur l'honneur qu'elles ne l'ont jamais connue. Ont-elles dit un mot, un seul, quand vous avez surpris et frappé vingt espions dont on connaît les noms ? Pourquoi protestent-elles aujourd'hui ? De quel droit douter, en temps de paix, de la parole d'officiers étrangers qu'on accepterait, sans réserve aucune, en temps de guerre ?

Mais passons, je ne veux voir que l'homme même. Je ne l'ai jamais connu, — pas plus que les libre-penseurs de Fréjus ne fréquentaient chez l'abbé. Seulement, comme pour le curé de Fréjus, on peut regarder dans sa vie. Voici ces preuves. Je ne suis pas seul d'ailleurs à les connaître. Les lettres qu'il écrit à sa femme ne lui sont transmises qu'en copie. D'autres les ont lues : ministres, généraux, fonctionnaires. Ceux qui l'ont fait condamner, qui se cramponnent à sa condamnation, les ont lues aussi. Si l'horrible raison d'État, qui n'est même pas ici la raison d'état-major, n'a point tué leurs consciences, je les plains, je plains leurs nuits sans sommeil, en proie aux spectres.

V

Depuis trois ans et plus que dure cet atroce supplice, cet homme est resté un soldat, n'a point cessé, un jour, une heure, de protester de son innocence. Vous ne me démentirez pas, vous, les scribes obscurs qui copiez ses lettres et dont une larme mouille souvent la paupière, pendant que vous accomplissez votre besogne. Dans toute cette correspondance qui sera, plus tard, l'un des plus beaux monuments de la misère humaine, vous n'avez pas trouvé un mot de révolte, un seul, contre ceux qui l'ont précipité dans cet abîme de hontes et de douleurs. Il n'accuse personne. Le mystère, dont nous avons la clef, l'étreint, brûle son cerveau plus cruellement cent fois que le soleil tropical qui darde sur sa tête. Il sent que sa raison lui échappe, mais sa foi militaire reste invincible; toujours soldat, il ne fait appel qu'à ses chefs d'hier, à leur esprit de justice. Jamais, à aucun moment, l'âme fauve de Coriolan n'a passé dans ce pauvre corps qui tremble de fièvre, qui dépérit loin de tous, sans qu'il ait entendu, depuis tant d'années, une seule parole humaine, qui s'enfonce lentement vers la mort.

Quelqu'un, à qui je fais encore la grâce de ne pas le nommer, m'a dit un jour : « Pourquoi ne se tue-t-il pas ? » Cela l'aurait débarrassé, lui, celui qui me parlait. Je lui ai répondu : « Parce qu'il est innocent. »

En revenant de la parade d'exécution, où sa protestation avait ému des cœurs qui ne sont pas sensibles, bouleversé et retourné des convictions furieuses, fait pleurer de vieux officiers, il écrivait à son avocat : « J'ai
» tenu la promesse que je vous avais faite. Innocent,
» j'ai affronté le martyre le plus épouvantable qu'on
» puisse infliger à un soldat; j'ai senti autour de moi
» le mépris de la foule; j'ai souffert la torture la plus
» terrible qu'on puisse imaginer. Et que j'eusse été
» plus heureux dans la tombe ! Tout serait fini; je
» n'entendrais plus parler de rien, ce serait le calme,
» l'oubli de toutes mes souffrances. Mais, hélas ! le de-
» voir ne me le permet pas ! »

Et il est resté fidèle à ce devoir. Voilà pourquoi il vit, là-bas, — si cela peut s'appeler vivre, — sur ce roc calciné, dans la cage qu'on a construite pour faire plaisir aux bêtes féroces qui se délectent de son supplice, sans même la vue de la mer, de la grande mer qui s'en va vers la France.

De tout ce qui reste de force à cet être brisé, il lutte contre la mort et prolonge volontairement son agonie. Pourquoi ? Espère-t-il toujours « qu'il aura encore une minute de bonheur sur cette terre » ? Non, il ne l'espère plus ; il n'y a plus que ces misérables « intellectuels » qui l'espèrent encore pour l'honneur de la France. Mais « ce dont il n'a pas le droit de douter, » après les appels qu'il vient encore d'adresser à ses chefs, « c'est que justice ne soit faite, c'est que justice ne soit rendue à sa femme et à ses enfants ».

VI

Je ne sais pas, ne l'ayant même pas vu, ce qu'était cet homme avant qu'il fût un martyr. On raconte qu'il était hautain, sévère, trop conscient de sa valeur. Cela est possible. Mais le malheur est venu. « Misère ! ô mi-
» sère ! dit le poète, sublime creuset où la destinée
» jette un homme, chaque fois qu'elle veut avoir un
» héros ou un gredin ! » Voici ce qui est sorti du creuset.

Vous, qui vous fâcheriez comme d'une injure si l'on soutenait que, pour pénétrer dans l'âme de tant d'hommes morts depuis des siècles, leurs lettres ne suffisent pas à votre psychologie, vous ne direz certainement pas que ces lettres-ci ne comptent point. Vous ne seriez point ce que vous êtes, à quelque parti que vous apparteniez, quelles que soient vos passions et vos haines, si vous ne saviez distinguer de la voix d'un coupable la voix d'un innocent. Lisez, relisez ceci :

« Je te dirai, encore une fois, d'abord toute ma pro-

» fonde affection, toute mon immense tendresse, toute
» mon admiration pour ton noble caractère ; je t'ou-
» vrirai aussi toute mon âme et te dirai ton devoir, ton
» droit, ce droit que tu ne dois abandonner que devant
» la mort.

» Et ce droit, ce devoir imprescriptible, aussi bien
» pour mon pays que pour toi, que pour vous tous,
» c'est de vouloir la lumière pleine et entière sur cet
» horrible drame, c'est de vouloir, sans faiblesse
» comme sans jactance, mais avec une énergie indomp-
» table, que notre nom, le nom que portent nos chers
» enfants, soit lavé de cette souillure.

» Et ce but, tu dois, vous devez l'atteindre, en bons
» et vaillants Français qui souffrent le martyre, mais
» qui, ni les uns, ni les autres, quels qu'aient été les
» outrages, les amertumes, n'ont jamais oublié un seul
» instant leur devoir envers la patrie.

» Et le jour où la lumière sera faite, où toute la vé-
» rité sera découverte, et il faut qu'elle le soit, — ni
» le temps, ni la patience, ni la volonté ne doivent
» compter devant un but pareil, — eh bien ! si je ne
» suis pas là, il t'appartiendra de laver ma mémoire de
» cet affreux outrage que j'ai subi, que rien n'a jamais
» justifié.

» Et je le répète, quelles qu'aient été mes souffran-
» ces, si atroces qu'aient été les tortures qui m'ont été
» infligées, tortures inoubliables et que les passions
» qui égarent parfois les hommes peuvent seules excu-
» ser, je n'ai jamais oublié qu'au-dessus des hommes,
» qu'au-dessus de leurs passions, qu'au-dessus de leurs
» jugements, il y avait la patrie.

» C'est à elle alors qu'il appartiendra d'être mon juge
» suprême. »

Est-ce un scélérat qui écrit ainsi ? Est-ce un traître,

un espion, le plus vil des hommes? Est-ce un homme qui aurait vendu sa patrie pour quelques deniers?

Ceux qui ont fait cela, vous savez bien comment ils écrivent, depuis le connétable de Bourbon, jusqu'à — Bazaine.

VII

Et encore, car je cite, je transcris simplement, car tout commentaire serait une insulte à tous ceux qui liront ces pages comme à cet infortuné lui-même :

« Tant que j'aurai la force de vivre dans une situa-
» tion aussi inhumaine qu'imméritée, je t'écrirai pour
» t'animer de mon indomptable volonté.

» Les dernières lettres que je t'ai écrites sont comme
» mon testament moral. Je t'y parlais d'abord de notre
» affection; je t'y avouais aussi des défaillances phy-
» siques et cérébrales; mais je t'y disais non moins
» énergiquement ton devoir, tout ton devoir.

» Certes, parfois, la blessure est par trop saignante
» et le cœur se soulève, se révolte. Certes, souvent,
» épuisé comme je le suis, je m'effondre sous les coups
» de la massue; et je ne suis plus alors qu'un pauvre
» être humain d'agonie et de souffrance. Mais mon
» âme indomptée me relève, vibrant de douleur, d'éner-
» gie, d'implacable volonté devant ce que nous avons
» de plus précieux au monde, notre honneur, celui de
» nos enfants, et je me redresse encore pour jeter à
» tous le cri d'appel de l'homme qui ne demande, qui
» ne veut que la justice. »

» Moi, je ne vis que de ma fièvre depuis si longtemps,
» au jour le jour, fier quand j'ai gagné une longue
» journée de vingt-quatre heures. »

Ce ne sont pas là des phrases de roman-feuilleton,

Et l'on peut vérifier d'ailleurs. Les originaux sont là, au ministère des colonies. Et voici les copies certifiées :
« *Vu, par ordre, le chef du bureau de l'administration
» pénitentiaire.* »

VIII

Depuis quelque temps, cette mort qu'il n'a pas voulu aller chercher, plane sur lui; il croit voir se rapprocher, dans les nuits sans fin, ses grandes ailes noires.

Alors, il fait un rêve et sa pensée va vers l'un de ses anciens chefs :

« J'espère que, sur ma tombe, il me rendra le témoi-
» gnage, non seulement de la loyauté de mon passé,
» mais de la loyauté absolue de ma conduite depuis
» trois ans où, sous tous les supplices, sous toutes les
» tortures, je n'ai jamais oublié ce que j'étais : soldat
» loyal et dévoué à mon pays. J'ai tout accepté, tout
» subi, bouche close. Je ne m'en vante pas d'ailleurs;
» je n'ai fait que mon devoir, uniquement mon de-
» voir... »

Ah! mon général, mon général!

IX

Voltaire, plaidant pour Calas, s'adressait à « quicon-
» conque aura connaissance du cœur humain ». Le connaissez-vous, maintenant, ce pauvre cœur, qui bat tous les jours plus lentement, mais qui ne doute jamais de la France, qui croit obstinément en elle, — et avec raison? Les sentez-vous, ces preuves morales? Que pesait tout le reste quand vous ne connaissiez pas l'homme? Vous entrevoyez l'homme, maintenant. A-t-il

jamais pu commettre le plus détestable des crimes? Il pardonne de loin, du fond de son bagne, à ceux que la passion égare, que la haine aveugle, qui *veulent* qu'il soit le Traître. Il faut ratifier ce pardon. C'est à ces hommes-là qu'il faut s'adresser. Ils ont des femmes, des filles, des sœurs. Qu'ils leur fassent lire ces lettres!

II

A L'ILE DU DIABLE

25 mai 1898.

Je défie le plus dur des antisémites, n'eût-il jamais aimé que son chien, de lire sans émotion la dernière lettre, si terrible dans sa brièveté, que Mme Dreyfus a reçue de son mari :

20 mars.

Mes souffrances sont trop grandes, la tension cérébrale et nerveuse trop forte, et alors le cœur déborde. Je viens de faire appel à la haute justice de M. le Président de la République pour demander la revision de mon procès. Je t'embrasse comme je t'aime, ainsi que nos chers et adorés enfants.

Il est visible que ce pauvre être n'en peut plus, qu'il s'éteint, épuisé par un climat meurtrier, par un régime exceptionnel, illégal, inventé contre lui, qui est plus meurtrier encore, par cette pensée enfin, cent fois plus meurtrière à elle seule que le bagne et que le climat, sans cesse renaissante, tous les jours plus cruelle, que la France le croit coupable du plus hideux des crimes, qu'il est en exécration à tous et que la malédiction qui le tue accable les siens, aussi innocents et aussi malheureux que lui.

Par quel miracle son cerveau n'a-t-il pas encore éclaté ? Quel ressort indomptable le soutient ? S'il savait seulement que, d'un bout à l'autre du monde civilisé, sa cause, alors qu'il se croit un objet d'universelle horreur, est devenue celle de tous ceux pour qui la pitié n'est pas un vain mot, qui croient en la justice, aux inéluctables revanches de la vérité, qui, sans l'avoir jamais connu, l'honorent parmi les plus nobles des martyrs, il y trouverait une joie, une espérance, une immense raison de vivre. Mais, par un raffinement de férocité, il n'en sait rien. De ce grand effort qui a été fait depuis de longs mois, qui est plus près du but que ne le supposent les défenseurs de l'inique chose jugée et même les soldats du Droit, il ne sait rien — sauf, peut-être, ce que lui auraient laissé deviner des demi-confidences perfides et faites pour le désoler davantage.

Le cœur de sa femme se brise à ne pouvoir que lui répéter de vagues assurances devenues banales et froides après tant d'années. Voilà plus de mille jours que dure ce supplice, qu'il a été précipité dans cet abîme d'infamies et de douleurs, sans un appui, sans une consolation humaine, sans autre secours, depuis si longtemps, que celui d'une haute conscience qui ne lui reproche rien. « Peux-tu te figurer » écrivait-il au début de son martyre « ce qu'est chaque heure avec » cette idée lancinante de son honneur arraché, quand » on estime l'honneur au-dessus de tout ? »

« Hélas ! » comme il l'écrivait encore, « les énergies
» même les plus viriles, les cerveaux les plus forts,
» s'épuisent dans des luttes pareilles, quand elles
» durent trop longtemps, quand le cœur se soulève
» d'horreur dix fois par jour. » Il est brisé maintenant, vaincu, terrassé. Et cependant il se roidit, se
relève une dernière fois, se dégage des ténèbres qui
l'étreignent, et crie encore vers la France et vers la
justice. Quelle admirable force perdue !

．·．

Il suffit d'avoir pris une part quelconque à cette œuvre de réparation qui se poursuit, dont rien n'empêchera plus la victoire finale, pour savoir de combien
d'âmes le supplice de cet innocent est devenu l'inséparable cauchemar. Pas un jour qui n'apporte la lettre
de quelque inconnu, qui, comme tout le monde, a commencé par croire à la culpabilité du condamné, qu'avaient scandalisé les premières tentatives de réhabilitation, qui d'abord n'a pas voulu savoir. Puis, souvent
par hasard, le Doute sauveur est entré en lui. Les
voies du Doute ne sont pas moins mystérieuses que
celles, plus fameuses, de la Providence. (« Ce sont
peut-être les mêmes », m'écrit quelqu'un.) Et quand le
doute, au sujet de cette affaire, est entré quelque part,
rien ne l'en fait plus sortir. Je n'en connais pas un
exemple. Il n'y a pas de rechutes pour ceux qui ont
subi l'opération de cette cataracte.

Montaigne enviait ceux qui reposent sur le mol
oreiller de la foi. Ceux que travaille le soupçon de la
plus effroyable des erreurs judiciaires envient ceux
qui continuent à croire en l'infaillibilité des conseils
de guerre. Combien de fois ne leur arrive-t-il pas de

regretter le temps où ils étaient assurés que Dreyfus a trahi ! Ils n'avaient pas alors une vrille dans le cerveau, leur sommeil était paisible. Mais la vrille continue à tourner, à percer, à s'enfoncer. Il n'y a plus moyen de s'en débarrasser. C'est une obsession de toutes les heures, de tous les instants, aussi noble que douloureuse, mais combien douloureuse !

Je connais un grand savant, l'un des plus illustres de ce siècle, qui, pressentant ce cauchemar, dont il eût été troublé dans ses travaux, n'a rien voulu entendre et ne souffre pas qu'on l'entretienne de ce drame. C'est le même qui, l'autre jour, dans les caves du Panthéon, a tenu, le premier, entre ses mains, la tête de Voltaire. « Il ne vous a rien dit ? » murmura quelqu'un. On s'est hâté de renfermer le défenseur de Calas dans son tombeau.

Et quand le doute, fortifié par les lectures, par la réflexion, par l'examen des faits de cette cause célèbre, est devenu la certitude, alors, dans les cœurs qui sont restés généreux à travers l'épaisseur des temps, surtout dans les cœurs simples des femmes, une révolte éclate que rien ne comprimera plus, avec un bel enthousiasme de propagande. Lente et pénible propagande assurément, ayant contre elle la coalition de toutes les puissances publiques, cette idée stupide et redoutable que l'honneur de l'armée consiste à ne pas reconnaître une erreur, ou plutôt cette erreur — car les annales de la Cour de cassation sont pleines de jugements militaires qui ont été annulés et brisés — les fureurs des partis, l'égoïsme des uns, la lâcheté des autres, et toute cette innombrable presse qui n'a rien laissé filtrer de la vérité, qui a tout dénaturé, tout faussé, qui empoisonne systématiquement le plus doux et le plus sensé des peuples. J'entends bien que la grande majorité du corps électoral est encore loin, très loin d'être convaincue. Mais la sainte propagande n'en fait pas moins tache d'huile... Il est bon pour une cause d'avoir pour elle l'élite intellectuelle de la France. Ce n'est point toutefois cette élite qui décidera de la victoire. C'est cette pauvre fille de ferme qui m'écrivait hier, à moi, juif, qu'elle avait fait brûler un cierge pour le malheureux capitaine.

Il y en a d'autres, hélas! qui savent et qui ne se condamnent pas seulement au silence, mais encore au mensonge, au plus hideux des mensonges, qui proclament cyniquement, crainte de devenir suspects aux goujats, que Dreyfus est le traître, alors que toute son innocence leur est connue.

Il faudrait ignorer l'histoire de tant de basses époques, que domine la Peur, pour s'étonner outre mesure de pareilles vilenies. Il est clair que ceux qui s'en rendent coupables ne les commettent pas pour rien. C'est pour un siège de député ou pour un portefeuille de ministre. La besace aux douze deniers doit être bien lourde ! On peut se demander seulement comment ces hommes peuvent s'y prendre pour comparaître ensuite devant leurs enfants, s'ils en ont, ou devant leur conscience.

Avec quelle sainte horreur doivent-ils penser à celui qui agonise là-bas! Ils essayent évidemment de n'y point penser. Mais cela n'est point facile. On n'empêche pas plus le cerveau de sécréter la pensée que le foie de sécréter la bile ou les yeux les larmes. Ils ont beau s'étourdir : la pensée revient. Ils voient le rocher, ils voient l'homme. Il a souffert tout ce que peut souffrir une créature humaine. Il a été condamné pour un crime qu'il n'a pas commis, pour le crime des crimes, le crime envers la patrie. Il a subi le supplice de la dégradation qui avait été épargné à Bazaine. Au moment de s'embarquer pour le bagne, il lui a été défendu d'embrasser sa femme, de lui serrer seulement la main. Pour lui, la peine de la déportation a été, en violation de la loi, doublée, centuplée de la peine de la réclusion. Il est seul, toujours seul, entre des gardiens armés à qui il est défendu de lui parler. Ignorant des récents événements, il croit sentir, il sent sur lui la haine de tout un peuple, le mépris de ses anciens compagnons d'armes, la flétrissure de l'histoire. A travers toutes ces tortures, il n'a qu'une pensée, une seule : que la lumière soit faite, pleine et entière, que son honneur lui soit rendu... Vous auriez pu lui venir en aide, à l'infortuné dont l'innocence vous est connue. Un vent a passé qui a soulevé le couvercle du cercueil où il est enseveli vivant. Mais il y a là une foule ignoble qui hurle. Et, de vos deux mains, vous pressez sur le couvercle, vous renfoncez le malheureux dans la nuit !

.*.

Quand la pensée vous revient que vous avez fait cela, que vous faites encore cela, il est impossible que vous n'éprouviez pas quelque dégoût de vous-mêmes. Shakespeare disait de Richard III « qu'il n'y a point de scélérat parfait ». Il l'eût dit d'Esterhazy lui-même. Il y a des heures où ce Uhlan est pris d'un grand frisson. Vous n'êtes, vous, que des hommes politiques qui vous croyez des hommes d'État.

M. le cardinal de Richelieu n'a-t-il pas jeté son manteau rouge sur plus d'un crime ? Prenez garde : il ne suffit point de se faire les complices d'un crime pour être des hommes d'État. Et puis, ce crime, le commettez-vous seulement contre un individu? Ne commencez-vous pas à sentir que vous le commettez contre une autre personne encore, contre « la plus haute personne morale qui soit au monde » ?

Tant que Dreyfus sera vivant, la France pourra vous pardonner de l'avoir trompée, parce que le jour où la vérité éclatera, telle que les pires aveugles eux-mêmes devront la voir, — et vous savez qu'elle éclatera ainsi, — la France pourra rendre à ce malheureux l'honneur qu'elle n'avait pas le droit de lui prendre. Mais qu'il meure demain de l'inique et féroce supplice qui lui a été infligé, quand il n'y aura plus de justice possible qu'envers sa mémoire, ne sentez-vous pas que quelque chose qui fut très grand devant l'histoire sera diminué?

Cette douleur que la France éprouvera alors de n'avoir point réparé l'erreur qu'elle eût pu réparer, cette douleur amère et mêlée de remords, qui en sera responsable sinon vous, vous qui pouviez la lui épargner, qui le deviez et qui ne l'avez point voulu? Qu'elle vous fasse supporter ce jour-là le poids de votre faute, cela ne consolera pas ceux qui ont souci de sa gloire. Cette gloire aura pâli, qu'elle avait conquise à travers les siècles, cette auréole de bonté, de générosité et de justice.

Il est temps encore d'épargner cette douleur à la France, mais, évidemment, il n'est que temps...

III

LES CLAIRONS DE LA PENSÉE [1]

29 juillet 1898.

Le directeur du cabinet noir a écrit hier à son ministre : « Votre Excellence m'a commandé de lui dire
» toujours la vérité. Elle m'a même dit : Vous êtes la
» seule personne en France à qui j'octroie cette faveur.
» Je dois donc obéir. Je rends compte à Votre Excel-
» lence que les décorés du 14 juillet n'ont reçu qu'un
» nombre très restreint de compliments. En revanche,
» lettres et dépêches de félicitations abondent chez les
» chefs de cette canaille intellectuelle que le gouver-
» nement dit « de la République » a frappés. Votre Ex-
» cellence me permettra-t-elle de lui donner un hum-
» ble avis? Il faudrait coffrer au plus tôt toute cette
» engeance. Il n'y a que le premier pas qui coûte; il
» est franchi. Allez-y ! »

Ce qui se passe depuis de longs mois n'étonne que
ceux-là qui ne sont pas familiers avec les études

---

1. Après la suspension de M. Stapfer.

historiques. Il y a eu déjà, dans l'histoire, beaucoup de basses époques où l'honneur consista essentiellement à être exclu des honneurs, à être révoqué, censuré, dégradé, outragé, traîné dans la boue, insulté par des drôles. Tacite a décrit une de ces époques. Il y a toujours, quelque part, un Tacite qui attend, à qui n'échappent point les oppresseurs de la justice et de la vérité.

Les noms seuls, les étiquettes seules sont changés. Relisez, dans le *Vieux Cordelier*, la fameuse paraphrase des *Annales* : « Crime de contre-révolution au journaliste Crémutius Cordus, d'avoir appelé Brutus et Cassius les derniers des Romains. Crime de contre-révolution à Mamercus Scaurus d'avoir fait une tragédie où il y avait tel vers à qui l'on pouvait donner deux sens. Crime de contre-révolution à Pomponius, parce qu'un ami de Séjan était venu chercher un asile dans une de ses maisons de campagne. Crime de contre-révolution de se plaindre des malheurs du temps, car c'était faire le procès du gouvernement. »

Et aujourd'hui : « Crime de lèse-armée à Scheurer-Kestner d'avoir douté de l'infaillibilité des conseils de guerre. Crime de lèse-armée à Zola d'avoir fait un article où il y avait deux mots à qui l'on ne donnait pas leur vrai sens. Crime de lèse-armée à Grimaux d'avoir juré de dire la vérité et de l'avoir dite. Crime de lèse-armée à Trarieux parce qu'il a reçu un soldat sans reproche dans sa maison de ville. Crime de lèse-armée d'avoir rappelé les enseignements de l'histoire. Crime de lèse-armée à Stapfer d'avoir honoré son ami mort comme il eût voulu l'être. Crime de lèse-armée... »

O grande et chère armée ! qu'as-tu donc fait à ces gens-là pour qu'ils te fassent cette injure de dire, sinon de croire, que ceux qui veulent la justice t'insultent, alors qu'ils ne veulent la justice que pour l'honorer davantage !

Et d'invoquer Tacite et Camille, c'est peut-être encore un crime. Je plains M. Brisson ; je l'ai connu, il ne méritait pas de présider à tant d'indignités. Mais rien ne surprend de M. Bourgeois : n'est-il pas celui qui a décapité l'enseignement classique ?

Il y a, en ce monde, deux grandes sources de vertus : c'est la *Bible* et c'est le *Conciones*. Les peuples protestants doivent surtout à la lecture constante de l'Ancien et du Nouveau Testament leur notion, parfois un peu âpre, du devoir, leur respect de la vérité, leur souci de la justice. Dans l'Occident latin, c'est la moelle des grands penseurs de Rome qui fait les âmes vertueuses et républicaines. Je disais, il y a quelques années, dans un débat parlementaire, à M. Bourgeois, alors, comme aujourd'hui, ministre de l'instruction publique : « Qu'un tyran chasse de l'enseignement Plu-
» tarque, Tacite et Tite-Live, cela se comprend, il est lo-
» gique, ce sont des ennemis personnels ; mais quoi !
» Monsieur le Ministre, c'est vous, un républicain, qui
» achevez la proscription de ces manuels incompara-
» bles de civisme et d'honneur qui s'appellent le *De
» Viris*, le *Selectæ* et le *Conciones* ! »

M. Bourgeois s'est développé selon sa norme. Après avoir proscrit les livres sacrés, il frappe ceux qui les enseignaient. Cela encore est logique.

Cependant il ne faudrait pas se plaindre de ces choses ; elles sont nécessaires. Le bronze de la justice n'a jamais été fondu autrement : pour qu'il sorte, radieux, de la fournaise, il est indispensable de jeter dans la cuve, à pleines mains, les iniquités et les sottises. De quoi vous plaignez-vous ? La cuve, rouge, n'est-elle pas assez pleine ?

J'entends bien : « Quand la statue du droit gît à terre, brisée », — c'est M. Couat qui écrivait ainsi, quelques jours avant sa mort, à un ami de M. Brisson, — suffit-il d'avoir le Droit pour soi? » Oui, cela suffit dans un pays qui s'appelle la France, qui a fait la Révolution. Seulement, il faut savoir attendre, s'armer de patience, avoir de l'haleine pour plus de trois jours. S'il est devenu séditieux de citer Camille, je le citerai une fois de plus : « La vérité, disait-il, a son point de » maturité et elle était encore trop verte. Cependant » je suis honteux d'être si longtemps poltron. » Il y a beaucoup de gens qui commencent à être honteux d'avoir, eux aussi, été si longtemps poltrons. La vérité, hier, était encore trop verte ; elle mûrit singulièrement vite à ce chaud soleil de Messidor.

Elle a mûri à l'arrestation de cet officier, compatriote de Kléber et de la race de Hoche, dont le seul crime est de n'avoir point voulu garder un innocent au bagne et un traître dans l'armée. Elle a mûri à la mesure inique qui a frappé ce penseur, coupable d'avoir dit sur la tombe de son ami que ce mort avait aimé la justice et souffert de son éclipse. Elle mûrira encore demain quand le monde civilisé apprendra avec horreur que les tortionnaires s'acharnent sur le malheureux qui expie là-bas les forfaits d'un autre, que le dernier acte de M. Lebon a été d'élever un mur de pierre autour de l'étroit enclos où il est enterré vivant — pour qu'il n'ait même plus la vue de la mer — et que ce mur, ô Brisson! vous ne l'avez point abattu avec colère et dégoût, qu'on va peut-être l'exhausser encore et fermer à ce malheureux la vue du ciel même.

Vous demandez une preuve, plus éclatante que toutes celles qui ont été déjà fournies, de votre erreur judiciaire, du crime social que vous vouliez faire commettre à ce peuple et que nous l'empêcherons de commettre, pour l'honneur de la République et pour la gloire de la France; la voici : c'est votre férocité, ce sont les moyens dont vous vous servez. La vérité n'a point coutume d'être défendue ainsi, avec les armes de la tyrannie et du mensonge.

Les temps sont proches. Les murailles de Jéricho ne sont tombées qu'à la septième fois. Encore un tour...

Sonnez, sonnez toujours, clairons de la pensée!

IV

LE RÊVE DE BRISSON

2 août 1898.

M. Brisson a fait, la nuit dernière, ce rêve...

* *

... Tout à coup, au bout de l'un de ces longs passages noirs qu'on traverse en songe, il avait retrouvé son âme de la vingtième année. Il restait physiquement le même, au seuil de la vieillesse, à cette heure grave où les actes qu'on accomplit décident du verdict de l'histoire. L'âme qu'il retrouvait était ardente, forte et généreuse. Elle avait le mépris des choses passagères et le respect de celles qui sont éternelles. Les choses passagères sont le pouvoir, les honneurs, l'applaudissement des foules, le suffrage des mandarins et des domestiques. Les choses éternelles sont l'amour, la justice, la liberté, la sainte pitié. Cette âme détestait, d'une haine vigoureuse, toutes les tyrannies, les contempteurs du droit, les exploiteurs des faibles, les hypocrites, les fourbes, les basses complaisances, les compromissions de conscience, toutes les lâchetés. Elle était large ouverte à l'idéal, aux viriles passions, aux purs enthousiasmes; elle vibrait à la plainte de ceux qui souffrent, qui sont persécutés; elle aspirait au bien, au dévouement; elle était courageuse et forte. Cette âme jeune, étrange, voulait la justice égale pour tous; elle rêvait d'une société humaine et bonne, d'une République aussi puissante que les plus glorieuses monarchies, mais grande par sa fidélité aux principes qui en doivent faire le plus noble des gouvernements; redoutable aux seuls méchants, compatissante aux faibles, secourable à tous les opprimés. Elle adorait l'armée, le drapeau sacré qui avait fait le tour du monde et brillé sur l'émancipation de vingt peuples; mais elle avait l'horreur du sabre et le dégoût de la botte. Elle était prête à tous les courages, à tous les sacrifices; elle avait la soif du martyre pour les belles causes.

Il entrait, avec cette âme républicaine en lui, au Conseil des ministres. La question qu'on discutait était celle-ci : Un officier avait été condamné il y a quatre ans; il l'avait été irrégulièrement, en violation de la loi; les meilleurs, les plus sages des citoyens, et tout le monde civilisé, étaient convaincus qu'il était innocent. Mais la foule, la vieille plèbe éternelle qui avait choisi Barrabas, voulait qu'il fût coupable et se réjouissait de son supplice, le plus horrible qui soit, là-bas, sur un roc calciné, au milieu de l'Océan, sous un soleil de feu et une honte imméritée. On entendait des clameurs féroces qui venaient de la rue, et aussi, dans les antichambres, un cliquetis d'éperons qui sonnaient.

Les ministres, consultés l'un après l'autre, répondaient : « Il ne faut pas nous brouiller avec la canaille. » Quelqu'un dit : « Qu'il y ait là-bas, dans un bagne infâme, un innocent, cela est possible ; mais ce qui est certain, c'est qu'il y a ici, à Paris, une sentine hideuse dont le tenancier est armé d'une plume empoisonnée. Il faut ménager ce drôle. »

Alors Brisson sentit frémir en lui son âme de vingt ans, qui venait de renaître, et il s'écria : « Que le sang de ce juste soit sur vos mains, je n'en veux pas sur les miennes ! » Il se leva, déposa son portefeuille sur la table verte, et, lentement, relevant la tête, avec une grande joie et une grande sérénité qui rayonnaient sur son front, quitta le palais aux portiques de marbre, aux lambris dorés, pour rentrer dans le modeste logis où il avait appris, en lisant Plutarque et Tacite, à mettre le Devoir par-dessus tout.

À peine était-il rentré chez lui qu'on lui apporta les feuilles publiques, qui savaient déjà l'étonnante nouvelle et qui l'accablaient d'injures. Il les parcourut en souriant, se sentant hors d'atteinte. Il éprouvait un sentiment qu'il n'avait pas connu depuis longtemps. Il était content de lui, fier de ce qu'il avait fait ; il était en repos avec celle qu'on n'endort jamais tout à fait, la conscience. Il se disait que la page qu'il aurait dans l'histoire ne serait pas salie. Il était heureux.

Un peu plus tard, un flot de visiteurs envahit sa chambre. Ce n'était plus ceux qui l'avaient visité la veille quémandeurs et mendiants de toutes sortes, courtisans du pouvoir, flagorneurs et laquais. Mais c'était les hommes qu'il estimait le plus, des savants épris de vérité, des artistes épris de beauté, des républicains épris de justice, des soldats qui avaient plus de cicatrices que de croix, ses compagnons des vieilles luttes, des grandes batailles d'autrefois pour la Liberté. Il avait retrouvé le chemin de leurs cœurs ; ils avaient retrouvé le chemin de sa porte. Ils lui serraient la main; quelques-uns l'embrassèrent. Ils étaient émus, lui répétaient qu'il avait fait acte de grand citoyen, donné au peuple, qui en a tant besoin, une belle leçon de morale. Il leur répondait : « Mais c'est tout simple, je n'ai fait que mon devoir. » C'était son âme de vingt ans qui parlait ainsi.

Enfin, une femme entra; elle était très pâle, vêtue de deuil. Il ne la connaissait pas; certainement, il ne l'avait jamais vue. Il remarqua que tous ses visiteurs s'écartaient respectueusement, la saluaient très bas. « Je vous bénis, lui dit-elle, au nom de mes enfants. Je suis la veuve de celui qui a été condamné injustement, qui n'a pas cessé de crier son innocence, qui n'a continué à vivre, au milieu des plus atroces souffrances, que pour son honneur et pour moi. Par vous, son honneur lui sera rendu, et sa patrie, et son épée. L'acte que vous avez accompli aujourd'hui, c'est le signal précurseur de l'immanente justice. Maintenant, il est sauvé, il me sera rendu. Vous serez grand devant l'histoire et devant le monde. Vous êtes bon et juste. Soyez béni ! » Et comme les sanglots coupaient la voix de cette femme en deuil, lui aussi, il se prit à pleurer, mais ces larmes étaient très douces...

∴

... Et M. le Président du Conseil se réveilla.

V

LA VOIX DE L'ILE

16 septembre 1898.

Ce sera la honte de notre critique littéraire que pas un de ses grands ni de ses petits maîtres n'ait eu le courage de consacrer un article, une ligne, à cet admirable livre, à ces lettres dont Zola a dit noblement « qu'elles resteront, comme un monument impérissa- » ble, lorsque nos œuvres, à nous écrivains, auront » peut-être sombré dans l'oubli », aux *Lettres d'un Innocent*. Non, pas un, ni ce Sainte-Beuve de sacristie qui a édité les *Provinciales* et pense comme le P. Mascarenhas, — ni ce Châteaubriand en melchior qui s'agenouillait si élégamment devant « toute la souffrance humaine » d'une héroïne de roman, et qui n'a pas trouvé un pleur pour cette sublime, mais vivante douleur, — ni ce Stendhal de boudoir dont la psychologie pénétrait jusqu'aux recoins les plus mystérieux des cœurs, et qui n'a pas su distinguer un martyr d'un traître, un héros d'un faussaire, — ni tous ces petits jeunes gens, *arrivistes* littéraires, aussi méprisables que leurs confrères politiques de la même génération, du même « bateau », qui ont détourné les yeux de ce poème de toutes les misères et des plus atroces tristesses, mais dont le répertoire n'a jamais assez d'épithètes louangeuses pour le dernier-né d'un académicien. Il n'y a pas eu de défaillances que dans l'armée ; il y en a eu partout, et, aussi, parmi les « intellectuels ». C'est un grand sujet de mélancolie.

Ce qu'il y a de plus beau dans ces *Lettres d'un Innocent*, ce n'est pas peut-être cette clameur continue, déchirante, tragique, inlassable, vers la justice, ce cri de douleur et de vérité, toujours le même, « comme si, » selon l'image incomparablement belle de Jaurès, la » protestation de la conscience, à force de se répéter, » ressemblait enfin à une plainte de la nature ». Elle ne prouve, après tout, que l'innocence de l'infortuné qui agonise là-bas, sur ce rocher nu, au milieu de l'Océan. Mais c'est sa confiance inaltérable dans la France, un amour de la patrie qui n'a point, à travers les iniquités et les tortures, diminué d'un atome. Cela est véritablement unique. Pas un cri de révolte ou seulement de colère, dans cette pauvre tête, prématurément blanchie, pas une parcelle de l'âme fauve de Coriolan. Cette patrie qui lui a tout ôté, son honneur, son bonheur, sa femme, ses enfants, son épée, cette patrie qui le crucifie, il l'adore, ce juif, comme aux jours où elle lui souriait le plus doucement et ouvrait à sa belle ambition de soldat les plus vastes et les plus brillants horizons. O cœur admirable, cœur deux fois français, cœur d'Alsacien !

Et autre chose encore est non moins beau : c'est dans une lettre qui ne fait point partie du volume, la dernière qu'il a écrite à sa femme, cette pensée, ce seul rêve d'avenir : « Si le destin veut que je voie le terme

» de cet épouvantable drame, il ne saurait rester pour
» nous que le désir de la solitude et de la retraite, un
» stoïcisme, s'il se peut, de l'honneur, une pitié im-
» mense pour la misère humaine. »

Il serait évidemment inutile de chercher à faire comprendre aux aboyeurs de l'antisémitisme ce que cette pensée renferme de noblesse morale et combien grande est cette âme qui, plongée au plus profond abîme de la souffrance, songe ainsi à la souffrance des autres. Il s'en dégage, d'autre part, une leçon qui ne doit être perdue pour aucun de nous, que je veux, que je dois dire. Ils sont, assurément, sans circonstance atténuante, ceux des compagnons socialistes qui disaient : « Que nous importe Dreyfus! il n'est pas des nôtres, de notre classe, c'est un officier et c'est un riche! » Mais cette ignominie de quelques-uns, cette haine de classes qui n'est pas entièrement factice, qui sort de ce qu'il y a de plus laid et de plus bas dans la boue humaine, que les uns ont attisée avec une stupide scélératesse, que les autres, dans leur non moins stupide égoïsme, n'ont pas su éteindre par la bonté et par la sainte pitié, ne rehaussent-elles pas encore le mérite de tant de braves gens, de tous ces déshérités de la fortune qui, sans peur, sans compter, au risque, parfois, de compromettre le pain quotidien de leurs enfants, se sont jetés dans cette grande lutte pour la vérité et pour la justice, alors que se taisaient lâchement tant d'autres, heureux, riches, indépendants, puissants, qui n'avaient rien à perdre et dont l'impérieux devoir eût été de parler?

Je suis de ceux qui ne changent pas de principes au gré des flots, du vent, des événements, quelque redoutables qu'ils soient. Mais ce n'est point changer de principes que de reconnaître plus clairement à la lumière des faits, d'apprécier plus vivement que par le passé, devant de pareilles preuves, la vaillance, le désintéressement et la générosité d'hommes dont il est arrivé aux meilleurs de nous, à travers les orages et les injustices fatales de la politique, de ne pas estimer suffisamment les vertus. Cette rude, cette terrible bataille devient une victoire. C'est le moment de dire, ce que je n'aurais pas voulu dire hier, que ce qui doit résulter de cette confraternité des éléments les plus disparates dans une même lutte pour le droit éternel, c'est chez tous, chez nous d'abord, et, j'espère, aussi chez eux, un plus profond sentiment de fraternité républicaine et humaine. Nous pouvons bien, sans honte, les uns et les autres, dire notre *confiteor*; je le dis, pour ma part, avec fierté. Aux uns comme aux autres, il nous est arrivé de prononcer contre ceux qui ne pensent pas comme nous des paroles de colère ou de haine. Hier, cela était fâcheux. Demain, cela serait impie.

La voix qui vient de l'île lointaine, de l'île maudite hier, sacrée demain, consacrée par le plus affreux des martyres, cette voix de l'homme à qui la France va avoir la joie de rendre librement tout ce qu'elle lui avait ôté dans un jour d'erreur, elle nous dit, cette noble voix, qu'au-dessus de tout doit planer « la pitié immense pour la misère humaine ». Je plains de tout mon cœur ceux qui n'entendraient pas cette pieuse objurgation. Pour moi, je suis sûr qu'elle résonnera, tant que je vivrai, tous les jours plus forte, au plus profond de mon âme.

———

LA PIÈCE SECRÈTE

LA PIÈCE SECRÈTE DU PROCÈS DREYFUS

14 janvier 1898.

A Monsieur le Ministre de la Justice

I

Le rapport de M. le commandant Ravary (procès Esterhazy) a presque réhabilité le rapport de M. le commandant d'Ormescheville (procès Dreyfus).

Ce rapport a encore un autre mérite. Pour la première fois, un document *officiel* établit que les juges du premier conseil de guerre, qui ont condamné le capitaine Dreyfus, ont formé leur conviction sur une pièce qui n'a pas été communiquée à l'accusé et à la défense.

Cette violation monstrueuse du droit commun est aussi une violation des règles précises, formelles, impératives du Code militaire.

II

Voici d'abord l'aveu de M. Ravary :

« Un soir que le lieutenant-colonel Henry, de retour à Paris, était entré brusquement chez M. Picquart, il aperçut M⁰ Leblois, avocat, dont le colonel recevait de fréquentes et longues visites, assis auprès du bureau et compulsant avec lui **le dossier secret**. Une photographie portant ces mots : « Cette canaille de D.... » était sortie du dossier et étalée sur le bureau. Si l'on considère que c'est une pièce identique qui a été renvoyée au Ministère de la guerre par l'inculpé, on est amené fatalement à se demander si la corrélation qui existe entre ces deux faits n'est point le résultat de cette indiscrétion. »

Il y a beaucoup de choses dans ces quelques lignes.

D'abord, une inexactitude voulue : il est faux que M. Leblois ait jamais compulsé avec le colonel Picquart le dossier secret du procès Dreyfus.

En second lieu, une ineptie que l'on pourrait qualifier autrement. C'est la corrélation que M. Ravary essaie d'établir entre le fait que M. Leblois aurait compulsé le dossier Dreyfus et celui que M. Esterhazy a précisément reçu de la dame voilée, puis renvoyé au ministère de la guerre la photographie de la pièce se terminant par ces mots : « Cette canaille de D.... »

M. Ravary, dans ces lignes entortillées, fait allusion à l'histoire suivante que les journaux dévoués à MM. du Paty de Clam et Esterhazy ont reproduite à plusieurs reprises :

La femme voilée serait la maîtresse du colonel Picquart; une nuit, le colonel aurait rêvé tout haut; la femme surprit le secret de la machination que préparait le colonel Picquart contre le commandant Esterhazy. Dans un moment de générosité ou de haine, elle vole à son amant la photographie que celui-ci aurait volée au ministère de la guerre; elle remet cette pièce à M. Esterhazy, derrière le pont Alexandre III, le 24 octobre 1897. — C'est la date même que M. Esterhazy a donnée dans son interrogatoire. — « Le 14 novembre, dit M. Ravary dans son rapport, l'inculpé, conseillé en ce sens, n'hésita pas à se démunir du document libérateur, en l'envoyant au ministre de la guerre. »

Nous reviendrons plus loin sur cette mystification.

Pour le moment, nous laissons là et le mensonge relatif à M. Leblois et la calomnie imbécile qui voudrait atteindre le lieutenant-colonel Picquart. Nous ne retenons d'abord que l'aveu, l'aveu qui a paru enfin dans un document officiel.

Il résulte en effet du passage que nous venons de reproduire :

1° Qu'il existe, au ministère de la Guerre, un dossier *secret* de l'affaire Dreyfus;

2° Que ce dossier *secret* de l'affaire Dreyfus comprend précisément la fameuse lettre dont l'*Éclair*, dans le n° du 16 septembre 1896, racontait pour la première fois qu'elle avait été soumise aux juges du premier conseil de guerre, en chambre du conseil, sans avoir été communiquée ni à Alfred Dreyfus ni à son avocat, Mᵉ Demange.

L'*Éclair*, qui recevait déjà les notes de l'État-major général, trouvait que cette communication illégale et détestable était la chose la plus simple du monde.

III

Rappelons maintenant les faits :

La seule base légale de l'accusation dirigée contre le capitaine Dreyfus était le bordereau.

Le commandant Brisset, à la fin de sa réplique, avait abandonné tous les éléments *dits* moraux de l'acte d'accusation de M. d'Ormescheville. M° Demange avait constaté que, de tout cet échafaudage, il ne restait que le bordereau, *qui n'est pas l'œuvre de Dreyfus*.

Les juges se retirèrent, pour délibérer, dans la chambre du conseil.

Les dispositions de ces officiers étaient évidentes : ils allaient acquitter le capitaine Dreyfus. C'est à ce moment précis que, par ordre de M. le général Mercier, ministre de la Guerre, communication leur fut faite de la pièce secrète.

Les sept officiers qui composaient le premier conseil de guerre ne se rendirent pas compte que cette communication, puisqu'elle était faite en dehors de l'accusé et de son défenseur, était une violation du droit et du code militaire.

Ils crurent, sur la parole qui leur fut donnée par celui qui leur parlait au nom du général Mercier, que cette pièce s'appliquait au capitaine Dreyfus.

Ils le condamnèrent *à la majorité des voix*.

IV

Il convient de dire tout de suite que cette communication, en chambre du conseil, d'une pièce ignorée de la défense, fut l'œuvre exclusive de M. le général Mercier, ministre de la Guerre.

Ses collègues du ministère, que présidait M. Charles Dupuy, ont déclaré, les uns après les autres, (*à la seule exception de M. Dupuy*), que le général Mercier ne leur avait jamais fait connaître que le bordereau, qu'il ne leur avait jamais fait part de la pièce secrète.

M. Guérin, ministre de la Justice dans le cabinet Dupuy, l'a déclaré et ne me démentira pas.

De même, M. Poincaré, ministre des Finances.

De même, M. Leygues, ministre de l'Instruction publique.

De même, M. Barthou, ministre des Travaux publics.

De même, M. Delcassé, ministre des Colonies.

De même, les deux ministres de l'Agriculture et du Commerce.

Le ministre de la Marine du cabinet Dupuy était M. Félix Faure, aujourd'hui Président de la République. *J'affirme que M. Félix Faure a ignoré alors la communication de la pièce secrète.*

Le ministre des Affaires Étrangères était, alors comme aujourd'hui, M. Hanotaux. J'affirme que M. Hanotaux a ignoré, au moment où elle s'est produite, cette communication.

Le Président du Conseil des ministres était M. Charles Dupuy. Je lui demande nettement : « *Oui ou non, le général Mercier vous a-t-il informé de cette violation du droit et de la loi qu'il avait commise?* »

Le Président de la République était M. Casimir-Périer. J'affirme, — et ne serai pas démenti, — qu'il ne fut pas informé par le général Mercier de cette illégalité abominable que cet honnête homme n'eût point tolérée.

Il a connu la pièce secrète plus tard, après le jugement ; il l'a connue par le général Mercier ; le général Mercier, qui s'inquiétait des doutes de M. Casimir-Périer dans l'affaire Dreyfus, lui montra la pièce secrète pour lever ses scrupules; M. Casimir-Périer ne trouva point que la pièce fût probante; M. Mercier se garda bien de dire au Président de la République qu'il avait fait communiquer cette pièce en dehors de l'accusé et de la défense, aux juges réunis en chambre du conseil.

M. Casimir-Périer a raconté le fait à plusieurs sénateurs et députés. Je ne crains aucun démenti.

V

Donc, une pièce secrète avait été communiquée aux juges en dehors de l'accusé et de la défense, et c'est sur cette pièce secrète que les juges, qui allaient acquitter Dreyfus sur le chef du bordereau, le condamnèrent à la dégradation et à la déportation.

La chose resta assez longtemps ignorée.

Elle était notamment ignorée du capitaine Dreyfus quand il se pourvut en cassation contre le jugement qui le condamnait.

Elle fut révélée pour la première fois à un vieil et très honorable avocat, Me Salles, par un des membres du conseil de guerre qui raconta tout simplement, tout naturellement, cette chose atroce. Cet officier, ignorant, bien que juge, des dispositions formelles du Code militaire, en fit le récit comme d'un incident tout simple, tout naturel. « Taisez-vous, malheureux! lui cria le vieil avocat. Mais c'est une chose épouvantable, abominable! Ne racontez plus jamais cela à personne. »

L'officier fut quelque temps à comprendre; il comprit enfin; il s'est tu depuis.

Ce fut le journal l'*Éclair* qui raconta ensuite l'histoire de la pièce secrète, dans le numéro portant la date du 14 septembre 1896.

Des polémiques venaient de s'élever dans la presse, au sujet de l'affaire Dreyfus. M. Paul de Cassagnac avait élevé la voix pour exprimer ses doutes, ses perplexités. L'Etat-Major s'inquiéta de ces polémiques. Comment les arrêter, sinon par une preuve formelle, indéniable, — nous verrons ce qu'elle valait, — de la culpabilité de Dreyfus ? On appelait déjà « agitation » la voix naissante de la conscience publique. L'*Eclair* fut chargé de raconter l'histoire de la pièce secrète.

L'*Eclair* disait, — nous citons textuellement :

« Cette pièce si grave était exceptionnellement confidentielle, le ministre ne pouvait s'en dessaisir sans une réquisition de la justice.

» Il fallait donc qu'une perquisition fût opérée au ministère même. Elle eut lieu, mais pour éviter au commissaire du gouvernement d'avoir à compulser tant de dossiers secrets, elle se trouva la première à portée de sa main.

» Il était stipulé, toutefois que, même régulièrement saisie, elle ne serait pas versée aux débats.

» Elle fut donc communiquée aux juges seuls, dans la salle des délibérations.

» Preuve irréfutable, elle acheva de fixer le sentiment des membres du conseil. »

L'allégation de l'*Eclair* ne fut jamais démentie.

Au moment où cette publication eut lieu, le ministère Méline était déjà aux affaires.

Plusieurs de ses membres furent sollicités de confirmer ou de démentir le récit de l'*Eclair*. Ils refusèrent obstinément de répondre.

Depuis, la plupart des journaux n'ont pas cessé de parler couramment de la pièce secrète. Les journaux inféodés à la coterie qui gravite autour du chef de l'Etat-Major : l'*Intransigeant*, la *Libre Parole*, l'*Echo de Paris*, invoquent cyniquement le dossier B, communiqué aux seuls juges, ignoré de l'accusé et de son défenseur.

Enfin, le commandant Ravary a avoué dans un document officiel.

VI

Quelle était maintenant cette pièce ?
Voici d'abord le récit de l'*Éclair* :

« Les attachés militaires à l'ambassade allemande, en septembre, adressaient à leurs collègues de l'ambassade italienne une lettre chiffrée. Cette lettre quitta bien ses auteurs pour aller entre les mains de ses destinataires, mais entre le point de départ et le point d'arrivée elle avait été habilement lue et prudemment photographiée.

» C'était une lettre chiffrée, au chiffre de l'ambassade allemande. Ce chiffre on le possédait et l'on pense qu'il était d'une utilité trop grande pour que la divulgation d'un tel secret fût rendue publique. On verra plus loin que ce fut la raison pour laquelle la lettre en question ne fut pas versée au dossier, et ne fut qu'en secret et dans la chambre de délibération, hors de la présence même de l'avocat, communiquée aux juges du conseil de guerre.

» Vers le 20 septembre, le colonel Sandherr, chef de la section de statistique, communiquait au général Mercier cette lettre qui avait été déchiffrée. Elle était relative au service d'espionnage à Paris et contenait cette phrase : « Décidément cet animal de Dreyfus devient trop exigeant. »

VII

Le récit de l'*Éclair* comporte plusieurs inexactitudes matérielles. Aucun démenti autorisé ne nous sera opposé.

1° Il s'agit bien, comme le dit l'*Éclair*, d'une lettre

adressée à l'attaché militaire italien, M. de Panizzardi, par l'attaché militaire allemand, M. de Schwarzkoppen ; *mais la lettre n'était pas chiffrée.*

2° La lettre n'avait pas été adressée par l'attaché allemand à l'attaché italien au mois de septembre 1894 ; elle était antérieure à cette date de plusieurs mois.

3° Elle quitta bien ses auteurs, comme le dit l'*Éclair*, pour aller entre les mains de ses destinataires ; mais le destinataire l'a-t-il reçue ?

4° Elle ne se terminait point par ce *Post-Scriptum* : « Décidément, cet animal de Dreyfus devient trop exigeant », elle ne désignait l'espion dont s'entretenaient les deux attachés que par une initiale : « Cette canaille de D... »

Ainsi la lettre secrète n'était pas chiffrée, elle datait de 1893, et elle ne contenait pas le nom de Dreyfus, mais seulement l'initiale *D*.

C'est M. Ravary, d'ailleurs, qui l'avoue encore lui-même. Il dit, comme nous l'avons rappelé plus haut : « La photographie portant ces mots : *Cette canaille de D...* était sortie du dossier [1]. »

VIII

Telle est la lettre qui fut communiquée aux juges en chambre du conseil. La lettre elle-même était quelconque, n'avait trait à aucune affaire de service. Le *Post-Scriptum* ne révélait que l'initiale D. Il fut affirmé aux juges militaires, réunis en chambre du conseil, que cette initiale désignait le capitaine Dreyfus. Dans l'état d'esprit où étaient les juges, au milieu des hor-

---

1. En réalité, d'après le texte produit plus tard par M. Cavaignac : « *Ce canaille de D...* »

ribles clameurs que provoquaient contre un homme qui n'était encore qu'un accusé les journaux démagogues et cléricaux, devant l'affirmation solennelle qui leur fut faite que le ministre de la guerre était certain de la culpabilité de Dreyfus, les officiers crurent et condamnèrent.

Ils avaient été indignement trompés.

Quand la pièce fut découverte, en 1893, les soupçons du ministère de la Guerre ne se portèrent pas un instant sur le capitaine Dreyfus, mais sur un malheureux employé dont le nom commençait par un D.

C'est le colonel Sandherr qui, l'ayant retrouvée dans les archives où elle dormait, la signala, au moment de l'affaire Dreyfus, au général Mercier, comme pouvant se rapporter au capitaine qui avait le malheur d'être Juif et dont le protecteur, le général de Miribel, était mort.

C'est sur une initiale qui ne s'appliquait pas à lui, que le capitaine Dreyfus a été illégalement condamné.

IX

Quand l'*Éclair* publia, imprima, pour la première fois, le 14 septembre 1896, l'histoire de la pièce secrète, ce récit ne fut pas sans soulever quelques protestations. Ce furent celles de M. Paul de Cassagnac dans l'*Autorité*, de M. Charnay dans le *Parti ouvrier*, de M. Yves Guyot dans le *Siècle*.

M. Darlan, ministre de la justice, M. Hanotaux, ministre des affaires étrangères, d'autres encore, furent interrogés et refusèrent de répondre.

De hautes personnalités — il ne s'agit pas de M. le président de la République — furent informées de cette violation de la loi, de cet acte infâme. On trouva plus commode de se taire.

D'autre part, quand l'imprudente révélation, que l'état-major du ministre de la guerre avait fait faire par le journal l'*Éclair*, fut connue des deux ambassades étrangères dont ce journal, aux risques de créer de graves complications diplomatiques, racontait que la correspondance avait été saisie, — que firent les titulaires de ces deux ambassades ?

C'est leur secret, c'est le secret de M. Hanotaux.

Mais ce que nous savons, ce qui n'est un mystère pour personne, c'est que ces deux ambassades firent déclarer publiquement dans les journaux que l'initiale D. ne désignait point le capitaine Dreyfus.

Cette déclaration parut dans les journaux officieux italiens et allemands. Elle parut dans les journaux belges, suisses, anglais, autrichiens et russes. Elle fut reproduite dans nombre de journaux français.

X

J'ai dit que le commandant Ravary avait altéré la vérité quand il a écrit, dans son rapport, que cette pièce secrète avait été communiquée par le colonel Picquart, alors chef de bureau des renseignements, à M. Leblois. Il me reste à m'expliquer sur la corrélation que M. Ravary essaye d'établir entre ce fait, qui est faux, et la prétendue remise de la photographie de cette pièce par une dame voilée à M. Esterhazy, le 24 octobre dernier, au pont Alexandre III.

L'insinuation de M. Ravary n'a aucun sens ou elle veut dire que le colonel Picquart avait volé cette photographie au ministère de la guerre, qu'elle lui avait été volée ensuite par la dame voilée et que celle-ci l'avait remise ensuite à M. Esterhazy pour que celui-ci, avisé du « complot », eût entre les mains la preuve,

— et quelle preuve ! — de la culpabilité du capitaine Dreyfus.

C'est d'ailleurs ce qu'ont raconté les journaux de l'État-Major, notamment la *Libre Parole* et l'*Intransigeant*.

Cela est stupide, cela est odieux, cela est faux : mais cette protestation du plus élémentaire bon sens ne suffit pas.

Nous pouvons admettre, en effet, à la rigueur, que le général Billot n'ait pas jugé utile de démentir ces racontars quand ils paraissaient dans les journaux, même dans ceux qui recevaient la visite des aides de camp de M. de Boisdeffre, par exemple de M. Pauffin de Saint-Morel, familier de M. Rochefort sur les champs de courses.

Mais l'insinuation, l'accusation de M. Ravary, si elle est aussi méprisable que les articles qu'elle démarque, a pourtant une autre portée.

Si une pièce a été volée au ministère de la guerre, — et quelle pièce ! — il faut qu'on sache par qui elle a été volée.

Voilà deux mois que M. le colonel Picquart a demandé une enquête ; il faut que cette enquête se fasse et qu'elle se fasse au grand jour.

Si l'on ne veut pas que l'enquête se fasse au grand jour, nous dirons, nous, par qui la photographie de la pièce secrète a été volée au ministère de la guerre, par qui elle a été communiquée à M. Esterhazy, par qui, sur certaines épreuves, elle a été falsifiée.

Et devant la cour d'assises, en pleine lumière, on s'expliquera.

Et puis, vraiment, M. le ministre de la guerre n'en a-t-il pas assez d'être insulté et outragé tous les jours par le journal l'*Intransigeant*, aux ordres aujourd'hui de M. de Boisdeffre, comme il était jadis à ceux de M. Boulanger?

M. de Boisdeffre, avec les mêmes concours, essaye de recommencer l'aventure de M. Boulanger.

Le général Billot s'y prêtera-t-il plus longtemps?

XI

En résumé, il est établi aujourd'hui par un document officiel, le rapport de M. Ravary, qu'une pièce a été soumise aux juges du conseil de guerre qui a condamné Dreyfus, sans avoir été communiquée ni à l'accusé, ni à son défenseur.

Voici les conséquences juridiques qui en résultent.

L'article 101 du code militaire est ainsi conçu :

« Le rapporteur procède à l'interrogatoire du prévenu. Il l'interroge sur ses nom, prénoms, âge, lieu de naissance, profession, domicile et sur les circonstances du délit ; il **lui fait représenter toutes les pièces pouvant servir à conviction, et il l'interpelle pour qu'il ait à déclarer s'il les reconnaît.** »

Le texte, comme on le voit, est formel.

Toutes les pièces pouvant servir à conviction ont-elles été communiquées à Alfred Dreyfus?

Non, la pièce principale, la lettre de M. de Schwarzkoppen à M. de Panizzardi, la lettre sur laquelle — de l'aveu de l'État-Major publié dans l'*Éclair*, — il a été condamné, cette pièce ne lui a pas été communiquée.

Or, l'article 82 du code militaire est ainsi conçu :

« Les dispositions des articles 441, 442, 443, 444, 445, 446, 447 et 542, paragraphe 1, du code d'instruction criminelle, sont applicables aux jugements des tribunaux militaires. *Il n'est pas dérogé aux dispositions de l'article 525 du même code.* »

Que dit maintenant l'article 441 du Code d'instruction criminelle, qui est applicable, en vertu de l'article 82, aux jugements des tribunaux militaires ?

Il est ainsi conçu :

« *Lorsque, sur l'exhibition d'un ordre formel à lui donné par le ministre de la Justice, le procureur général près la Cour de Cassation dénoncera à la section criminelle des actes judiciaires, arrêts ou jugement contraires à la loi, les actes, arrêts ou jugements pourront être annulés et les juges poursuivis s'il y a lieu, de la manière exprimée au chapitre II du titre IV du présent livre.* »

L'arrêt qui a condamné Alfred Dreyfus a-t-il été rendu contrairement à la loi ?

Oui, puisqu'il a été rendu, non seulement en violation des principes les plus élémentaires de la loi naturelle, mais en violation formelle, flagrante de l'article 101 précité du Code militaire.

Nous ne demandons pas de poursuites contre les juges du premier conseil de guerre; ils ont péché par ignorance de la loi qu'ils étaient chargés d'appliquer; ils ont été trompés indignement par le général Mercier.

Mais nous demandons à M. le ministre de la Justice de donner ordre à son procureur général près la Cour de Cassation de dénoncer, sans retard, à la section criminelle l'arrêt illégal qui a été rendu contre le capitaine Dreyfus par le premier conseil de guerre.

M. le ministre de la Justice est un honnête homme ; il fera son devoir.

XII

Et nous ne nous adressons pas seulement à M. le ministre de la Justice.

Nous nous adressons à tous ceux, à la Chambre, au Sénat, qui ont quelque souci du droit, de l'équité, de la justice, — qui ne peuvent pas vouloir qu'une telle violation de la loi ait pu être consommée impunément.

Nous nous adressons nominativement aux membres du Cabinet Dupuy qui ont été, eux aussi, trompés par le général Mercier, à M. Guérin, à M. Poincaré, à M. Leygues, à M. Barthou, à M. Delcassé, à M. Dupuy.

Nous nous adressons à ces anciens ministres, tous hommes de loi, juristes autorisés, que le noble exemple de M. Trarieux ne peut laisser insensibles, qui s'appellent Waldeck-Rousseau, Cazot, Ribot, Bourgeois, Fallières, Buffet, Henri Brisson, Thévenet, Bérenger, Darlan, Antonin Dubost, de Marcère, Faye, Constans, Develle, sans distinction de parti ou d'opinion.

Nous nous adressons au Conseil de l'Ordre des avocats de Paris, à tous les avocats de Paris et de province.

Nous nous adressons à tous les hommes de cœur, à tous les citoyens qui savent que, sous tous les régimes, mais surtout dans une libre démocratie comme la nôtre, leur sécurité n'a qu'une seule garantie : le respect scrupuleux, inflexible de la loi, — et que l'iniquité commise hier contre Dreyfus, si elle n'est pas réparée aujourd'hui, les menace demain, eux et les leurs, dans leurs biens, dans leur vie, dans leur honneur.

Nous nous adressons au pays qui, jusqu'à ce jour,

a marché à la tête des nations civilisées, vers le plus haut idéal de justice et de liberté, et dont cette gloire risque d'être souillée et salie.

Nous nous adressons à la France.

II

LA DÉMONSTRATION EST FAITE

—

19 janvier 1898.

A Monsieur le Ministre de la Justice.

I

L'article sur la *Pièce secrète* que le *Siècle* a publié vendredi dernier a eu les honneurs d'une immense reproduction dans la presse de Paris et de province. Il fait encore l'objet des commentaires au Sénat et à la Chambre des députés.

La démonstration qu'une pièce secrète, qui d'ailleurs ne s'appliquait pas au capitaine Dreyfus, avait été communiquée à ses juges en dehors de la défense n'a rencontré aucune contradiction, aucun démenti.

Cette démonstration était appuyée sur des documents

officiels. M. Ravary, qui les avait produits, a pu être blâmé de son imprudence. Mais les documents officiels n'en subsistent pas moins, irréfragables, décisifs.

La démonstration de cette abominable illégalité était appuyée d'autres témoignages. Aucun d'eux n'a été contredit. Il convient de préciser.

II

Nous écrivions d'abord :

Il convient de dire tout de suite que cette communication, en chambre du conseil, d'une pièce ignorée de la défense, fut l'œuvre exclusive de M. le général Mercier, ministre de la guerre.

Ses collègues du ministère, que présidait M. Charles Dupuy, ont déclaré, les uns après les autres, (à *la seule exception de M. Dupuy*), que le général Mercier ne leur avait jamais fait connaître que le bordereau, qu'il ne leur avait jamais fait part de la pièce secrète.

M. Guérin, ministre de la Justice dans le cabinet Dupuy, l'a déclaré et ne me démentira pas.

De même, M. Poincaré, ministre des Finances.

De même M. Leygues, ministre de l'Instruction publique.

De même M. Barthou, ministre des Travaux publics.

De même M. Delcassé, ministre des Colonies.

De même les deux ministres de l'Agriculture et du Commerce.

Le ministre de la Marine du cabinet Dupuy était M. Félix Faure, aujourd'hui Président de la République. *J'affirme que M. Félix Faure a ignoré alors la communication de la pièce secrète.*

Le ministre des Affaires Étrangères était, alors comme aujourd'hui, M. Hanotaux. J'affirme que M. Hanotaux a ignoré, au moment où elle s'est produite, cette communication.

L'agence Havas, qui est l'agence naturelle des anciens membres du cabinet Dupuy qui sont aujourd'hui ministres, est restée muette.

M. Guérin, M. Poincaré, M. Leygues, M. Delcassé, M. Viger, M. Lourties, ont acquiescé par leur silence public — et par leurs conversations particulières.

III

Nous écrivions ensuite :

Le Président du Conseil des ministres était M. Charles Dupuy. Je lui demande nettement : « *Oui ou non, le général Mercier vous a-t-il informé de cette violation du droit et de la loi qu'il avait commise ?* »

On peut regretter pour M. Charles Dupuy qu'il n'ait pas répondu à cette interrogation nette et précise.

Il serait pénible de croire que ce républicain a été, à un degré quelconque, le complice de l'illégalité qui a été commise par le général Mercier.

IV

Nous écrivions plus loin :

Le Président de la République était M. Casimir-Périer. J'affirme, — *et ne serai pas démenti,* — qu'il ne fut pas informé par le général Mercier de cette illégalité abominable que cet honnête homme n'eût point tolérée.

Il a connu la pièce secrète plus tard, après le jugement ; il l'a connue par le général Mercier ; le général Mercier, qui s'inquiétait des doutes de M. Casimir Périer dans l'affaire Dreyfus, lui montra la pièce secrète pour lever ses scrupules. M. Casimir Périer ne trouva point que la pièce fût probante ; M. Mercier se garda bien de dire au Président de la République qu'il avait fait communiquer cette pièce en dehors de l'accusé et de la défense, aux juges réunis en chambre du conseil.

M. Casimir-Périer n'a opposé aucun démenti à cette catégorique assertion.

On a fait remarquer, à la Chambre, que les amis particuliers de l'ancien Président de la République ont voté *contre* l'ordre du jour de M. le comte de Mun dont le gouvernement a subi, ~~mort~~ dans l'âme, l'addition à l'ordre du jour de M. Marty.

V

Vous avez lu, plus loin, Monsieur le ministre, le passage suivant :

La pièce secrète fut révélée pour la première fois à un vieil et très honorable avocat, Me Salles par un des membres du conseil de guerre qui raconta tout simplement, tout naturellement, cette chose atroce. Cet officier, ignorant, bien que juge, des dispositions formelles du Code militaire, en fit le récit comme d'un incident tout simple, tout naturel. « Taisez-vous, malheureux ! lui cria le vieil avocat. Mais c'est une chose épouvantable, abominable ! Ne racontez plus jamais cela à personne. »

L'officier fut quelque temps à comprendre ; il comprit enfin ; il s'est tu depuis.

Le vieil avocat a lu et relu l'article du *Siècle* ; il ne l'a pas démenti.

VI

Enfin, l'article du *Siècle* affirmait que les ambassades d'Italie et d'Allemagne, imprudemment — pour ne pas dire plus — mises en cause par l'*Éclair*, dans l'intérêt de M. le général Mercier, avaient déclaré itérati-

vement à M. le ministre des Affaires Etrangères que la
fameuse phrase : « Cette canaille de D. » ne s'appliquait pas au capitaine Dreyfus, dont l'existence ne fut
révélée à ces ambassades et à leurs attachés militaires,
MM. de Panizzardi et de Schwarzkoppen, que par le
procès même de cette infortunée victime de la sottise,
de l'ignorance et du fanatisme.

L'Agence Havas attend encore le démenti de ces deux
ambassades.

M. le ministre des Affaires Etrangères se tait.

VII

La démonstration est donc faite.

Qu'attendez-vous, Monsieur le ministre, pour agir?
pour sauver l'honneur du ministère républicain que
préside M. Méline, où vous venez d'entrer?

Attendez-vous qu'il soit trop tard?

III

AUTRES PREUVES

7 juillet 1898.

Mme Alfred Dreyfus a adressé à M. le ministre de la Justice une requête où elle le supplie d'user du droit que lui confère l'article 441 du Code d'instruction criminelle et de déférer à la Cour de cassation le jugement *illégal* qui a condamné son mari.

L'illégalité de ce jugement résulte de ce fait qu'une ou plusieurs pièces ont été communiquées, en dehors de l'accusé et de la défense, aux juges du Conseil de guerre.

J'écrivais dans le *Siècle*, dès le 14 janvier, que cette violation monstrueuse des règles de l'équité et du droit est aussi une violation des règles précises, formelles, impératives de l'article 101 du Code militaire. Dans une lettre ouverte à M. Milliard, je lui demandais, *puisque seul il en avait le pouvoir*, de dénoncer à la chambre criminelle de la Cour de cassation l'arrêt illégal du 22 décembre 1894. M. Milliard n'a voulu être qu'un garde des Sceaux ; il n'a jamais mérité, pendant une heure, le grand nom de ministre de la Justice.

Voici quelques-unes des preuves de l'acte illégal dont M. Sarrien est actuellement saisi :

I

Le journal l'*Eclair*, dans son numéro du 10 septembre 1896, a raconté, le premier, qu'une pièce secrète avait été communiquée aux juges du capitaine Dreyfus, dans la salle des délibérations, en dehors de l'accusé et de son défenseur.

L'*Eclair* donnait le passage principal de cette pièce secrète; c'était la fameuse phrase extraite d'une lettre de M. de Schwarzkoppen à M. de Panizzardi : « Cette canaille de D... »

L'allégation de l'*Eclair* fut reproduite par tous les journaux; elle ne fut pas démentie.

M. Bernard Lazare la reproduisit dans sa brochure; aucun démenti.

Dès le 17 septembre, M. Darlan, garde des Sceaux dans le cabinet Méline, fut sollicité par moi de confirmer ou de démentir le récit de l'*Eclair*. Il refusa de répondre.

Si cette violation de la loi et des droits les plus sacrés de la défense n'avait pas été commise, à qui ferait-on croire qu'un gouvernement républicain ne se serait pas empressé d'infliger à ceux qui l'affirmaient un démenti catégorique?

Or, ni l'article de l'*Eclair*, article qui émanait de l'Etat-Major, ni l'article du *Siècle*, à la date du 14 janvier 1898, n'ont jamais été l'objet d'aucun démenti.

Il a été impossible, même à la pressante éloquence de M. Jaurès, de faire sortir M. Méline et M. Billot de leur mutisme. (Séance du 24 janvier 1898.)

« Quand un pareil doute est soulevé, disait M. Jaurès, quand une pareille question est posée devant la conscience publique, je trouverais misérable, indigne de nous tous, à quelque parti que nous appartenions, indigne de la France elle-même, qu'il n'y eût pas sur cette question une déclaration explicite et décisive. Je demande au gouvernement : Oui ou non, les juges du Conseil, ayant à statuer sur l'affaire Dreyfus, ont-ils été saisis de pièces pouvant établir ou confirmer la culpabilité de celui-ci, sans que ces pièces aient été communiquées à l'accusé et à la défense? Ma question est claire, elle est loyale; elle comporte simplement une réponse par oui ou par non. »

M. Méline, M. Billot refusèrent de mentir en répondant *Non*.

Silence qui vaut un aveu.

II

Sur la valeur même de la lettre : « Cette canaille de D... » tout a été dit. Cette lettre était, dès 1893 entre les mains du ministre des Affaires Étrangères qui était alors M. Jules Develle. Ni le général de Miribel ni M. Develle n'y attachèrent aucune importance. Il fallut tout le fanatisme du colonel Sandherr, toute la passion politique du général Mercier pour appliquer cette initiale au capitaine Dreyfus. Quand le général Mercier communiqua la pièce à Casimir-Périer, sans lui avouer cependant quel usage il en avait fait, le Président de la République lui fit observer que rien au monde ne prouvait que l'initiale D... s'appliquait à Dreyfus.

On a prêté ce mot plaisant à M. Casimir-Périer : « Mais D..., cela pourrait être aussi bien D... ou D.... » Et il les nommait.

Si le colonel de Schwarzkoppen a réellement écrit au colonel de Panizzardi, en parlant d'un espion à leurs gages, la phrase : « Cette canaille de D... », alors surtout, il est certain que cette phrase ne s'appliquait pas au capitaine Dreyfus.

Il n'est même pas besoin, pour le démontrer, de rappeler avec quelle persévérance les gouvernements allemand et italien ont déclaré qu'ils n'avaient jamais eu aucun rapport, ni direct ni indirect, avec cet officier.

Quand les attachés militaires italiens parlent, en effet, dans leurs correspondances, d'un agent à leur solde, il est notoire qu'ils ne le désignent jamais par l'initiale de son nom.

Ainsi Esterhazy n'eût jamais été désigné par la lettre E, mais par toute autre lettre de l'alphabet.

III

L'article de l'*Eclair* avait paru le 14 septembre 1896. Quelques jours après cette publication, Mᵉ Demange, qui avait été l'avocat du capitaine Dreyfus, rencontre un de ses collègues, Mᵉ Salles. Celui-ci, prenant texte de cet article qui « lui permettait enfin de parler, de décharger sa conscience d'un véritable poids », dit à Demange qu'il tient d'un des membres du conseil de guerre un récit conforme à celui de l'*Eclair*. Cet officier, ignorant, bien que juge, des dispositions formelles du Code militaire, avait raconté tout simplement, tout naturellement, que des pièces, en dehors de l'accusé et de son défenseur, avaient été communiquées au conseil dont elles avaient fait la conviction.

Le *Siècle* du 14 janvier révéla cette conversation ; l'article du *Siècle* ne fut pas démenti par Mᵉ Salles, il fut confirmé par Mᵉ Demange.

Au cours du procès Zola, M⁰ Labori voulut interroger M⁰ Emile Salles sur cet incident; le président des assises refusa de poser la question.

Au cours du même procès, M⁰ Albert Clémenceau demanda à M⁰ Demange « s'il ne fondait pas sa conviction de l'illégalité du jugement qui avait condamné Dreyfus sur ce que M⁰ Salles lui avait dit des aveux de l'un des juges du conseil de guerre ».

« Mais oui, parbleu ! » répondit M⁰ Demange, avant que le président ait eu le temps d'intervenir.

IV

L'aveu silencieux de M. le général Mercier, au cours du même procès Zola, ne fut pas moins éloquent que le « Oui, parbleu ! » de M⁰ Demange.

« Je demande la permission, avait dit M⁰ Labori, de bien préciser : *M. le général Mercier dit-il qu'il n'est pas vrai qu'une pièce secrète ait été communiquée*, ou M. le général Mercier dit-il qu'il ne l'a répété à qui que ce soit ?

M. LE GÉNÉRAL MERCIER. — *Je n'ai pas à répondre à la première question*; mais, en ce qui concerne la seconde, je dis que ce n'est pas exact. »

Le fait de la communication d'une pièce secrète était ainsi avoué par le ministre responsable de cet acte illégal.

V

M. Stock, éditeur, avait, tout comme M⁰ Salles, reçu les confidences de l'un des juges du conseil de guerre.

« Je sais, dit-il dans sa déposition du 19 février, je sais, par l'indiscrétion d'un membre du conseil de guerre que, non pas une, mais *des* pièces secrètes ont été communiquées en dehors de l'accusé et de son défenseur. Je puis énumérer quatre de ces pièces, si l'on veut. »

Naturellement, M. le président de la Cour d'assises ne le voulut pas.

VI

Le *Gaulois* du 3 novembre 1897 a recueilli l'indiscrétion d'un autre membre du Conseil de guerre. Il raconta, en effet, à cette date, qu'un de ces officiers avait tenu à l'un de ses camarades, qui l'interrogeait sur l'affaire Dreyfus, le langage suivant :

« Mon cher camarade, si nous n'étions peut-être pas en pleine lumière quand nous sommes entrés dans la chambre de nos délibérations, *nous y avons tous été dès qu'on nous a eu communiqué certains documents.* »

L'officier qui recueillit cette confidence en fit part au rédacteur du *Gaulois*, l'un des journaux qui s'est montré le plus hostile à la revision.

VII

Le 16 novembre dernier, l'*Echo de Paris*, moniteur officiel de la rue Saint-Dominique, confirma les révélations du *Gaulois*.

M. le ministre de la Justice peut lire dans ce journal les lignes suivantes :

« *En chambre du conseil*, les sept honorables officiers appelés à juger un frère d'armes, mis en présence de documents qu'il était impossible de communiquer tant à la défense qu'au public, ont jugé à l'unanimité que Dreyfus était coupable.

» Les membres du conseil ont jugé sur pièces, sur procès-verbaux de témoignages reçus sous serment.

» Ce sont des pièces entières, des témoignages écrits, non suspects, qui furent soumis, *en secret*, au Conseil de guerre. »

Aucun aveu plus formel, plus catégorique, plus cynique aussi, que celui-là. Il provient directement de l'État-Major; il n'a été, lui aussi, l'objet d'aucun démenti. Le directeur de l'*Écho de Paris* peut et doit être mis en demeure de dire quel est l'officier supérieur ou général qui l'a informé.

L'*Écho* du 8 janvier et le *Petit Parisien* du même jour sont revenus sur cette révélation pour la confirmer.

Quant aux pièces « qu'il était impossible de communiquer à M⁰ Demange », il est probable qu'elles sortaient d'une usine analogue à celle d'où sortirent les papiers Norton. Elles n'auraient pas résisté à la discussion, non point publique, mais à huis clos, du conseil de guerre. Voilà pourquoi elles ont été dissimulées à l'accusé et à son défenseur.

VIII

L'existence de la pièce secrète a été encore affirmée, dans un document officiel, par M. le commandant Ravary.

« Un soir, écrit-il dans son rapport sur l'affaire Esterhazy, que le lieutenant-colonel Henry, de retour à Paris, était entré brusquement chez M. Picquart, il aperçut M⁰ Leblois assis auprès du bureau et compulsant avec lui *le dossier secret*. Une photographie portant ces mots : « Cette canaille de D... » était sortie du dossier et étalée sur le bureau. »

Il a été surabondamment démontré, au procès Zola, que le colonel Picquart n'a jamais communiqué à M⁰ Leblois le dossier secret. Il n'en résulte pas moins du rapport de M. Ravary qu'il y a, dans l'affaire Dreyfus, un dossier *secret* et que ce dossier contient précisément la pièce que l'*Éclair*, journal de l'État-Major, affirmait avoir été communiquée au conseil de guerre, en dehors de l'accusé et de son défenseur.

M. Ravary, au cours de son instruction, en a fait encore l'aveu, dénué de tout artifice, à l'un des témoins qui sont cités au procès de Versailles et qui se tient d'ailleurs, en attendant, à la disposition de M. le ministre de la Justice.

IX

L'existence de la pièce secrète a été encore affirmée par M. Esterhazy lui-même. C'est le fameux *document libérateur* qui fut volé au ministère de la guerre par un individu que l'on retrouvera le jour où l'on voudra se donner la peine de le chercher.

Quand M. Esterhazy le retourna au ministère de la guerre, à la veille de la dénonciation de M. Mathieu Dreyfus, le général Billot se contenta de lui en accuser réception. Aucune enquête *sérieuse* ne fut ouverte, et pour cause.

X

M. le général Mercier n'a avoué à aucun de ses collègues, au moment du procès Dreyfus, qu'il avait fait communiquer aux juges du conseil de guerre, à l'insu de la défense, un dossier secret.

Mais, quelques jours après le procès, il soumit,

comme je l'ai rappelé plus haut, la pièce principale de ce dossier à M. Casimir-Périer, président de la République.

Cette pièce était la même qui fut ensuite révélée par l'*Éclair*, la même qui devait servir de document libérateur à M. Esterhazy.

M. Casimir-Périer n'a jamais démenti cette assertion.

XI

Faut-il d'autres preuves, faut-il d'autres témoins à M. le ministre de la Justice ?

Il existe d'autres preuves, non moins décisives, non moins formelles, d'autres témoignages non moins autorisés.

Dès que M. le ministre de la Justice en exprimera le désir, on les lui portera.

XII

Je ne demande, en attendant, à MM. les ministres, qui sont des républicains, que de relire cette fin de la douzième *Lettre Provinciale* qui s'adresse, aujourd'hui comme alors, aux mêmes individus :

« Je ne vous dirai rien cependant sur les avertisse-
» ments pleins de faussetés scandaleuses par où vous
» finissez chaque imposture ; je repartirai à tout cela
» dans la lettre où j'espère montrer la source de vos
» calomnies. Je vous plains, mes Pères, d'avoir recours
» à de tels remèdes. Les injures que vous me dites
» n'éclairciront pas nos différends ; et les menaces que
» vous me faites en tant de façons ne m'empêcheront
» pas de défendre la vérité. Vous croyez avoir la force
» et l'impunité ; mais je crois avoir la vérité et l'inno-

» cence. C'est une étrange et longue guerre que celle où
» la violence essaye d'opprimer la vérité. Tous les efforts
» de la violence ne peuvent affaiblir la vérité, et ne
» servent qu'à la relever davantage : toutes les lumiè-
» res de la vérité ne peuvent rien pour arrêter la vio-
» lence, et ne font que l'irriter encore plus. Quand la
» force combat la force, la plus puissante détruit la moin-
» dre : quand on oppose les discours aux discours, ceux
» qui sont véritables et convaincants confondent et dis-
» sipent ceux qui n'ont que la vanité et le mensonge ;
» mais la violence et la vérité ne peuvent rien l'une sur
» l'autre. Qu'on ne prétende pas de là néanmoins que
» les choses soient égales : car il y a cette extrême diffé-
» rence que la violence n'a qu'un cours borné par l'or-
» dre de Dieu qui en conduit les effets à la gloire de
» la vérité qu'elle attaque ; au lieu que la vérité sub-
» siste éternellement et triomphe enfin de ses ennemis,
» parce qu'elle est éternelle et puissante comme Dieu
» même. »

Ainsi parlait le syndicataire Pascal.

IV

LES PIÈCES SECRÈTES DU PROCÈS DREYFUS

15 septembre 1898.

Au mois de décembre 1894, quand le capitaine Dreyfus fut traduit devant le Conseil de guerre, son dossier, *son dossier légal*, comprenait une seule pièce : le bordereau.

Quatre pièces secrètes furent communiquées aux juges, en chambre du conseil, en dehors de l'accusé et de son défenseur.

Cette communication, qui décida de la condamnation d'un innocent, était une violation flagrante du droit, des règles les plus élémentaires de la justice, de l'article 101 du Code militaire.

Cette violation abominable de la loi fut successivement révélée à M° Salles par un des juges du Conseil de guerre, à M. Stock par un autre de ces juges, au public par le journal l'*Éclair*, dont l'informateur tenait son renseignement de l'un des artisans du procès, Henry ou Du Paty.

La presse de l'État-Major triompha, avec un incroyble cynisme, des révélations de l'*Éclair*, qui furent confirmées plus tard par le *Gaulois* et l'*Écho de Paris*. Elle présenta comme décisives des pièces qui ne s'appliquaient pas au capitaine Dreyfus, dont l'une s'applique à Esterhazy. Elle ne s'arrêta pas à cette misère : la loi violée, le droit sacré de la défense méconnu, foulé aux pieds.

La brochure de M. Bernard Lazare, en 1896, dénonça fortement l'illégalité ; quelques juristes, seulement, et quelques intellectuels s'en émurent.

Quand le rapport de M. le commandant Ravary eut, pour la première fois, établi *officiellement* que les juges du premier Conseil de guerre avaient formé leur conviction sur une pièce qui n'avait été communiquée ni à l'accusé ni à la défense, j'eus l'honneur, dans une lettre ouverte qui fut publiée par le *Siècle* du 14 janvier 1898, de dénoncer au ministre de la Justice cette violation de la loi.

J'invoquai l'article 441 du Code d'instruction criminelle qui est applicable, en vertu de l'article 82 du Code militaire, aux jugements des Conseils de guerre. Je demandai au ministre de donner l'ordre à son procureur général près la Cour de cassation de dénoncer, sans retard, à la section criminelle l'arrêt illégal qui avait été rendu contre le capitaine Dreyfus par le premier Conseil de guerre.

Le fameux « Parblou ! » de Me Demange au procès Zola, la déposition de M. Stock, l'aveu par le silence de M. le général Mercier, furent autant de confirmations décisives de l'illégalité qui avait été commise.

La presse de l'État-Major changea alors d'attitude. Elle nia que des pièces secrètes eussent été communiquées aux juges de 1894. Elle se démentait : peu lui importait. L'acte que le général Mercier avait commis, dont la responsabilité pénale lui incombait et n'incombait qu'à lui seul, constitue LE CRIME DE FORFAITURE. Les juges n'avaient péché que par ignorance de la loi qu'ils étaient chargés d'appliquer; ils avaient été indignement trompés par le ministre de la Guerre. À tout prix, au prix de nouveaux mensonges, dût un innocent illégalement condamné périr au bagne et dans l'infamie, il fallait sauver le général Mercier.

Le discours de M. Cavaignac coupa court, avec une cynique maladresse, à cette campagne. Le rapport de M. Ravary n'était que l'aveu d'un subalterne. *Le 7 juillet, c'était le ministre de la Guerre lui-même qui portait à la Chambre deux des pièces secrètes qui avaient été communiquées illégalement au Conseil de guerre.* C'est la pièce de mars 1894[1] : « D... m'a apporté beaucoup de choses intéressantes », et la fameuse pièce du 16 avril : « Ce canaille de D... »

Le colonel Picquart offrit de prouver, devant toute juridiction, que ces deux pièces ne s'appliquent pas au capitaine Dreyfus; il offrait, en même temps, de prouver que la troisième pièce, celle où le nom de Dreyfus se trouvait en toutes lettres, est un faux; M. Cavaignac lui répondit en le jetant en prison.

Il n'en restait pas moins que le ministre de la guerre avait reconnu lui-même, formellement, l'illégalité monstrueuse de 1894.

Enfin, cette illégalité vient d'être reconnue une fois de plus, publiquement reconnue, par M. le général Zurlinden, ministre de la Guerre, par M. Sarrien, ministre de la Justice, et par M. Henri Brisson, président du Conseil.

Le dossier juridique, le dossier légal du capitaine Dreyfus ne comprend qu'une seule pièce, la seule qu'il ait connue, la seule qu'ait connue Mᵉ Demange,

---

1. Dates données par M. Cavaignac.

celle que le tortionnaire Du Paty s'est efforcé, par tous les moyens les plus sinistres et les plus ridicules, d'attribuer à l'infortuné : le bordereau.

Cela est si vrai que la revision de demain ne peut porter que sur le bordereau ; devant le Conseil de guerre qui devra juger, à nouveau, le capitaine Dreyfus, c'est l'acte d'accusation du commandant Besson d'Ormescheville qui devra être repris, *acte qui porte exclusivement sur l'attribution du bordereau à Dreyfus.*

Or, que disent et répètent à l'envi, depuis plusieurs jours, les notes *officielles* de l'Agence Havas ?

Que le général Zurlinden a demandé plusieurs jours pour examiner le dossier Dreyfus ;

Que le ministre de la Justice a demandé plusieurs jours pour l'examiner ;

Que le président du Conseil et le ministre de la Justice ont passé, mardi, plusieurs heures à l'examiner.

Et, comme l'*Agence Havas* n'a point mentionné une seule fois que le général Zurlinden, M. Sarrien et M. Brisson aient requis des experts pour l'examen de ce dossier, il en résulte que *cet examen n'a point porté sur le bordereau, seule base légale de l'accusation et de la condamnation du capitaine Dreyfus.*

Donc, ces volumineux dossiers, dont l'examen a pris tant de jours, non seulement au ministre de la Guerre, mais à des juristes aussi expérimentés que M. Henri Brisson et M. Sarrien, ces dossiers ne sont et ne peuvent être composés que de pièces qui, n'ayant été soumises ni à l'accusé ni à son défenseur, sont dénuées, du moins actuellement, de toute valeur légale et juridique.

Quelles sont ces pièces ? Ce sont celles, d'abord, qui ont été communiquées, en 1894, aux juges militaires, en violation de la loi. Ce sont celles, ensuite, qui sont venues au ministère de la guerre postérieurement au procès, qui sortent, les unes et les autres, de la grande fabrique des faux, et dont la pièce Henry n'est qu'un spécimen.

Je rappelle le texte de l'article 101 du Code militaire :

« Le rapporteur procède à l'interrogatoire du prévenu. Il
» l'interroge sur ses nom, prénoms, âge, lieu de naissance,
» profession, domicile, et sur les circonstances du délit.
» Il lui fait représenter toutes les pièces pouvant servir à
» conviction, et il l'interpelle pour qu'il ait à déclarer s'il
» les reconnaît. »

Dès lors, le gouvernement n'a que le choix entre la procédure de l'article 441 du Code d'instruction criminelle, *qui est celle de l'annulation*, et la procédure de l'article 443, *la revision*.

IL A CE CHOIX, MAIS IL N'A QUE CE CHOIX.

V

A LA COUR DE CASSATION

21 octobre 1898.

Un journal esterhazyste du soir raconte que le chef de cabinet du général Zurlinden, alors ministre de la Guerre, aurait répondu à M. Sarrien, ministre de la Justice, qui lui réclamait le dossier secret de l'affaire Dreyfus : « Vous pourriez me faire passer devant tous » les Conseils de guerre possibles et me menacer de me » couper le cou par-dessus le marché, je refuserais de » vous livrer des pièces que je considère comme un » dépôt sacré. »

J'aime à croire, pour M. Sarrien, que l'officier qui lui aurait tenu un langage aussi impudent et aussi ridicule serait depuis longtemps au Mont-Valérien. Cette information est une niaiserie. On voit d'ici cet officier général qui tend le cou au garde des Sceaux transformé en bourreau. Il faut une forte dose de nigauderie pour croire à de pareilles histoires.

La vérité est tout autre, beaucoup plus simple, très suggestive. La commission consultative du ministère de la Justice, quand elle fut saisie de la demande en revision, réclama les dossiers secrets. Le ministère de la Guerre répondit qu'il n'y a point, dans l'affaire Dreyfus, de dossiers secrets, — que, n'ayant rien de tel, il ne pouvait rien donner. La commission consultative n'insista pas.

Il est évident que cette réponse, si on la prenait au pied de la lettre, serait un mensonge. Il n'y a rien de plus certain, en effet, que l'existence d'un et même de plusieurs dossiers secrets dans l'affaire Dreyfus. Ces dossiers, qui n'ont d'ailleurs rien de secret, ont été brandis, pendant des mois et des mois, par toute la presse de l'État-Major. Du Paty en a soustrait une pièce qu'il remit à Esterhazy et dont Billot accusa, par la suite, très poliment, réception au traître. Ravary, dans son rapport, leur donna une consécration officielle. Gonse, Henry, Gribelin, Pellieux et Lauth en ont déposé, sous la foi du serment, à la Cour d'assises. Sont-ce de faux témoins ? Le colonel Picquart a été jeté en prison sous l'accusation d'en avoir communiqué une pièce à un avocat. M. Cavaignac, étant ministre de la Guerre, en a porté trois échantillons, dont un faux inepte, à la tribune. L'aveu de l'existence de ces dossiers est encore affiché sur d'innombrables murailles. C'est pour avoir enrichi ces dossiers de la prétendue lettre de Schwarzkoppen à Panizzardi qu'Henry est allé mourir, d'un coup de rasoir, dans une cellule. C'est pour avoir affirmé l'authenticité de ce faux que Boisdeffre a donné sa démission. Le dossier secret, quand le colonel Sandherr et le colonel Picquart étaient chefs du deuxième bureau, comprenait quatre ou cinq pièces. Du départ du colonel Picquart pour Tunis à l'arrivée de Cavaignac au ministère de la Guerre, ces cinq pièces sont devenues mille. C'est Cavaignac qui a donné ce chiffre à la tribune. Le miracle de la multiplication des pains n'est rien auprès de celui de la multiplication des pièces secrètes du dossier Dreyfus. C'est sous le règne de Gonse et d'Henry que s'est opéré ce prodige. La plus célèbre de ces pièces secrètes est la lettre de l'Empereur d'Allemagne que Boisdeffre fit porter chez Rochefort, avec le drapeau de la France, par l'auffin de Saint-Morel. M. Hanotaux n'a pas encore trouvé le temps d'écrire cinq lignes pour déclarer qu'il n'a point acheté cette pièce au prix fort de vingt-sept mille francs.

Donc, le ministre qui aurait nié l'existence matérielle de ces dossiers secrets aurait menti, et menti à la justice. Il faut, dès lors, donner un autre sens à sa réponse, au refus qu'il a opposé à la commission consultative. Un ancien rédacteur du *Père Duchêne* a proposé cette interprétation : la réponse ministérielle signifie que les secrets renfermés dans ces dossiers sont trop terribles et trop délicats pour être communiqués à des magistrats français. Ils ont pu l'être sans danger à Du Paty et à Henry, deux faussaires, au lampiste Gribelin dont Gonse a dit « qu'il sait tout », à M. Rochefort et à M. Cavaignac, sans parler du capitaine Cuignet. Mais MM. Lepelletier, Crépon et Petit, conseillers à la Cour de cassation, ne les auraient pas plutôt connus qu'ils les auraient vendus à l'Allemagne. On ne discute pas une glose de cette valeur.

Il y a, cependant, une autre interprétation, qui est, sinon plausible, du moins raisonnable. Le ministre a reconnu que les mille pièces dont M. Cavaignac affirmait l'authenticité morale et matérielle sont des faux, des faux ridicules, tous sortis de la même usine. Il en a honte, de la lettre de l'Empereur d'Allemagne qui commence par une faute d'allemand comme des documents qui encadraient si bien la pièce Henry. Il préfère que cette ignominie ne soit pas étalée au grand jour. Ce refus, ce démenti du général Zurlinden, veulent dire : « Ces dossiers sont une collection de faux. »

Et, sans doute, ce tardif scrupule et cette tardive clairvoyance sont honorables. Mais la Cour de cassation peut-elle se passer de ces dossiers? Elle ne le peut pas. Elle n'a pas le droit de ne point s'en saisir, comme de tout le reste, et coûte que coûte. Si elle ne s'en saisissait pas, il adviendrait que, le lendemain du jour où elle aura rendu son arrêt, toute la canaille esterhazyenne crierait qu'il y a maldonne et que la Chambre criminelle n'a point vu les preuves décisives de la culpabilité du capitaine Dreyfus. Enfin, le jour où cet infortuné reparaîtra devant le Conseil de guerre, qui ose garantir qu'il ne se retrouverait pas un Mercier pour tromper une seconde fois, avec l'une ou avec l'autre de ces pièces forgées, la bonne foi des juges?

Je ne parle pas des responsabilités qui sont en jeu, qu'il importe, dans l'intérêt supérieur de l'armée, de rechercher et de punir. Cela, ce n'est pas, ce ne saurait être, sous aucun prétexte, l'affaire de la Cour de cassation ; c'est celle de M. le ministre de la Guerre. La tâche qui incombe à la Cour de cassation est de faire la lumière, toute la lumière. Peut-elle la faire si elle ignore le contenu des dossiers secrets?

LE DROIT D'UNE FEMME

I

LE DROIT ABSOLU DE MADAME DREYFUS

20 mars 1898.

Tout le monde a lu la lettre par laquelle Mme Dreyfus demande à M. le ministre des Colonies de rejoindre son mari à l'Ile du Diable. M. Lebon n'a pas répondu. MM. Guieysse et Chautemps avaient opposé un refus pur et simple aux demandes précédentes de cette malheureuse femme. « J'invoque la loi, écrivait Mme Dreyfus dans sa dernière lettre au ministre des Colonies, j'invoque votre pitié. » La pitié est un grand mot que les vieux républicains comprenaient. Qu'on n'en parle plus! Le temps des vaines sentimentalités est passé. Demandez à l'Arménie, à la Grèce. Mais la loi?

I

Le refus persistant du ministre des Colonies a été expliqué par le *Matin* dans une note d'allure officieuse: « La loi s'applique aux *transportés* et non aux *déportés*.

» En 1871, quelques déportés de la presqu'île Ducos
» purent appeler auprès d'eux leurs femmes. Ils béné-
» ficièrent d'une faveur que le gouvernement était
» parfaitement libre de leur octroyer et aussi de leur
» refuser. »

Cette explication n'est fondée ni en droit ni en fait. En fait et en droit, le refus opposé par le ministre des Colonies à Mme Dreyfus constitue un abus de pouvoir.

On sait quelle est la différence entre les transportés et les déportés. Les transportés sont des criminels de droit commun, les individus qui ont été condamnés aux travaux forcés à temps ou à perpétuité et qui subissent leur peine, non plus, comme autrefois, dans les bagnes continentaux, mais à la Nouvelle-Calédonie. Les déportés, au contraire, sont des condamnés politiques.

On peut regretter que la trahison ne soit pas considérée comme un crime de droit commun. On peut modifier la loi à cet égard. Un projet de loi, qui fait de la trahison un crime de droit commun, a été voté par la Chambre ; il est soumis au Sénat. Mais, en attendant que la loi soit définitivement votée et promulguée, la trahison reste un crime politique. Ce crime reste puni par l'article 1er de la loi du 16 juin 1850 sur la déportation : « Dans tous les cas, dit cet article, où la peine de mort est abolie par l'article 5 de la Constitution, cette peine est remplacée par celle de la déportation dans une enceinte fortifiée, désignée par la loi, hors du territoire continental de la République. »

C'est en vertu de cet article 1er de la loi du 16 juin 1850 que le capitaine Dreyfus a été condamné.

II

Voici, maintenant, le texte de l'article 7 de la loi ayant pour objet de régler la condition des déportés à la Nouvelle-Calédonie, loi votée le 25 mars 1873 par l'Assemblée nationale, promulguée le 28 mars :

Article 7. — *Les femmes et les enfants des condamnés auront la faculté d'aller les rejoindre. Dans les limites du crédit spécial ouvert annuellement au budget de la déportation, le gouvernement se chargera du transport gratuit des femmes et des enfants de ceux qui seront en mesure, soit par l'exploitation d'une concession, soit par l'exercice d'une industrie, de subvenir aux besoins de leur famille.*

Ainsi, en premier lieu et contrairement à la note publiée par le *Matin*, la loi s'applique aux déportés. Le titre de la loi est clair : « Loi ayant pour objet de régler la condition des déportés à la Nouvelle-Calédonie. » C'est bien des déportés qu'il s'agit. Et l'article 7 est formel : « Les femmes et les enfants des condamnés » — c'est-à-dire des déportés — « auront la faculté d'aller les rejoindre. »

Le capitaine Dreyfus est un déporté. Donc, sa femme et ses enfants ont la faculté d'aller le rejoindre dans le lieu de sa déportation.

« En 1871, a-t-on dit au *Matin*, quelques déportés
» de la presqu'île Ducos purent appeler auprès d'eux
» leurs femmes. Ils bénéficièrent ainsi d'une faveur. »

Cela, encore, est une erreur.

Il est, en effet, question dans l'article 7 d'une *faveur* que le gouvernement est libre d'octroyer ou de refuser aux femmes et aux enfants des déportés. Mais de quelle faveur? Le législateur le dit expressément : celle de leur transport gratuit au lieu de déportation.

Pour les femmes et les enfants des déportés, le transport gratuit, voilà la faveur. Voici le droit : aller rejoindre le déporté.

III

Et c'est bien un droit, un droit formel, un droit absolu, un droit qui ne fut contesté, après la promulgation de la loi de 1873, à aucune des femmes des déportés qui demandèrent à aller rejoindre leurs maris.

Le droit est si formel que l'on ne citerait pas un cas, un seul, où l'exercice en ait été refusé à qui que ce soit, ni par le gouvernement de M. Thiers, ni par celui du maréchal de Mac-Mahon.

Le mot *faculté*, qui est inscrit dans l'article 7 de la loi du 28 mars, est, en effet, synonyme, dans l'espèce du mot *droit*. C'est un droit, et, je le répète, un droit ABSOLU que le législateur de 1873 a entendu conférer expressément aux femmes et aux enfants des déportés.

Et ce n'est pas là une théorie d'occasion, mais c'est le rapporteur même de la loi de 1873 qui l'a établie dans son rapport, qui l'a établie dans les termes les plus précis, dans les termes mêmes dont je me sers.

Quand un texte de loi prête à équivoque, c'est dans les travaux préparatoires de la loi qu'on en cherche l'interprétation, c'est dans le rapport qui l'accompagne. Depuis qu'il y a des législateurs, cela s'est, du moins, pratiqué ainsi.

Or, le texte de l'article 7 de la loi de 1873 ne prête pas à équivoque et le rapport est décisif.

IV

Le rapporteur de la loi de 1873 sur la déportation était M. le comte d'Haussonville. On connaît les beaux travaux de M. d'Haussonville sur la misère ; on connaît aussi ses remarquables études sur les questions pénitentiaires ; c'est encore de la misère. Dirai-je qu'il y avait acquis une si rare compétence qu'il s'est trouvé un ministre de l'Intérieur pour l'exclure du conseil supérieur des prisons ?

Or, que dit M. d'Haussonville dans le rapport fait à l'Assemblée nationale au nom de la Commission chargée d'examiner le projet de loi ayant pour objet de régler la condition des déportés à la Nouvelle-Calédonie ? (Annexe n° 1363, séance du 26 juillet 1872).

Le rapporteur rappelle d'abord que la loi du 23 mars 1872, ayant pour objet de déterminer les lieux de relégation, se termine par l'article que voici :

« Un projet de loi réglant le régime des condamnés, la compétence disciplinaire à laquelle ils sont soumis, les mesures destinées à prévenir le désordre et les évasions, les concessions de terre soit dans les îles, soit dans la grand-terre, enfin *le droit pour les familles des déportés de se rendre dans les lieux de déportation*, et les conditions auxquelles elles pourront obtenir leur transport aux frais de l'État, sera présenté par le Gouvernement, dans les deux mois qui suivront la promulgation de la présente loi. »

Ainsi, la loi de 1872, que l'Assemblée nationale substitua à la loi de 1850 sur la déportation, précisait déjà, en termes formels, *le droit pour les familles des déportés de se rendre dans les lieux de déportation* comme devant être l'un des éléments de la loi d'organisation de la déportation.

La loi du 16 juin 1850 s'était bornée à désigner la vallée de Vaithan, aux îles Marquises, comme un lieu de déportation dans une enceinte fortifiée. Elle était muette sur la faculté pour les familles de rejoindre les déportés simples et les déportés dans une enceinte fortifiée.

« L'article final de la loi de 1872, écrit M. d'Haussonville, témoigne de la sollicitude avec laquelle cette grave question de la déportation a été envisagée par vous. Les législateurs de 1850 avaient cru pouvoir se borner à fixer le lieu où la peine de la déportation devait être subie et à régler la capacité civile des déportés. C'est en exécution de votre décision de mars 1872 que le gouvernement vous a saisis, dans la séance du 30 mai 1872, d'un projet de loi qui tend à régler dans ses détails, tant le mode d'exécution de la peine que les conditions de l'existence nouvelle qui sera faite aux déportés.... Il s'agit de créer un véritable Code de la déportation... »

V

Le rapporteur examine ensuite, un par un, les différents articles de ce code de la déportation. Sur l'article 7, qui nous occupe, il s'exprime en ces termes :

« La rédaction de l'article 7, qui règle les conditions auxquelles les familles des déportés pourront aller rejoindre leurs chefs, a été légèrement modifiée par nous pour arriver à une plus grande clarté. »

C'est la rédaction de la Commission qui a été adoptée, qui est devenue l'article 7.

« On ne saurait, en effet, poursuit M. d'Haussonville, apporter trop de précision dans une question qui touche à des intérêts moraux aussi élevés. L'article 7 divise les familles en trois catégories. La première comprend les familles qui auront des ressources suffisantes pour payer elles-mêmes les frais de leur transport. Pour celles-là, le *droit est absolu.* »

Les catégories suivantes comprennent les familles qui demandent à l'État leur transport gratuit.

Le droit pour la femme d'un déporté d'aller le rejoindre au lieu où il subit sa peine est donc *absolu* : c'est le législateur lui-même qui le dit, qui le proclame.

VI

Cette disposition de l'article 7 fut votée sans débats, sans objection, par l'Assemblée nationale.

Loin de contester aux femmes des déportés le droit d'aller partager la misère et le châtiment de leur mari, l'Assemblée nationale n'avait pas pour elles assez de témoignages d'estime et de sympathie. On sait quels étaient ces déportés et que l'Assemblée, qui avait vaincu la Commune, ne leur accordait aucune des circonstances atténuantes d'où est sortie plus tard, sous la parole de Gambetta, la loi d'amnistie.

Elle n'hésitait pas à modifier en faveur de ces femmes le Code civil, à leur créer une situation privilégiée pour la succession de leur mari. « Quand nous songeons, disait Jules Favre, que nous sommes en face d'une femme qui est allée rejoindre son mari dans les conditions que vous savez, qui a rompu les liens de la parenté, qui a abandonné son pays, ses attaches naturelles et qui s'est dévouée à celui qui a encouru la réprobation sociale, — m'emparant ici des expressions que je trouvais tout à l'heure dans la bouche de notre honorable rapporteur, je dirai que cette femme mérite une récompense. »

Cette récompense, l'Assemblée nationale ne l'accorda pas aux femmes des déportés, aussi large que l'eût voulue Jules Favre, mais elle la leur accorda cependant par l'article 13 de la nouvelle loi.

L'idée de refuser aux femmes des déportés le droit d'aller rejoindre leurs maris, de subordonner l'exercice de ce droit au bon plaisir de l'administration, eût été repoussée avec horreur et dégoût par l'Assemblée nationale.

Si quelqu'un avait dit alors à M. Méline et à M. le général Billot qui étaient, tous deux, membres de cette assemblée, qu'un jour viendrait où ils contesteraient ce droit à la plus malheureuse et à la plus respectable des femmes, ils auraient protesté avec indignation.

VII

La loi du 28 mars 1873 distingue-t-elle, comme on essaiera peut-être de le prétendre entre les déportés simples et les déportés dans une enceinte fortifiée en ce qui concerne l'exercice du droit établi, en faveur des femmes et des enfants des condamnés, par l'article 7 ?

A aucun moment, cette distinction n'a été proposée. Ni dans le rapport de M. d'Haussonville, ni dans la longue discussion de la loi devant l'Assemblée, on ne trouverait un mot, un seul, sur lequel appuyer cette distinction.

Par la place même qu'il occupe dans la loi, l'article 7 exclut d'ailleurs cette idée. Les huit premiers articles de la loi sont, en effet, relatifs aux déportés sans distinction de catégorie. C'est seulement l'article 9 qui établit, en ce qui concerne les concessions provisoires de terres, une distinction entre les condamnés à la déportation simple et les condamnés à la déportation dans une enceinte fortifiée.

Il y a plus encore, car l'article 8 est ainsi conçu : « Les familles seront soumises au régime du territoire sur lequel elles seront établies. »

Qu'est-ce à dire sinon que les familles des déportés simples, à la Nouvelle-Calédonie, et les familles des déportés dans une enceinte fortifiée, à la presqu'île Ducos, seront soumises à des régimes différents, à ceux que subissent leurs chefs ?

Donc, le droit de rejoindre leur mari n'est pas moins *absolu* pour la femme du déporté dans une enceinte fortifiée que pour la femme du déporté simple.

C'est le cas de Mme Alfred Dreyfus. Elle ne réclame pas une faveur en demandant à aller rejoindre son mari ; elle réclame l'exercice d'un droit absolu qui lui est conféré par la loi et que M. le ministre des Colonies ne peut pas, par conséquent, lui refuser sans violer la loi.

VIII

Un fonctionnaire colonial aurait dit au rédacteur du *Matin* : « Dreyfus est un condamné *spécial* soumis à un régime *spécial*. »

Une pareille assertion est simplement monstrueuse : autant dire qu'il n'y a plus de lois.

La loi ne reconnaît pas d'autres peines que celles qui ont été édictées par elle. Une peine, non prévue par la loi, ne pourrait être appliquée sans un véritable crime.

Le capitaine Dreyfus n'est pas un condamné *spécial* ;

Il est un condamné à la déportation dans une enceinte fortifiée. Comme tel, il est soumis à toutes les obligations de la loi du 16 juin 1850 et de la loi du 23 mars 1872 sur la déportation. Comme tel, aussi, il a pour lui tous les droits que la loi du 25 mars 1873 confère à lui et aux siens.

La loi du 9 février 1895 a-t-elle modifié l'article 7 de la loi du 25 mars 1873 ?

En aucune façon.

L'article 2 de la loi du 23 mars 1872 était ainsi conçu :

« La presqu'île Ducos, dans la Nouvelle-Calédonie, est déclarée lieu de déportation dans une enceinte fortifiée. »

Or, que dit l'article unique de la loi du 9 février 1895 ?

« L'article 2 de la loi du 23 mars 1872 est modifié ainsi qu'il suit :

» La presqu'île Ducos, dans la Nouvelle-Calédonie, *et les îles du Salut* sont déclarées lieux de déportation dans une enceinte fortifiée. »

La seule modification aux lois existantes sur la déportation qui ressorte de l'article unique de la loi du 9 février 1895 consiste donc dans l'addition de cinq mots à l'article 2 de la loi du 23 mars 1872.

Il n'y avait, jusqu'en 1895, qu'un seul lieu de déportation dans une enceinte fortifiée : la presqu'île Ducos. Depuis 1895, il y en a deux : la presqu'île Ducos et les îles du Salut.

Les îles du Salut avaient été autrefois, sous l'Empire, un lieu de transportation. L'un de mes amis, M. Lange, que Gambetta estimait beaucoup et dont M. Thiers appréciait le sens politique, y avait été interné après le Deux-Décembre.

IX

Osera-t-on alléguer que la loi de 1895 a eu un autre but que de « déclarer », selon la formule, un autre lieu de déportation, comme la loi de 1872 avait substitué la presqu'île Ducos aux Îles Marquises ? Se trouvera-t-il un Escobar, un Sanchez de chancellerie pour dire : « La loi de 1895 ne rend pas expressément applicables à ce nouveau lieu de déportation les dispositions de l'article 7 de la loi de 1873. Donc, ces dispositions n'y sont pas applicables ? »

Une telle prétention ne serait pas seulement odieuse, mais inepte. En effet, la loi de 1873 ne contient pas que l'article 7 ; elle contient d'autres articles, notamment les articles 1, 2, 3, 4, dont elle ne dit pas non plus expressément qu'ils sont applicables aux Îles du Salut ; or, ils y sont appliqués : donc, l'article 7 y est également applicable ; donc, la loi de 1895 n'a pas eu d'autre but que de déclarer un nouveau lieu de déportation où sont, dès lors, applicables toutes les dispositions de la loi de 1873.

A supposer, ce qui n'est pas, que le législateur de 1895 ait eu l'intention d'aggraver la peine de la déportation, et non simplement de créer un nouveau lieu de déportation, il devait le dire. Il ne l'a pas dit. L'eût-il dit d'ailleurs que la loi nouvelle eût été nulle et sans effet à l'égard du capitaine Dreyfus, qui a été condamné sous le régime de la loi de 1873.

Le principe de la non-rétroactivité en matière pénale ne comporte, en effet, aucune exception. Interdire aux déportés dans une enceinte fortifiée de laisser venir auprès d'eux leurs femmes et leurs enfants, ce serait aggraver leur peine. Le capitaine Dreyfus a été condamné à une certaine peine. Tant que le principe de la non-rétroactivité pénale n'aura pas été aboli, la loi elle-même serait impuissante à ajouter une peine à celle qui a été prononcée par un jugement.

Ce n'est point parce que le capitaine Dreyfus a été injustement et irrégulièrement condamné que l'on pourrait lui retirer les droits qui appartiennent à ceux qui ont été condamnés justement et régulièrement. Il n'a pas été mis hors la loi. La République française n'est pas encore la République de Venise ou celle du Paraguay.

X

En résumé, la loi confère à Mme Dreyfus le droit *absolu* d'aller rejoindre son mari aux îles du Salut.

J'en appelle à M. le comte d'Haussonville, à tous les jurisconsultes, à tous les hommes de droit.

Le gouvernement de la République entend-il, oui ou non, refuser plus longtemps à l'admirable femme du capitaine Dreyfus l'exercice d'un droit qui lui est conféré par la loi ?

II

DE L'INTERPRÉTATION DES LOIS

28 mars 1898.

I

Un rédacteur du *Temps* a eu l'idée de soumettre à plusieurs jurisconsultes la consultation que j'ai publiée dans le *Siècle* sur l'article 7 de la loi ayant pour objet de régler la condition des déportés.

M. le comte d'Haussonville, qui avait été le rapporteur de la loi, s'est exprimé en ces termes : « J'ai lu l'article du *Siècle* et il est, en ce qui concerne la partie rappelant mon rapport de 1803, parfaitement exact ; je n'ai donc rien à ajouter. »

M. Thézard, sénateur de la Vienne, professeur de droit à la faculté de Poitiers, a répondu : « Je considère le droit de Mme Dreyfus comme absolument indéniable. J'ai même éprouvé quelque surprise en lisant les lettres qu'elle adressait au ministre des Colonies ; elle paraît solliciter comme une faveur d'aller là-bas retrouver son mari ; en réalité, elle doit réclamer l'exercice d'un droit absolu. Les textes de loi sont formels et je ne pense pas qu'un jurisconsulte ou un professeur de droit, puissent dans le cas présent, soutenir une opinion différente. »

Ce professeur de droit s'est cependant trouvé : c'est M. Leveillé, député de Paris et candidat aux prochaines élections.

II

Voici le raisonnement de M. Leveillé.

Le texte de l'article 7 étant formel, ne comportant aucune exception au droit absolu des familles de déportés à rejoindre leurs chefs, M. Leveillé l'écarte.

« J'estime, dit-il, qu'il faut, *avant tout*, chercher dans la loi comment elle comprend et définit la peine de la déportation. Sur ce point, qui est le point essentiel, le législateur n'a jamais varié, ni en 1850, ni en 1872, ni en 1873 : le déporté est conduit hors de France, il est interné dans un lieu déterminé ; il doit y jouir de la liberté compatible avec la nécessité de prévenir une évasion et de maintenir l'ordre. »

Telle est l'interprétation que donne M. Leveillé du paragraphe 2 de l'article 1er de la loi du 8 juin 1850 qui est ainsi conçu : « Les déportés jouiront de toute la liberté compatible avec la nécessité d'assurer la garde de leurs personnes... »

La loi dit : « la nécessité d'assurer la garde de leurs personnes. » M. Leveillé traduit : « la nécessité de prévenir une évasion et de maintenir l'ordre. »

Cela s'appelle, en termes d'école, consulter l'esprit de la loi.

III

« Rien n'est plus dangereux que l'axiome commun qu'il faut consulter l'esprit de la loi. *Adopter cet axiome, c'est rompre toutes les digues et abandonner les lois au torrent des opinions.*

» Cette vérité me paraît démontrée, quoiqu'elle semble un paradoxe à ces esprits vulgaires qui se frappent plus fortement d'un petit désordre actuel que des suites éloignées, mais mille fois plus funestes, d'un seul principe faux établi chez une nation.

» Toutes nos connaissances, toutes nos idées se tiennent. Plus elles sont compliquées, plus elles ont de rapports et de résultats.

» Chaque homme a sa manière de voir; et un même homme, en différents temps, voit diversement les mêmes objets. L'esprit d'une loi serait donc le résultat de la logique, bonne ou mauvaise, d'un juge, d'une digestion aisée ou pénible, de la faiblesse de l'accusé, de la violence des passions du magistrat, enfin de toutes les petites causes qui changent les apparences et dénaturent les objets dans l'esprit inconstant de l'homme.

» Ainsi, nous verrions le sort d'un citoyen changer de face en passant à un autre tribunal, et la vie des malheureux serait à la merci d'un faux raisonnement ou de la mauvaise humeur des juges. Nous verrions le magistrat interpréter rapidement les lois, d'après les idées vagues et confuses qui se présenteraient à son esprit. Nous verrions les mêmes délits punis différemment, en différents temps, par le même tribunal, parce qu'au lieu d'écouter la voix constante et invariable des lois, il se livrerait à l'instabilité trompeuse des interprétations arbitraires.

» Ces désordres funestes peuvent-ils être mis en parallèle avec les inconvénients momentanés que produit quelquefois l'observation littérale des lois ?

» Peut-être ces inconvénients passagers obligeront-ils le législateur à faire, au texte équivoque d'une loi, des corrections nécessaires et faciles. Mais, du moins, en suivant la lettre de la loi, on n'aura point à craindre ces raisonnements pernicieux ni cette licence empoisonnée de tout expliquer d'une manière arbitraire, et souvent avec un cœur vénal.

» De tels principes déplairont, sans doute, à ces despotes subalternes qui se sont arrogé le droit d'accabler leurs inférieurs du poids de la tyrannie qu'ils supportent eux-mêmes. J'aurais tout à craindre si les tyrans s'avisaient jamais de lire ces pages; mais les tyrans ne lisent pas. »

IV

Si cependant M. le ministre des Colonies, dont M. Leveillé s'est fait l'avocat, lisait ces lignes, je l'entends d'ici : « Raisonnement d'intellectuel ! »

Raisonnement d'intellectuel, en effet, puisque cette réponse est celle que fit aux « despotes subalternes » de son temps un certain Beccaria, au chapitre IV du livre qui est intitulé : *Des délits et des peines*, et qui a passé jusqu'à présent pour un des titres de gloire de l'humanité.

V

M. Leveillé, d'ailleurs, ne cache point que son principal argument n'a rien de juridique, qu'il est la négation même de l'article qui reconnaît aux femmes des déportés le droit de les rejoindre dans leur bagne : c'est la crainte que la présence de Mme Dreyfus à l'île du Diable faciliterait l'évasion de son mari. « J'ai entendu, dit-il, parler à Rochefort et à l'île de Ré des précautions sévères qui durent être prises lors de l'embarquement du condamné pour la Guyane. »

L'honorable député de Paris fait évidemment allusion, ici, aux faits suivants.

Pendant le séjour du capitaine Dreyfus au dépôt de l'île de Ré, sa femme fut autorisée à le voir quatre fois, pendant une demi-heure, en présence du commandant. Le condamné était à l'extrémité d'une pièce entre deux gendarmes, sa femme à l'autre extrémité, le commandant entre eux. Défense de s'approcher, défense de parler de quoi que ce soit touchant l'*affaire*, défense de prononcer le nom d'aucune personne sans avoir, au préalable, averti le commandant de la parenté existant entre cette personne et le condamné.

Le jour du départ du capitaine Dreyfus pour la Guyane, sa femme supplia le commandant de lui permettre de serrer la main à son mari. Le commandant avait sa consigne : Mme Dreyfus, en serrant la main de celui qui partait pour un exil éternel, eût pu lui faire quelque signe cabalistique. Il refusa.

Mme Dreyfus demanda à embrasser son mari, ayant, elle, les mains liées derrière le dos. Le commandant avait sa consigne. Il refusa.

C'est ainsi que se séparèrent ces deux créatures humaines, également innocentes de tout crime, le 21 février 1894, plus d'un siècle après la Révolution française et l'abolition de la torture.

VI

M. Leveillé, qui est allé à la Guyane, connaît l'île du Diable. C'est un rocher, où ne pousse pas un arbre, où la pluie tombe sans discontinuer pendant cinq mois de l'année, que brûle le soleil le plus cruel des tropiques. Un étroit chenal, semé de brisants, peuplé de requins, le sépare du reste du monde. Les barques du pénitencier peuvent seules y aborder. Six surveillants, sous la direction d'un brigadier, se relevant de quatre heures en quatre heures, ne perdent jamais de vue le prisonnier. Défense de lui adresser la parole. Quand la nuit est venue, l'un d'entre eux, armé, est enfermé dans une sorte de tambour contigu à la chambre du déporté, avec mission de veiller, debout, le prisonnier jusqu'au lever du soleil. (Voir le *Figaro* du 8 septembre 1896.) Un stationnaire, d'un bout de l'année à l'autre, surveille la côte et la mer.

Jusqu'au ministère Méline, le condamné avait le droit d'aller et de venir à sa guise dans les limites du rocher. Cela a paru excessif et dangereux à M. le ministre des Colonies. Un article de M. Drumont, un autre de M. Rochefort, lui ont inspiré de sages réflexions. Le condamné n'a plus le droit, aujourd'hui, que de se promener dans un étroit enclos qu'entoure une haute palissade. C'est pourquoi M. Rochefort l'appelle « l'encagé ». Il ne voit plus la mer. On ne lui a pas encore supprimé la vue du ciel.

Voilà l'exil que Mme Dreyfus demande à aller partager. Cet homme est gardé par sept hommes armés; ce rocher est gardé par l'Océan. D'où cette réponse de M. Leveillé : « Le droit à l'évasion n'est pas encore écrit dans les codes. »

VII

La peine que subit le capitaine Dreyfus est cent fois plus atroce que celle de la déportation dans une enceinte fortifiée telle qu'elle est inscrite dans nos lois. M. Leveillé ignore-t-il que cette peine elle-même, quand elle fut proposée par M. Rouher, fut jugée inhumaine, qu'elle ne fut pas votée, sans une vive résistance des républicains, par l'Assemblée législative ? (5 avril 1850).

Après avoir décrit la peine de la déportation simple, un intellectuel, pire encore, un poète, s'était exprimé en ces termes :

« Et cela ne vous suffit pas ! Vous voulez faire cette chose sans nom, qu'aucune législation n'a encore faite : joindre aux tortures de l'exil les tortures de la prison, multiplier une rigueur par une cruauté !

» Il ne vous suffit pas d'avoir mis sur cette tête la voûte de ciel tropical, vous voulez y ajouter encore le plafond du cabanon. Cet homme, vous voulez le murer vivant dans une forteresse qui, à cette distance, nous apparaît avec un aspect si funèbre, que vous qui la construisez, vous n'êtes pas sûrs de ce que vous bâtissez là, et que vous ne savez pas vous-mêmes si c'est un cachot ou si c'est un tombeau.

» Vous voulez que lentement, jour par jour, heure par heure, à petit feu, cette âme, cette intelligence, cette activité, ensevelie toute vivante, toute vivante, je le répète, à quatre mille lieues de la patrie, sous ce soleil étouffant, sous l'horrible pression de cette prison-sépulcre, se torde, se creuse, se dévore, désespère, demande grâce, appelle l'air, la vie, la liberté, et agonise et expire misérablement.

» Ah! c'est monstrueux! Ah! je proteste d'avance au nom de l'humanité! Ah! vous êtes sans pitié et sans cœur! Ce que vous appelez une expiation, je l'appelle un assassinat! (*Acclamations à gauche.*)

» Mais levez-vous donc, catholiques, prêtres, évêques, hommes de religion, qui siégez dans cette assemblée et que je vois au milieu de nous! Levez-vous, c'est votre rôle! Qu'est-ce que vous faites sur ces bancs? »

M. Leveillé connaît ce discours; il sait aussi que, le lendemain du jour où Victor Hugo le prononça, une souscription fut ouverte pour le répandre dans toute la France. C'était déjà le Syndicat.

VIII

J'accorde que ce n'est ni le lieu ni l'heure de discuter la pénalité que Victor Hugo refusait d'inscrire dans nos lois. Elle existe : tant qu'elle n'aura pas été abrogée, il la faudra appliquer. Mais aggraver arbitrairement la loi, même contre un innocent, ce n'est pas l'appliquer, c'est la violer.

C'est ce qu'a fait M. Lebon, ministre des Colonies. C'est ce dont le loue M. Leveillé, professeur de droit.

CORAM POPULO

I

LE PROCÈS ESTERHAZY

Lettre au Ministre de la Guerre.

Paris, le 7 janvier 1898.

Monsieur le Ministre,

J.. ournaux qui passent pour être le mieux renseignés publient la note suivante :

« L'ordonnance de mise en jugement même ne serait pas lue en audience publique.

» A la vérité, le conseil de guerre pourra, malgré les conclusions du commissaire du gouvernement, décider qu'il y a lieu à débats publics, — mais une telle solution est improbable.

» Les mêmes motifs d'ordre supérieur qui firent solliciter le huis clos par le commandant Brisset, dès l'ouverture des débats du procès Dreyfus, subsistent toujours ; ils sont bien davantage impérieux aujourd'hui.

» Malgré les considérations émanées des partisans de la publicité des débats, rien ne saurait prévaloir contre une raison qui, en la circonstance, devra primer toutes les autres, l'intérêt bien compris de la sécurité du pays. »

Il serait, en effet, inadmissible que les secrets intéressant la défense nationale fussent livrés en pâture à la curiosité publique, aussi légitime qu'elle puisse paraître parfois.

En théorie, le Conseil de guerre est lui-même juge du huis clos; en réalité, c'est vous, monsieur le ministre, vous seul.

Permettez-moi de vous soumettre une observation.

Que le huis clos soit total ou partiel, il y a quelqu'un qui saura tout. C'est celui qui écrivait : « Je voudrais être tué comme capitaine de uhlans en sabrant des Français! » — que le chef de bureau des renseignements vous a dénoncé dès 1896, — que vous avez mis en non activité pour de prétendues infirmités temporaires.

Vous avez promis, au Sénat, de verser tout le dossier Dreyfus au Conseil de guerre. Dès lors, les pièces secrètes de ce procès, si graves, si redoutables que vous n'avez pas voulu les montrer aux patriotes les plus éprouvés, elles seront connues du commandant Esterhazy.

Tous ces autres secrets dont la divulgation, dit-on, compromettrait les intérêts de la défense nationale, ils seront connus du commandant Esterhazy.

Mais la France ne connaîtra pas les dépositions décisives, et un cauchemar douloureux continuera à peser sur la conscience de ce noble pays.

Veuillez agréer, Monsieur le Ministre, l'assurance de ma très haute et très respectueuse considération.

JOSEPH REINACH.
Député,
Membre de la Commission de l'Armée.

II

A LA COMMISSION DE L'ARMÉE

La commission de l'armée se réunit le 25 janvier pour s'occuper d'une motion soulevée par M. de Pontbriand, député royaliste de la Loire-Inférieure.

M. de Pontbriand demandait à la commission de voter un ordre du jour de blâme contre M. Joseph Reinach, parce que ce dernier avait fait suivre son nom de sa qualité de membre de la commission de l'armée dans une lettre adressée par lui au ministre de la guerre à propos de l'affaire Dreyfus et publiée par les journaux.

La commission écarta la rédaction de M. de Pontbriand et adopta le texte suivant proposé par M. Perrier (de la Savoie) :

« La commission, regrettant que M. Reinach se soit servi
» de son titre de membre de la commission de l'armée pour
» écrire au ministre de la guerre une lettre publiée par les
» journaux concernant l'affaire Dreyfus, et déclinant à cet
» égard toute solidarité avec l'auteur de cette lettre, passe
» à l'ordre du jour. »

M. Joseph Reinach adressa aussitôt à M. Mézières, président de la commission de l'armée, la lettre suivante :

Paris, 23 janvier 1898.

Monsieur le président,

Je suis informé du vote qui a été émis à mon sujet par la commission de l'armée sans que j'eusse été d'ailleurs avisé par l'ordre du jour.

Je ne me suis jamais servi de mon titre de membre de la commission de l'armée pour recommander au ministre de la guerre un ami ou un client.

Je m'en suis servi pour plaider auprès de lui, selon une éloquente formule, la cause de cette dame voilée, la Justice.

En vous adressant ma démission de membre de la commission de l'armée, je vous prie d'agréer, monsieur le Président, l'assurance de ma plus haute considération.

Joseph REINACH.

III

L'ÉLECTION DE DIGNE

Une réunion de conseillers généraux et de conseillers d'arrondissement, qui s'était tenue le 30 janvier 1898 à Digne, avait décidé de ne pas représenter M. Joseph Reinach et d'offrir la candidature pour les prochaines élections législatives à M. Paul Roux.

M. Romieu, conseiller général du canton de Digne, avait avisé de cette décision M. Joseph Reinach, qui répondit par la lettre suivante :

Paris, le 25 février 1898.

Monsieur le conseiller général,

Vous voulez bien me faire part de la résolution qui a été prise à mon égard dans la réunion tenue le 30 janvier à Digne; vous m'avisez du choix qu'elle a fait d'un candidat en vue des prochaines élections législatives; vous me demandez de retirer ma candidature.

Votre décision ne change rien à la mienne. C'est du suffrage universel que je tiens mon mandat; il me l'a confié en 1889 et renouvelé en 1893. C'est le suffrage universel qui prononcera. Si le premier tour de scrutin ne m'est pas favorable, ai-je besoin de vous dire que je ne manquerai pas à la discipline républicaine ?

Vous m'écrivez que la réunion, dont vous êtes l'interprète, reconnaît les services que j'ai rendus depuis huit années à l'arrondissement de Digne. Je crois, en effet, avoir scrupuleusement rempli mon mandat. Mais, comme il convient de parler clair, comme on ne me laisse pas ignorer pour quelles raisons un autre candidat a été choisi, il me sera permis de dire qu'en me joignant à ceux qui tiennent que la première obligation de la République est d'assurer à tous les citoyens une justice impartiale, la stricte et loyale observation des principes élémentaires et essentiels du droit, je ne pense point avoir démérité des républicains.

La loi a été violée contre un homme que je n'ai jamais vu, qui m'est aussi étranger qu'à vous-même ; le fait aujourd'hui n'est plus contestable. Si une pareille méconnaissance de la loi n'est pas réparée, qui vous assure qu'elle ne sera pas renouvelée demain contre un autre ? Quand l'arbitraire et l'illégalité ont pénétré une fois dans le domaine de la justice, qui donc pourrait se flatter qu'il ne sera pas atteint, lui aussi, à son tour, selon le flot mouvant des passions et des haines, dans sa sécurité, dans ses biens, ou dans son honneur.

C'est servir la cause de tous, et, surtout, des plus humbles, que de dénoncer l'illégalité. Notre protestation a été une première sauvegarde contre le retour possible à de pareilles pratiques. J'ai protesté l'un des premiers : quoi qu'il advienne je ne le regretterai jamais. Si c'était à recommencer, je recommencerais. Je serais indigne, si j'avais agi autrement, d'avoir été le collaborateur et l'ami de Gambetta. Vous ne sauriez croire, monsieur, avec quelle sérénité d'âme on subit les injures et les calomnies, quand on est pénétré, comme je le suis, de la bonté et de la noblesse de sa cause, et alors même qu'on n'aurait pas la certitude que, dans un pays qui s'appelle la France, dans le pays de Voltaire et de la Révolution, la victoire finale ne serait pas acquise aux défenseurs du droit.

On trouverait difficilement, dans l'histoire de ce siècle, une crise morale plus affligeante que celle que nous traversons aujourd'hui ; j'en souffre plus douloureusement que qui que soit ; cependant, j'en souffrirais bien plus, si je m'étais réfugié dans une commode abstention.

Je sais tout le prix qu'il convient d'attacher, dans une libre démocratie, au mandat de représentant du peuple. Je sais aussi, hélas ! que quelques-uns y attachent un trop grand prix, puisqu'ils sacrifient à leur réélection leur conscience, dont ils étouffent le cri, et le souci supérieur des intérêts de la justice.

Il est possible, comme on me l'a fait dire, que je de mon siège dans cette bataille ; il est certain que je garderai la satisfaction d'avoir fait mon devoir : c'est quelque chose.

Au surplus, si tous ceux qui partagent notre conviction ne s'étaient pas tus, s'ils avaient agi comme ils le devaient faire, ils auraient évité à la France les angoisses et les humiliations de ces tristes jours.

Ont-ils fait un bon calcul ? Quand la justice est en cause, il ne faut pas calculer ; il faut, comme le vieil Horace, faire son devoir et laisser faire aux dieux. C'est bien plus simple. Il me paraît d'ailleurs qu'ils ont méconnu même le plus misérable des intérêts, l'intérêt personnel. Un jour viendra, en effet, et plus prochain peut-être qu'ils ne pensent, on en voit déjà poindre l'aube, où la France saura toute la vérité. Le suffrage universel, étant souverain, a les habitudes des rois : Il sourit parfois à ceux qui le flattent, il ne pardonne jamais à ceux qui l'ont trompé.

Si j'en crois les lettres que je reçois de tous les côtés de l'arrondissement, la résolution dont vous m'avez fait part serait loin, très loin, de répondre au sentiment de tous les républicains. Derrière les jongleurs du patriotisme, ils ont aperçu les deux éternels ennemis de la liberté : le cléricalisme et la dictature. Demain, ils les verront plus clairement encore. Je les y aiderai, d'autant plus assuré d'être compris par les hommes de bonne foi que personne plus que moi n'aime l'armée et qu'il m'est arrivé souvent — on me l'a assez reproché ! — de défendre contre les entraînements de mes propres amis la tolérance religieuse.

Ceux qui nous outragent et nous diffament sont les mêmes qui, sous des masques à peine variés, nous diffament et nous outragent depuis vingt ans. Cela aussi donne à réfléchir à plus d'un.

Le plus illustre de nos moralistes a dit « qu'un coupable puni est un exemple, qu'un innocent condamné est l'affaire de tous les honnêtes gens ».

Il y a encore beaucoup d'honnêtes gens dans nos Alpes, et il y a encore beaucoup d'honnêtes gens en France.

Je vous prie de recevoir l'assurance de mes sentiments les plus distingués.

Joseph Reinach.

IV

PROFESSION DE FOI

Aux Électeurs de l'Arrondissement de Digne

Mes chers Concitoyens,

J'oppose aux contrefaçons de la République la République des Droits de l'homme et du citoyen.

Depuis plus de huit ans que j'ai l'honneur d'être votre député, j'ai toujours dit toute ma pensée, tout ce que je croyais être la vérité.

Je n'ai jamais flatté la démocratie; j'aurais cru lui faire injure.

Celui qui cède aux entraînements de l'opinion, celui qui dissimule par peur ou dans un vil intérêt personnel, ses convictions, celui-là est indigne du titre de Représentant du Peuple.

Une question judiciaire passionne depuis six mois le pays. On m'a fait un grief de l'attitude que j'ai prise. Elle m'était dictée par ma conscience.

Un homme, un officier, a été condamné contre toutes les règles du droit et de l'équité, sur des pièces communiquées en secret à ses juges, sans que lui ni son défenseur n'en aient eu connaissance. Ces pièces pouvaient être fausses, elles pouvaient se rapporter à des tiers. Un pareil procédé est la parodie de la justice, le triomphe de l'arbitraire, la violation des garanties les plus élémentaires que les sociétés les moins civilisées accordent elles-mêmes aux accusés.

« Si Dreyfus a été condamné sur la production de
» pièces secrètes que la défense n'aurait pas connues,
» si cela était vrai, il n'est pas douteux que la décision
» serait frappée d'une nullité radicale. » Qui parle ainsi ? C'est la plus haute autorité judiciaire de France, c'est le procureur général près la Cour de cassation.

Savoir qu'une illégalité, qu'une erreur judiciaire a été commise — et se taire, c'est s'en rendre complice.

Imaginez qu'un des vôtres ait été victime d'une erreur de ce genre. Qu'auriez-vous dit, si, en ayant acquis la preuve, je vous avais refusé mon concours pour sauver le malheureux ?

Il y a deux ans environ, un conscrit de l'une de nos communes a été condamné à tort par un tribunal militaire. L'erreur m'a été signalée. J'ai fait des démarches, j'ai eu le bonheur d'obtenir du Ministre de la guerre la grâce entière du condamné ; il a été rendu à sa famille : qui de vous ne m'a pas approuvé ?

Seulement, dans cette affaire du petit conscrit des Mées, ni les passions politiques, ni les haines religieuses n'étaient en jeu.

Ce sont ces passions déchaînées contre lesquelles je m'élève ; elles seules obscurcissent aujourd'hui une question qui, en elle-même, était très simple.

On a osé accuser les hommes qui réclament la révision du procès Dreyfus de manquer de patriotisme, d'outrager l'armée et la justice cette abominable imputation.

Est-ce manquer de patriotisme que de vouloir que la France bonne et généreuse, fidèle à sa glorieuse mission, à sa raison d'être historique, reste à l'avant-garde de l'humanité en marche?

Est-ce outrager la justice que de croire qu'un tribunal peut, de la meilleure foi du monde, se tromper et sur le fait et sur le droit, de dénoncer une erreur, de chercher à la réparer?

Au début de la dernière législature, la Chambre a voté à l'unanimité une loi nouvelle sur la réparation des erreurs judiciaires; j'en avais été l'un des promoteurs. Mais il ne suffit pas de faire de bonnes lois, il les faut appliquer.

Est-ce outrager l'armée, cette armée où j'ai servi, cette armée que j'aime de toute mon âme, est-ce l'outrager que de la vouloir pure de toute souillure, que de s'affliger si l'on voit maintenir dans ses rangs le vrai auteur du crime pour lequel un innocent a été frappé?

Un homme s'est rencontré pour écrire qu'il serait heureux d'être tué comme capitaine de uhlans en sabrant des Français, qui a été pendant des années l'espion à gages d'une puissance étrangère, qui, accablé par les preuves les plus irrécusables, n'a trouvé d'autre réponse que le silence. Et cet homme porte encore l'uniforme français! Et l'on invoquerait encore, pour le protéger, l'honneur de l'armée!

L'honneur de l'armée, c'est nous qui le défendons.

Vous me connaissez, vous savez qui je suis : aurais-je pris la cause d'un traître? Non, c'est l'innocent que je défends; c'est le criminel que j'accuse.

Quand la vérité éclatera-t-elle avec la même force aux yeux de tous ? Ce soir, demain peut-être. Mais je vous réponds que son jour est proche.

Si vous doutez de ma parole que, cependant, vous avez toujours trouvée loyale et sincère, je n'aurai pas un regret personnel, car j'aurai fait tout mon devoir.

Si vous me croyez, j'en serai heureux, surtout pour vous. Je vous dois d'avoir siégé dans deux assemblées. Je voudrais vous payer ma dette de gratitude en vous épargnant, à vous patriotes, à vous républicains des Alpes, le remords prochain d'avoir été, dans cette bataille, avec le mensonge contre la vérité, avec l'arbitraire contre la justice.

Ma politique reste la même que par le passé.

Je continuerai, si vous m'accordez de nouveau vos suffrages, à soutenir, dans la prochaine Chambre, les principes de la Révolution française contre tous ses adversaires, cléricaux, césariens et collectivistes.

Ai-je besoin de vous rappeler ces principes ?

La déclaration des droits de l'Homme et du Citoyen porte que ces droits naturels et imprescriptibles sont la liberté, la propriété, la sûreté et la résistance à l'oppression.

La liberté, et d'abord la liberté de conscience : j'ai défendu souvent celle de mes adversaires ; vous protesterez par votre vote contre les menées d'odieux sectaires qui menacent la tolérance religieuse.

La propriété, cette propriété individuelle, qui n'est qu'une des formes de la liberté et que les doctrines collectivistes voudraient supprimer pour nous ramener à la barbarie.

La sûreté, et d'abord l'égalité devant la justice ; car la loi doit être la même pour tous, et, quand elle est violée dans la personne d'un seul, tous sont atteints.

La résistance à l'oppression, c'est-à-dire la revendication de ces droits.

Le progrès, c'est le développement de la liberté par l'ordre, c'est la loi de toute société.

Je réclamerai demain, comme je l'ai fait hier, une répartition de plus en plus équitable des charges publiques.

L'impôt global sur le revenu, frapperait, en même temps que le revenu du capital, *ce qui est légitime*, le revenu du travail, *ce qui serait injuste*; je le repousse; l'arbitraire vexatoire et inquisitorial de la dîme a été détruit par la Révolution; je ne me joindrai pas à ceux qui veulent le restaurer, qui, sous prétexte d'aller de l'avant, reculent.

Mais il faut remanier la contribution personnelle et mobilière de manière à en faire l'image plus exacte des facultés des contribuables; — il faut supprimer l'absurde impôt des portes et fenêtres; — il faut supprimer entièrement le principal de l'impôt foncier sur la terre qui ne doit être qu'un impôt communal et départemental.

J'ai contribué, sous les législatures précédentes, au dégrèvement de cet impôt; vous avez profité de ces dégrèvements; l'heure est venue de réaliser la réforme.

Pour faciliter les réformes fiscales, il est indispensable de revenir à une politique sévère d'économie, de diminuer le nombre des fonctionnaires de luxe, d'aborder enfin le problème de la décentralisation administrative.

Il faut aussi, comme je l'ai demandé dans mon discours du 28 novembre 1893, à la Chambre des députés, supprimer la ruineuse initiative parlementaire en matière d'ouverture de crédits. C'était une idée chère à Gambetta; je tiens à honneur d'avoir été le premier à la reprendre.

Le dégrèvement total des droits sur les boissons hygiéniques, vin, bière et cidre, doit être réalisé dans un intérêt qui est vraiment national; le fléau de l'alcoolisme menace d'atteindre les sources vitales de la nation; il faut le combattre résolument par des surtaxes sur l'alcool et, comme je l'ai proposé, par la limitation du nombre des débits à ceux qui existent déjà.

L'agriculture a droit à toute la sollicitude des pouvoirs publics. Vous avez mis à l'épreuve mon dévouement à cette grande cause. Vous pouvez compter que mon zèle pour elle ne faiblira pas.

La loi sur les primes à la sériciculture, dont j'ai été le promoteur, a été renouvelée pour dix ans; les primes aux éducateurs ont été augmentées.

Vous savez si je me suis appliqué à activer le développement de vos routes, de vos voies de communication, la construction des digues; vous savez aussi que j'ai pu rendre quelques services à la cause de l'Assistance publique, que j'ai obtenu pour vos hôpitaux de légitimes subventions.

Le ministère que présidait M. Casimir-Périer a fait triompher devant les Chambres ma proposition sur l'établissement d'un ministère des Colonies. Il appartiendra à la prochaine législature de créer enfin une armée coloniale; la constitution de troupes coloniales empêchera de renouveler la désastreuse expérience qui a été faite à Madagascar et contre laquelle je m'étais élevé.

J'ai toujours considéré comme intangibles le principe de la loi militaire, celui des lois scolaires sur l'instruction gratuite, obligatoire et laïque.

Notre politique extérieure a été et doit rester une

politique de Paix. Nous devons conserver, avec le même soin jaloux, nos traditions et nos espérances nationales. Ce siècle touche à sa fin : la France inaugurera le prochain par une grande fête de la Paix, c'est-à-dire de la Liberté et du Travail.

Vive la France !
Vive la République !

Joseph REINACH.

M. Joseph Reinach, qui avait été élu député en 1889, par 5.845 voix et réélu, en 1893, par 7.160 voix, ne réunit, au scrutin du 8 mai 1898, que 1.213 suffrages. Il se désista aussitôt en faveur de M. Paul Roux qui fut élu, au scrutin de ballottage, contre M. Andrieux.

V

LETTRE A M. OCTAVE MIRBEAU

9 août 1898.

Monsieur,

Dans un article très éloquent, d'une très belle inspiration, que publie l'*Aurore*, vous prêtez à l'un de vos interlocuteurs le langage suivant :

« Mais considère tous ces gens qui défendent Drey-
» fus... Il y a Trarieux, sous le ministère de qui furent
» votées ces fameuses lois scélérates qui vous relé-
» guaient un homme aux marais putrides de la Guyane
» en un rien de temps... Il y a Reinach qui, jadis, ne
» parlait, lui aussi, que de proscrire, fusiller, guillo-
» tiner... »

J'entends bien que vous faites répondre à ce sectaire par votre second personnage, l'ouvrier :

« Les hommes sont des hommes, après tout... Et
» c'est toujours la même histoire !... Au pouvoir, leur
» œuvre est mauvaise; contre le pouvoir, elle est sou-
» vent admirable... Profitons-en. Que m'importe d'où

» vient la parole de justice, si elle vient, et si elle re-
» tentit en moi, et dans les autres, pour le bien de
» l'humanité? »

Et ceci doit compenser cela, je le sais. Je trouve même que « œuvre admirable » est de trop. Il est tout simple de faire son devoir, de livrer bataille pour la vérité, pour la justice. Ne laissons pas croire qu'en France, sous la République, plus de cent ans après la Révolution, l'homme qui fait son devoir, qui le fera jusqu'au bout, soit une exception.

Cependant, votre premier personnage a dit des choses qui ne sont pas justes, qui sont inexactes. Vous ne les prenez point à votre compte, et je vous en remercie. Mais d'autres les ont dites, d'autres vont les répéter. Permettez que je m'adresse à vous pour les rectifier, pour protester.

« Il y a Trarieux, dit votre sectaire, sous le minis-
» tère de qui furent votées les lois scélérates. » Ouvrez le *Journal officiel*. Les lois sur les menées anarchistes furent votées au mois de juillet 1894, au lendemain de l'assassinat du président Carnot. Trarieux n'était pas ministre. Le président du Conseil était Charles Dupuy ; Guérin était garde des Sceaux, le général Mercier ministre de la Guerre. Il faut toujours consulter le *Journal officiel*.

« Il y a Reinach, dit votre sectaire, qui, jadis, ne
» parlait, lui aussi, que de proscrire, fusiller, guillo-
» tiner… »

Quand ai-je parlé de fusiller, de guillotiner?

Je tiens à votre disposition, Monsieur, la collection de mes ouvrages. Cela fait près de trente volumes. Et, aussi, la collection de mes articles dans dix journaux et revues. Vous n'y trouverez pas une ligne, un mot, qui justifie cet atroce propos. Vous y découvrirez même que j'ai toujours été partisan de l'abolition de la peine de mort.

Je crois me souvenir que vous avez raconté un jour que j'avais applaudi à l'exécution sommaire des ministres hovas par ordre de M. le général Gallieni, que j'avais préconisé l'introduction de ce système de gouvernement dans la métropole. J'avais pris votre article pour la brillante fantaisie d'un esprit paradoxal. Je m'aperçois aujourd'hui que j'aurais dû démentir un langage que je n'ai jamais tenu. Observez toutefois que si, depuis vingt et quelques années que je suis entré dans la politique, j'avais dû démentir toutes les absurdités et toutes les indignités qui m'ont été prêtées, la collection de mes ouvrages en aurait été accrue d'au moins vingt in-folio.

Et quand ai-je parlé de proscrire ?

J'ai écrit, dans la *République française*, pas mal d'articles en faveur de l'amnistie des condamnés de la Commune. M. Henri Rochefort et M. Alphonse Humbert auront beau faire : je n'en retrancherai pas une ligne. Je pense toujours, avec Gambetta, qu'il fallait faire disparaître « ce haillon de guerre civile ».

J'ai voté, en 1895, l'amnistie des condamnés de la Haute-Cour. Ce n'était pas encore le fait d'un proscripteur. Vous n'ignorez pas, sans doute, que cette loi d'amnistie fut présentée aux Chambres par M. Trarieux.

Si le duc d'Aumale était encore de ce monde, il vous dirait que le premier républicain qui a demandé, dans la presse, l'abrogation du décret qui l'avait expulsé, c'est moi. J'écrivais le 24 juin 1888 : « La République
» est assez forte, elle a le cœur assez haut placé pour
» pouvoir accorder sans crainte à ce vieux soldat la
» joie de revoir la terre, la douce terre de France,

» avant de fermer les yeux. » (*Pages républicaines*, p. 163.)

Je n'ai pas réclamé, avec moins d'énergie, contre une autre proscription : celle qui bannissait de nos hôpitaux les sœurs de charité. Ceux qui me traitent aujourd'hui de « sale juif » me traitaient alors de clérical. Demandez à M. Rochefort, à M. Humbert.

Et comme je ne vous cache aucun de mes crimes, oui, certes, j'ai réclamé l'application des « justes lois » aux conspirateurs boulangistes. Fallait-il livrer la République, la Liberté, au plus imbécile des sabres ? Oui, encore, j'ai voté la loi sur les menées anarchistes. La propagande par le fait n'avait-elle pas, avec Ravachol, Henry, Caserio, accumulé assez de ruines et de désastres ? Cependant, même alors, je regrettais, dans un article du 13 juillet 1804, que le gouvernement n'en revînt pas simplement au système du droit commun en ce qui concerne la presse, et qu'il créât, en ce qui concerne la publicité des audiences, une disposition spéciale. (*Démagogues et socialistes*, p. 72.) Enfin, j'ai été, en 1881, le promoteur de la loi sur la relégation des récidivistes. Demandez, je vous prie, aux orthodoxes de la science criminaliste ce qu'ils pensent de cette loi. Ils vous diront que les malfaiteurs cherchent à se faire envoyer à la Nouvelle-Calédonie. Qu'est-ce à dire, sinon que cette loi est plus humaine, plus douce que celles qu'elle a remplacées ? Je conviens d'ailleurs que la loi n'a pas toujours été appliquée comme j'aurais désiré qu'elle le fût.

Ajouterai-je que j'ai bien apostillé, appuyé une centaine de recours en grâce ? Je n'ai refusé d'appuyer que celui de Chambiges.

Voilà, Monsieur, comment j'ai toujours parlé « de proscrire, de fusiller et de guillotiner ».

J'ai certainement, au cours d'une vie politique déjà longue, commis plus d'une erreur. Je n'ai aucune prétention à l'infaillibilité. Mais j'ai le droit de dire que, dans la mesure de mes faibles forces, j'ai toujours combattu pour la justice et pour la vérité, pour la liberté et pour la République. Dans l'affaire Dreyfus, je suis simplement resté fidèle à moi-même. Je n'ai qu'un regret, bien faible encore, — à cause des imbéciles : c'est que le capitaine Dreyfus soit juif.

Croyez, Monsieur, à mes sentiments les plus distingués.

VI

UN DÉMENTI

6 septembre 1898.

Au mois de janvier dernier, plusieurs journaux racontèrent que j'aurais dit, dans les couloirs de la Chambre, à MM. Georges Berry, de Lanjuinais, René Gauthier et Dupuytren, que si le gouvernement se refusait à reviser le procès du capitaine Dreyfus, il provoquerait « un chambardement général ».

Je démentis cette information en ces termes :

« Je n'ai jamais tenu ce propos. Je n'ai jamais rien
» dit de tel. Ces expressions ne sont pas de mon voca-
» bulaire. Tout cela est purement et simplement in-
» venté. »

Ceux de mes anciens collègues à qui j'aurais tenu ce propos démentirent formellement que j'eusse dit rien de tel.

Plusieurs journaux ont repris hier cette vieille calomnie. J'ai l'honneur de les prévenir qu'à la première récidive je déposerai, devant le tribunal correctionnel, une plainte en diffamation.

LES ENSEIGNEMENTS
DE L'HISTOIRE

LES ENSEIGNEMENTS DE L'HISTOIRE

4 juin 1898.

Un philosophe, qui n'entendait rien à la stratégie, a écrit autrefois que « c'était le maître d'école prussien qui avait gagné la bataille de Sadowa ». Ce n'était pas vrai. Les victoires, c'est les gros bataillons qui les remportent. Cependant la force matérielle n'est pas tout; la force morale est aussi quelque chose. C'est pour un pays une cause dangereuse d'infériorité quand il n'a pas pour lui, au début d'une guerre, l'opinion du monde civilisé.

I

Ceux pour qui les enseignements de l'année terrible ne sont pas perdus n'ont pas oublié la circulaire de M. de Bismarck, en date du 29 juillet 1870, et les désastreuses conséquences qu'elle eut pour la France. Qui, de la France ou de la Prusse, était responsable de la guerre qui venait d'éclater? L'Europe, surprise par la rapidité du conflit, était encore hésitante dans ses sympathies. Le chancelier de l'Allemagne du Nord la décida par ses révélations.

Il s'agissait des demandes de compensation que l'Empereur Napoléon III avait fait présenter au roi Guillaume après la bataille de Sadowa. Cette victoire avait fait de la Prusse une puissance militaire et politique de premier ordre. Les duchés danois, le royaume de Hanovre, la ville libre de Francfort, l'électorat de Hesse, le duché de Nassau avaient été, d'une seule bouchée, engloutis par le vainqueur. L'Empereur se sentit atteint dans son prestige par ce rapide agrandissement d'un ambitieux voisin. Comme il était l'auteur de l'alliance de la Prusse et de l'Italie, cause première de la défaite de l'Autriche, il avait demandé pour salaire « la rive gauche du Rhin jusques et y compris Mayence ». Cette requête avait été vivement repoussée. L'Empereur offrit alors au roi Guillaume son alliance offensive et défensive aux conditions suivantes : il reconnaîtrait les acquisitions que la Prusse avait faites à la suite de la dernière guerre, ne s'opposerait pas à une union fédérale de la Confédération du Nord avec les États du Midi de l'Allemagne ; en échange, Guillaume promettrait ses bons offices pour faciliter à la France l'acquisition du Luxembourg et le concours de ses armes pour la conquête de la Belgique.

La diplomatie de M. de Bismarck était généralement dénuée de scrupules ; celle de Napoléon III la dépassa, ce jour-là, en cynisme. La France vivait en paix avec la Belgique dont elle avait solennellement garanti la neutralité et l'indépendance : Napoléon demandait à Bismarck le concours des armées prussiennes pour s'en emparer. La France avait promis sa protection aux États du Sud de l'Allemagne : à l'heure même où il se posait comme leur protecteur contre le vainqueur prussien, Napoléon les lui livrait.

Mais cette politique de Napoléon III avait été plus imprudente encore que cynique.

Quand le comte Benedetti, ambassadeur de France à Berlin, communiqua à M. de Bismarck, le 20 août 1866, sous la forme d'un traité d'alliance, les demandes du gouvernement de l'Empereur, le ministre prussien n'avait fait que des observations de détail. Sur ses instances, M. Benedetti prit la plume et, sous sa dictée, introduisit dans la minute les modifications réclamées. Il transcrivit ensuite de sa main, sur une feuille de papier officiel, le projet amendé et raturé ; il le remit avec une parfaite confiance à M. de Bismarck qui devait le présenter à l'examen et à l'approbation de son souverain [1].

Quelques jours après, fort de l'entente qu'il venait de conclure avec la Russie, M. de Bismarck rompait brusquement les pourparlers avec M. Benedetti ; il gardait toutes ses conquêtes sans offrir un mètre carré de compensation à la France ; il gardait aussi, dans sa poche, le document autographe de l'ambassadeur français.

C'est ce document que M. de Bismarck fit reproduire par la photographie en 1870, qu'il soumit, après la déclaration de guerre, à l'examen du corps diplomatique accrédité à Berlin, qu'il fit publier par le *Times* du 25 juillet et qu'il annexa à sa circulaire du 29.

« Le projet qui se trouve entre nos mains, disait le chancelier fédéral, est, du commencement jusqu'à la

---

1. Rothan, *la Politique française en 1866*, p. 383 ; Benedetti, *Ma Mission en Prusse*, p. 113 ; Grammont, *La France et la Prusse*, p. 294 ; etc.

fin, écrit de la main du comte Benedetti, sur le papier de l'ambassade impériale française ; les ambassadeurs à Berlin d'Autriche, d'Angleterre, de Russie, de Bade, de Bavière, de Belgique, de Hesse, d'Italie, de Saxe, de Turquie, de Wurtemberg, auxquels l'original a été montré, ont reconnu l'écriture. »

Il faut se reporter aux journaux de l'époque pour avoir une idée de la stupeur que cette publication provoqua en Europe. Le procédé de M. de Bismarck était assez inusité ; il témoignait tout au moins, « d'un mépris des hommes et d'une hauteur de scepticisme dont l'histoire présente peu d'exemples [1] ». On le jugea pourtant de bonne guerre ; toute la colère, toute l'indignation se tournèrent contre Napoléon, — hélas ! aussi contre la France. La conduite de l'Empereur à l'égard des États du sud de l'Allemagne, qu'il encourageait à la résistance contre la Prusse et qu'il lui vendait à la même heure, était qualifiée d'abominable trahison. Son projet d'agression contre la Belgique, avec le concours de la Prusse, était le fait d'un chef de brigands. Et quelle bassesse, quelle odieuse hypocrisie, au lendemain du refus de cette combinaison ! « De tous les griefs invoqués par la France, écrit un historien, il ne paraissait plus subsister que les rancunes d'une ambition déçue ; de la jalousie, de la rivalité. Il semblait que la Prusse avait poursuivi une grande idée : l'unité de l'Allemagne ; que la France avait obéi à des calculs vulgaires [2]. »

Le duc de Grammont lui-même, quelque sot qu'il fût, ne put se dissimuler l'effet que produisait cette révé-

---

1. Sorel, *Hist. dipl. de la guerre franco-allemande*, tome Ier, p. 222.
2. Sorel, p. 223.

lation de la duplicité impériale. « Rien ne pouvait être mieux calculé, avoue-t-il dans son plaidoyer [1], pour soulever contre nous l'opinion publique encore indécise. » En vain, pour parer le coup, essaya-t-il de nier l'authenticité du projet. Le fac-similé photographique, publié par M. de Bismarck, ne laissait subsister aucun doute, faisait des démentis de M. de Grammont autant de mensonges. Un peu plus tard, quand l'état-major allemand s'empara à Cercy des papiers de Rouher, le chancelier fédéral y trouva la preuve, qui est aujourd'hui aux archives prussiennes, que le projet de traité avait été apporté de Paris, tout libellé, par M. Chauvy, attaché au ministère d'État, que le débat entre Bismarck et Benedetti s'était engagé sur ce document.

Dans les huit jours qui suivirent cette publication, la Russie s'entendait avec la Prusse en vue d'une intervention éventuelle; l'Autriche proclama sa neutralité, ne se souciant pas de s'engager avec un gouvernement qui venait d'être convaincu de fourberie; la presse anglaise se tourna contre la France et le cabinet de Londres montra plus que de la défiance à son égard; enfin, les particularistes de l'Allemagne du Sud, écœurés et révoltés, se jetèrent dans les bras de la Prusse.

La France n'avait plus seulement devant elle la Prusse armée jusqu'aux dents, mais toute l'Allemagne, frémissante, et, derrière l'Allemagne, malveillantes ou même hostiles, la Russie, l'Autriche, — l'Angleterre, toute l'Europe.

II

Et pendant que je retrace ce chapitre désolant de

---

1. *La France et la Prusse*, p. 299.

l'histoire d'hier, je songe à ce que pourrait être l'histoire de demain ; mon inquiète pensée va vers d'autres papiers, plus redoutables cent fois que celui de M. Benedetti, qui sont, eux aussi, à Berlin.

Est-ce que les ministres, est-ce que M. le Président de la République n'y pensent pas, eux aussi, quelquefois? Peuvent-ils y songer sans de terribles angoisses?

Ils savent, puisque nous le savons, quels sont ces papiers, plus de cent cinquante notes, dessins et croquis, bordereaux de tous genres, qui ont été payés, à beaux deniers comptants, par M. le colonel de Schwarzkoppen à un homme qui porte encore l'uniforme de l'armée française avec la croix de la Légion d'honneur.

Et ils savent aussi ce qui en fait la terrible gravité. Non pas qu'il n'y ait, d'un bout à l'autre de l'Europe, dans tous les bureaux de renseignements et dans tous les ministères de la guerre, des centaines de papiers de ce genre, achetés, aux mêmes conditions, à des espions et à des traîtres; il y a eu, de tout temps, chez tous les peuples, dans toutes les armées, dans les plus braves et les plus disciplinées, des misérables qui ont vendu des documents secrets pour quelques pièces d'or.

Mais ces papiers, qui sont à Berlin, sont la preuve éclatante, irrécusable, qu'un innocent expie le crime d'un autre — et que cet autre est protégé contre l'évidence par ceux qu'il a eu l'atroce audace d'appeler « ses pairs ».

Celui qui a été condamné l'a été par des juges de bonne foi, — je le dis comme je le crois, — et je n'aurais pas écrit de ceux qui ont acquitté l'autre qu'ils l'ont acquitté « par ordre ». N'étant pas romantique comme l'illustre poète de *Germinal*, j'eusse écrit, dans la vieille langue classique, « *comme* par ordre ». Ce petit mot de plus, c'était toute la vérité, l'incontestable vérité. Il n'en reste pas moins que l'homme dont le colonel de Schwarzkoppen disait au colonel Panizzardi : « C'est mon homme ! », c'est le même dont le général de Pellieux se félicitait d'avoir provoqué l'acquittement, contre lequel le général Billot, ministre de la Guerre, n'a pas osé sévir, même après l'aveu des lettres à Mme de Boulancy, et à qui les officiers de l'État-Major, témoins à la Cour d'assises, ont été condamnés, par ordre cette fois, à donner la main.

Alors, qu'un jour ou l'autre, que demain — *Di! talem avertite...* — un conflit éclate entre la France et l'Allemagne. Ces papiers ont été photographiés, comme l'avait été la note de M. Benedetti sur la Belgique. Ils paraissent en *fac-similés* dans tous les journaux. Un successeur de M. de Bismarck les annexe à quelque circulaire diplomatique. Et voilà, devant le monde entier, accusés d'imposture et de félonie, convaincus en tout cas de la plus injustifiable des erreurs, les chefs mêmes de cette armée qui va se battre !

Qui ne frémirait d'horreur à cette pensée d'un Sedan moral avant que ne soit tiré le premier coup de fusil ? Cette pensée vient pourtant à l'esprit. Elle hante le mien depuis de longs mois. C'est une idée, dira-t-on, qu'il ne faut pas exprimer, qu'il faut chasser. J'entends bien : c'est la politique de l'autruche qui cache sa tête dans le sable pour ne pas voir le danger. Le danger arrive quand même. L'Alsace-Lorraine la connaît, cette politique : c'est la politique du second empire, qui se fâchait contre les avertissements angoissés de Stoffel, de Ducrot, de Trochu, de Thiers. Peut-on voir le gouffre et se taire ? On ne doit pas que sa vie à la patrie : c'est aisé de la lui donner. On lui doit la vérité, toute la vérité. C'est plus difficile. Mais, coûte que coûte, il faut la dire, surtout quand il est temps encore de parer au danger, à l'abominable humiliation.

Liberavi animam meam.

III

Qu'était auprès des cent et quelques papiers qui sont aujourd'hui à Berlin, celui que M. Benedetti avait laissé à Bismarck? Sans vouloir diminuer la faute de l'empereur, il n'avait proposé, après tout, que ce que bien d'autres avaient fait avant lui, sans provoquer tant de scandale, et Bismarck lui-même, qui avait bien commencé par offrir, avant la bataille, cette Belgique qu'on lui réclamait niaisement après sa victoire! On a vu cependant quelles furent les conséquences de cette révélation. On pardonne à un coquin ce qu'on ne souffre pas d'un honnête homme. La France porte le poids d'un trop noble, d'un trop glorieux passé. Elle est prisonnière de sa renommée. Ses moindres défaillances deviennent, rien que par comparaison, des crimes.

Mais où seraient les circonstances atténuantes si l'affreuse menace se réalisait? Depuis huit mois, quelles sont les preuves, quels sont les avertissements qui ont fait défaut? Il n'est pas jusqu'à cette menace même d'une éclatante révélation allemande dont une voix amie, très autorisée, venant d'Angleterre, n'ait averti, hier encore, les pires sourds qui ont trompé ce généreux peuple.

M. le ministre des Affaires Étrangères ne saurait ignorer quelle est, parmi les grandes revues anglaises, la situation de la *National Review* de Londres. Or, voici ce qu'il a pu y lire, le 1er juin, dans un article sur l'affaire Dreyfus : « L'amour de la nation française

» pour son armée est aussi ardent, aussi romanesque
» que celui d'une femme pour son amant. Hélas ! que
» se passerait-il le jour où ces foules qui s'en vont criant
» à travers les rues : « Vive l'armée ! Mort aux Juifs ! »
» apprendraient, à n'en pouvoir plus douter, par une
» déclaration venant du dehors, que leur confiance a
» été trompée, que ces chefs qu'elles acclamaient si
» follement au procès Zola ne lui ont pas dit la vérité,
» que Dreyfus est une innocente victime ? L'empereur
» Guillaume tient, en effet, entre ses mains une arme
» avec laquelle, *quand il trouvera une occasion favora-*
» *ble*, il pourra briser l'État-Major et détruire, pour une
» génération, la foi du peuple français, dans les chefs
» de son armée. » — J'atténue, en le traduisant, le
texte anglais ; il est là, cependant ; il a déjà été lu par
des milliers de lecteurs, et la conspiration du silence
la mieux organisée ne fera pas que ces lignes n'aient
point été écrites.

« La série des documents secrets vendus par Ester-
» hazy ne cesse pas avec le mois d'octobre 1894, date
» de l'arrestation de Dreyfus ; elle s'étend jusqu'en
» 1896, comprenant nombre de documents importants,
» d'une date postérieure à celle d'octobre 1894, *tous*
» *de la même écriture que le bordereau*. Dreyfus n'a pu
» les écrire, puisqu'il était déjà en prison... Eh bien !
» l'empereur Guillaume n'a qu'à communiquer à la
» presse française ou européenne quelques-uns de ces
» documents, pour pouvoir, *quand il lui plaira*, rom-
» pre et déchirer le tissu de mensonges sous lequel
» l'État-Major cherche à cacher ses méfaits. Le dénoue-
» ment viendra probablement de cette façon. Il paraî-
» trait que Schwarzkoppen était déjà autorisé par
» l'Empereur, quand il communiqua au comte Casella
» les quelques bribes de vérité, qui ont paru dans le

» *Siècle* du 8 avril. A quel moment Guillaume II tire-
» ra-t-il le lacet où tant de généraux et d'officiers fran-
» çais, où presque tous les chefs des partis politiques,
» à l'exception des socialistes, ont si complaisamment
» enfermé leurs cous ? »

Et cet Anglais qui sait tant de choses, qui lit si bien dans les desseins de ce petit-fils de la reine Victoria, dans l'âme complexe de ce Lohengrin couronné, cet Anglais n'est pas un ennemi de la France. C'est un ami, puisqu'il nous montre le noir nuage qui se forme à l'horizon. C'est un ami, puisqu'après avoir lancé cet avertissement, il s'écrie : « Heureux les Français s'ils
» peuvent faire justice *sans une pareille intervention !* »
Et plus loin : « Les juges de la Cour de Cassation, en
» annulant le jugement qui a condamné Zola, ont in-
» diqué clairement qu'ils attendent que l'occasion leur
» soit donnée d'annuler également la sentence illégale
» qui a frappé Dreyfus. Il y a donc encore quelque es-
» poir pour la France. La Cour suprême garde en vie
» la conscience française. Tous les vrais amis de la
» France souhaitent que le jour soit proche où l'on
» entendra la voix de ces magistrats, où le pays sera
» forcé de s'éveiller au sentiment de la justice, échap-
» pant à l'horrible cauchemar qui pèse maintenant sur
» lui. »

C'est la solution que j'ai, pour moi, toujours indiquée. Dreyfus n'a pas été condamné qu'injustement ; il a été condamné irrégulièrement. L'intérêt de la loi prime tous les autres. On sait d'ailleurs que le gouvernement seul peut demander cette revision dans l'intérêt de la loi.

Et, sans doute, beaucoup devront se dédire qui affirmaient que Dreyfus a été justement et régulièrement condamné. Mais quoi de plus honorable que l'aveu loyal d'une erreur ! Et tout ne vaut-il pas mieux que cela ?...

Rien que le vent de la justice, balayant le ciel, peut dissiper ce nuage qui monte.

II

DEVANT LE CONSEIL D'ENQUÊTE

A la suite de cet article, M. Joseph Reinach fut traduit, en sa qualité de capitaine de cavalerie territoriale, par le général Billot, devant un conseil d'enquête présidé par le général de Kirgener de Planta.

Le conseil se réunit le 24 juin ; M. Joseph Reinach y donna lecture de la déclaration suivante :

Mon général,

Invité à me présenter devant le Conseil d'enquête que vous étiez appelé à présider, je n'ai pas hésité à répondre à la convocation qui m'était adressée. J'ai voulu témoigner ainsi publiquement de ma déférence pour les ordres de l'autorité militaire, de mon respect pour les chefs qui siègent dans cette enceinte.

J'y ai tenu d'autant plus qu'il m'a paru que cette démarche pourrait contribuer peut-être à diminuer le malentendu que des passions détestables essayent de créer entre l'armée et un grand nombre, un nombre, tous les jours croissant, de nos concitoyens.

On accuse les hommes qui poursuivent la revision d'un procès désormais, hélas! historique, on les accuse de travailler à discréditer l'armée. J'ignore, je veux ignorer si, parmi ceux qui réclament cette revision, il en est qui n'ont point pour l'armée les sentiments que j'ai au fond du cœur. Ce que j'affirme, c'est que rien au monde n'ébranlera jamais, dans le cœur de celui qui est devant vous, ces sentiments de respect et d'amour. L'honneur de ce grand être moral qui s'appelle l'armée française — est, par lui-même, supérieur à toutes les erreurs, à toutes les défaillances individuelles. Il est sorti intact des plus douloureuses défaites, des pires aventures politiques. Même ce n'est point aux heures de ses plus glorieuses victoires que l'armée est le plus chère aux patriotes. C'est aux heures, tristes et sombres, des défaites, que cette armée a été le plus tendrement aimée de quiconque était digne du nom de français. Son honneur n'est pas plus en cause aujourd'hui qu'il ne l'a jamais été; il ne peut jamais être en cause. Il est indépendant des événements passagers, quels qu'ils soient : il plane au dessus d'eux.

Eh bien, messieurs, si j'ai associé mes modestes efforts à ceux du patriote alsacien qui a entrepris la revision du procès Dreyfus, ce n'est pas seulement par un sentiment de pitié pour un homme que je n'ai jamais vu, dont la religion m'importe peu et que je sais innocent; ce n'est pas seulement parce que j'ai le souci invincible de la justice éternelle et du droit ; c'est encore par amour de cette armée à qui j'aurais voulu, à qui je veux, pour ma part, faciliter une œuvre de réparation d'où elle sortira, non pas diminuée comme le prétendent ceux qui la méconnaissent, mais grandie et fortifiée, comme l'est tout être humain qui, naturellement faillible, reconnaît loyalement une erreur.

Vous avez entendu, messieurs, la lecture de mes états de service; vous savez maintenant si, depuis près de vingt-cinq ans que je suis inscrit sur les contrôles de l'armée, j'ai été, d'abord un soldat, puis un officier scrupuleusement soucieux de ses devoirs et de ses moindres obligations. Et ceux d'entre vous, messieurs, qui m'ont suivi, de près ou de loin, en dehors de l'armée, n'ignorent peut-être pas avec quel zèle, avec quelle passion, soit comme écrivain, soit comme député, je me suis préoccupé de toutes les questions qui intéressent la défense nationale. J'ai pu rendre ainsi à cette grande cause quelques services; il me sera permis de dire que j'en ai été récompensé par l'estime et par l'affection de quelques-uns des hommes qui ont le plus puissamment contribué à restaurer notre grandeur militaire.

Je pense, messieurs, n'avoir été infidèle ni à moi-même ni aux enseignements que j'ai reçus de ces hommes, à travers les derniers et pénibles incidents qui ont agité la conscience de ce pays. J'ai souffert, autant que qui que ce soit, de la violence et de l'âpreté de ces luttes. Mais je suis certain de n'avoir jamais ni prononcé ni écrit une seule parole qui puisse passer, aux yeux d'un esprit libre et impartial, pour une injure à cette armée dont Gambetta a dit, après Victor Hugo, qu'elle est, à tous, notre suprême espoir et notre suprême pensée.

Oui, certes, j'ai jugé les actes de certaines autorités militaires; mais je les ai jugés dans la pleine et entière indépendance que la Constitution et la loi reconnaissent à tous les citoyens; cette liberté, ces droits, je dois les défendre.

Je crois pouvoir, messieurs, démontrer en peu de mots que le paragraphe 9 de l'article 22 du décret du 31 août 1878 n'est pas applicable dans l'espèce. Il vise le cas d'un officier de l'armée territoriale ou de la réserve qui, — je cite textuellement, — « en dehors » de la période d'activité, aurait adressé à *un de ses* » *supérieurs militaires ou publié contre lui un écrit* » *injurieux.* » Ce que l'auteur de ce décret a voulu frapper, cela apparaît avec la clarté de l'évidence ; c'est le cas d'un officier qui, pour des motifs particuliers, spéciaux, personnels, aurait injurié un des chefs hiérarchiques sous les ordres duquel il a été placé. Cela est si vrai que, pour me déférer à vous, il a fallu modifier, dans la dernière convocation qui m'a été adressée, — car j'en ai reçu plusieurs qui étaient contradictoires, et ces hésitations, ces retouches successives sont bien significatives, — cela est si vrai qu'il a fallu modifier dans cette dernière convocation le texte même de cet article et substituer arbitrairement à ces mots : « publié *contre l'un de ses supérieurs* » ceux-ci : « publié *contre ses supérieurs* un écrit injurieux. »

Ce délit nouveau, car c'est un délit nouveau, un délit que l'auteur du décret de 1878 n'a pas prévu, l'ai-je commis ? M. le rapporteur du Conseil vous a lu mon article en entier, et je le remercie de ne pas s'en être tenu à quelques passages isolés, sans lien les uns avec les autres, où n'eût point apparu la pensée dominante de mon article ; je le remercie de ce procédé si loyal et si équitable ; — et vous avez pu juger à quel sentiment angoissé, profondément patriotique, j'ai obéi en l'écrivant. Du jour où j'ai connu, dans toute son étendue, le danger qui menace et la République, et la France, et l'armée, j'ai considéré qu'avertir ceux qui le peuvent écarter était pour moi la plus impérieuse des obligations. Dénoncer l'écueil, ce n'est pas le faire surgir; je l'ai signalé. Savoir ce que je savais, ce dont je suis certain, et ne pas le dire, c'eût été une lâcheté. Si je m'étais tu, bien des tristesses, bien des amertumes m'eussent été épargnées, et cet uniforme ne serait pas en jeu. Mais ma conscience n'eût été qu'une loque, et pour peu qu'il m'en fût resté, j'eusse eu le mépris de moi-même.

J'ai compris autrement mes devoirs. Vous ne pensez pas que je sois allé de gaîté de cœur au devant du concert d'injures, d'outrages et de dénonciations qui a précédé l'ordre ministériel de réunir ce Conseil. J'ai prévu toutes ces choses, cette enquête exceptée. J'ai tout pesé, et, coûte que coûte, j'ai dit la vérité.

Il m'eût été facile d'établir devant vous par des témoignages incontestables l'absolue exactitude de chacune de mes assertions. Mais vous n'auriez pu entendre ces témoins sans vous faire juge du fond même du litige. Si j'ai donc donné d'abord une liste de témoins à M. le commandant rapporteur, ce n'était pas dans la pensée de les faire entendre ici; c'était pour faire entendre ailleurs que je n'avais point parlé au hasard, que je suis en mesure de prouver tout ce que j'ai écrit. Je tiens d'ailleurs, mon général, à votre disposition une lettre qui confirme, de la façon la plus catégorique, mon article. La voici :

Oxford, 23 juin.

Monsieur,

J'apprends par les journaux que vous êtes soupçonné à Paris d'être l'auteur de l'article que j'ai publié dans la National Review du mois de juin et dont vous avez traduit quelques lignes dans le Siècle.

Je n'ai point le plaisir de vous connaître ; je crois cependant devoir, en honnête homme, déclarer par les présentes que je suis le seul et unique auteur de l'article de la *National Review*. Je suis un ami de la France, j'ai toujours souhaité sa prospérité et sa grandeur ; c'est ainsi que j'ai cru utile de publier les informations que j'avais puisées, au sujet de l'affaire Dreyfus, aux sources les plus sûres et les plus authentiques.

Aucun démenti autorisé ne sera opposé aux faits que j'ai établis sur la foi des autorités les plus incontestables.

Je suis assuré ainsi que le colonel de Schwarzkoppen ne niera pas qu'il donnait une mensualité de *deux mille francs* à son informateur habituel, le commandant Esterhazy.

Je vous affirme que l'Etat-Major français est menacé de voir publier par des journaux étrangers les fac-similés des documents qui ont été vendus par Esterhazy au colonel de Schwarzkoppen et qui sont tous écrits de sa main.

Je vous affirme que cette éventualité a failli se réaliser au mois de février de la présente année et que l'épée de Damoclès est toujours suspendue sur la tête de l'Etat-Major.

Ami sincère de la France, je prie Dieu que les officiers de l'Etat-Major puissent agir sagement, pendant qu'il en est temps encore, et faire preuve des qualités et du courage qui ont toujours caractérisé éminemment l'armée française.

Je vous autorise à publier ma lettre dans les journaux et à la communiquer aux juges du conseil militaire.

Je suis, Monsieur, votre obéissant serviteur.

FRÉDÉRIC CORNWALLIS CONYBEARE,
de l'Université d'Oxford.

Voilà, messieurs, ce que m'écrit spontanément l'auteur de l'article du *National Review*, qui est l'un des hommes les plus considérés de l'Université d'Oxford, l'un des écrivains les plus autorisés de son pays, qui tient ces renseignements de première main. Mais, cela dit, pour éclairer vos consciences, je ne saurais, par une discussion de fond, soumettre à votre jugement des questions que la loi, dans sa sagesse, et, j'ajoute, dans sa sollicitude éclairée pour l'armée, a soustraites à votre compétence. Si j'ai diffamé quelqu'un dans mon article, qu'on me traduise devant les tribunaux qui sont chargés de juger les diffamateurs. Et si je n'ai diffamé personne, et je n'ai ni injurié ni diffamé qui que ce soit, alors il importe, non pas à moi seul, mais à tous ceux qui tiennent une plume dans ce pays, que je ne laisse point porter atteinte en ma personne, par une voie détournée, aux libertés nécessaires, indispensables, qui sont établies par la loi, — et plus encore qu'à ces libertés : aux droits essentiels de l'homme et du citoyen tels qu'ils ont été proclamés par la Révolution française.

J'ai le droit, comme citoyen libre, d'un pays libre, de discuter les actes du pouvoir militaire comme ceux du pouvoir civil. J'ai usé de ce droit depuis plus de vingt ans, j'en ai usé, étant déjà officier de l'armée territoriale, contre des personnalités militaires qui, quelle que fût la vivacité de mes polémiques, n'ont jamais cru pouvoir me le contester. Le général Boulanger lui-même n'a jamais songé à me déférer à un conseil d'enquête.

C'est pour sauvegarder ce droit, messieurs, pour défendre la liberté de la presse et, aussi, pour n'avoir aucune responsabilité dans cette tentative de faire descendre loin de sa tâche sacrée, dans l'arène des partis politiques, l'armée dont vous êtes ici les représentants, c'est pour ces causes qu'après m'être présenté devant vous, pour vous témoigner mon respect, j'ai, non pas le droit, mais le devoir de décliner votre compétence.

Sans aborder la discussion de fond, je conclus donc, messieurs, à ce qu'il vous plaise vous déclarer incompétents.

Le conseil d'enquête conclut à la révocation de M. Joseph Reinach. Le décret de révocation fut soumis aussitôt par le général Billot, dont ce fut le dernier acte, au Président de la République qui le signa le jour même. Quelques jours après, M. Joseph Reinach était déféré, en même temps que M. Zola, par M. Cavaignac, qui avait remplacé M. Billot comme ministre de la guerre, au conseil supérieur de la Légion d'honneur. M. Joseph Reinach s'étant pourvu devant le Conseil d'État contre la décision du conseil d'enquête, le conseil supérieur ajourna sa décision à son égard.

LA LÉGENDE DES AVEUX

LA NOMMÉE MANDRILLE

———

9 juillet 1898.

I

M. le ministre de la Guerre a raconté avant-hier à la Chambre que le commandant de Mitry avait rendu compte que le capitaine Anthoine lui avait dit qu'il tenait du commandant d'Attel que celui-ci avait entendu dire au capitaine Dreyfus que « s'il avait livré des documents, c'était dans le but d'en obtenir en échange de ceux qu'il donnait ». (*Journal officiel*, page 1058, col. 3).

Je lis dans le mémoire de Voltaire pour Donat Calas :

Un peintre, nommé Matis, *dit* que sa femme lui avait *dit* qu'une nommée Mandrille lui avait *dit* qu'une inconnue lui avait *dit* avoir entendu les cris de Marc-Antoine Calas, à

une autre extrémité de la ville. (Œuvres de Voltaire, tome XXXVI, p. 132).

Il n'y a, comme on voit, que les noms de changés.

II.

M. le ministre de la Guerre a dit encore que, le 6 janvier 1895, le capitaine Lebrun-Renault aurait inscrit sur une feuille *détachée* de son carnet une note où il aurait relaté le propos suivant tenu, quelques instants avant l'horrible cérémonie de la dégradation, par le capitaine Dreyfus : « Le ministre sait bien que, si je livrais des documents, ils étaient sans valeur et que c'était pour m'en procurer de plus importants. »

Si l'infortuné Dreyfus, dans l'affolement d'une attente angoissante, a dit quelque chose, n'aurait-il pas dit : « Si *j'avais* livré des documents, ç'*aurait été*...? »

Est-il possible, est-il vraisemblable qu'il ait dit : « Le ministre sait bien... »?

Est-ce que le ministre le savait?

Je vais montrer plus loin qu'il n'en était rien.

Ce qu'on sait, en revanche, par le témoignage de MM. Clisson, Dumont et Fonbrune, c'est que le capitaine Lebrun-Renault a passé la soirée du 6 janvier au Moulin-Rouge, qu'il y a raconté la cérémonie tragique à laquelle il avait assisté dans la matinée, et qu'il n'y a fait aucune mention des prétendus aveux du capitaine Dreyfus.

Est-ce en revenant du Moulin-Rouge, est-ce trois ans après que M. Lebrun-Renault a inscrit ces lignes étranges sur une feuille *détachée* de son calepin?

Le fait que cette feuille est *détachée* n'a-t-il pas éveillé l'esprit critique de M. le ministre de la Guerre qui est, à ses moments perdus, un historien?

III

M. le ministre de la Guerre a dit encore que le général Gonse avait rendu compte, le 6 janvier, au général de Boisdeffre que le capitaine Dreyfus aurait dit au capitaine Lebrun-Renault : « Le ministre sait que je suis innocent; il me l'a fait dire, dans la prison, il y a trois ou quatre jours, par le commandant du Paty de Clam, et il sait que, si j'ai livré des documents, ce sont des documents sans importance et que c'était pour en obtenir de sérieux. »

S'il est exact que M. Lebrun-Renault ait tenu ce langage à M. le général Gonse, celui-ci, M. le général de Boisdeffre et M. le général Mercier sont impardonnables de n'avoir pas fait recueillir aussitôt et enregistrer, sous une forme régulière, les aveux de Dreyfus.

Le général Mercier, en effet, tenait essentiellement à avoir les aveux de Dreyfus; or, Dreyfus n'avait cessé de protester de son innocence.

Si la version de M. le général Gonse est conforme à la vérité, il faut l'accepter tout entière, c'est, en effet, un principe fondamental du droit que *l'aveu est indivisible*. Que signifie cette phrase : « Le ministre *sait* que je suis innocent; il me l'a fait dire dans la prison » ?

L'absurdité est patente et crève les yeux.

IV

Ce qui s'était passé dans la prison, le voici :

Le 31 décembre 1894, le jour même où le pourvoi de Dreyfus avait été rejeté, où sa perte était devenue irrévocable, le commandant du Paty était venu le trouver. Au nom du ministre, dont la conscience était visiblement inquiète, le commandant du Paty avait demandé à Dreyfus s'il n'avait pas été peut-être victime de son imprudence, s'il n'avait pas voulu simplement amorcer les Allemands, s'il ne s'était pas trouvé entraîné dans un fatal engrenage.

« Je suis innocent, avait répondu Dreyfus, je n'ai rien à avouer; je ne connais aucun agent, je n'ai jamais voulu amorcer personne; je suis innocent de ce dont on m'accuse.

— Alors, déclara M. du Paty de Clam, si vous dites vrai, vous êtes le plus grand martyr du siècle. »

Niera-t-on cette conversation ? Voici une lettre qui en fait foi. Elle a été écrite après que M. du Paty de Clam eut quitté la prison du Cherche-Midi :

Monsieur le ministre,

J'ai reçu par votre ordre la visite du commandant du Paty de Clam, auquel j'ai déclaré encore que j'étais innocent et que je n'avais même jamais commis la moindre imprudence.

Je suis condamné, je n'ai aucune grâce à demander, mais, au nom de mon honneur qui, je l'espère, me sera rendu un jour, j'ai le devoir de vous prier de vouloir bien continuer vos recherches.

Moi parti, qu'on cherche toujours, c'est la seule grâce que je sollicite.

ALFRED DREYFUS.

Cette lettre est au ministère de la guerre; M. Cavaignac peut se la faire présenter. Elle a été publiée par M. Bernard Lazare; elle n'a jamais été démentie.

V

L'aveu que le capitaine Dreyfus avait refusé de faire à M. du Paty de Clam, mandataire du ministre de la

Guerre, comment, pourquoi l'aurait-il fait, le jour de la dégradation, à deux inconnus, M. Lebrun-Renault et M. d'Attel ?

Il y a à cela une impossibilité morale qui ne devrait pas échapper à M. Cavaignac.

M. le ministre de la Guerre n'a, pour s'en convaincre, qu'à jeter les yeux sur la lettre suivante que Dreyfus, quelques heures après sa dégradation, écrivait à son avocat, M° Demange :

> Prison de la Santé.
> Samedi,
>
> Cher Maître,
>
> J'ai tenu la promesse que je vous avais faite.
>
> Innocent, j'ai affronté le martyre le plus épouvantable qu'on puisse infliger à un soldat; j'ai senti autour de moi le mépris de la foule ; j'ai souffert la torture la plus terrible qu'on puisse s'imaginer. Eh ! que j'eusse été plus heureux dans la tombe ! Tout serait fini, je n'entendrais plus parler de rien, ce serait le calme, l'oubli de toutes mes souffrances.
>
> Mais hélas, le devoir ne me le permet pas, comme vous me l'avez si bien montré.
>
> Je suis obligé de vivre, je suis obligé de me laisser encore martyriser pendant de longues semaines pour arriver à la découverte de la vérité, à la réhabilitation de mon nom.
>
> Hélas ! quand tout cela sera-t-il fini, quand serai-je de nouveau heureux ?
>
> Enfin je compte sur vous, cher Maître. Je tremble encore au souvenir de tout ce que j'ai enduré aujourd'hui, à toutes les souffrances qui m'attendent encore.
>
> Soutenez-moi, cher Maître, de votre parole chaude et éloquente ; faites que ce martyre ait une fin, qu'on m'envoie le plus vite possible là-bas où j'attendrai patiemment, en compagnie de ma femme, que l'on fasse la lumière sur cette lugubre affaire et qu'on me rende mon honneur.

Pour le moment, c'est la seule grâce que je sollicite. Si l'on a des doutes, si l'on croit à mon innocence, je ne demande qu'une seule chose pour le moment : c'est de l'air, c'est la société de ma femme et alors j'attendrai que tous ceux qui m'aiment aient déchiffré cette lugubre affaire. Mais qu'on fasse le plus vite possible, car je commence à être à bout de résistance. C'est vraiment trop tragique, trop cruel, d'être innocent et d'être condamné pour un crime aussi épouvantable.

Pardon de ce style décousu, je n'ai pas encore les idées à moi, je suis profondément abattu, physiquement et moralement. Mon cœur a trop saigné aujourd'hui.

Pour Dieu donc, cher Maître, qu'on abrège mon supplice immérité.

Pendant ce temps, vous chercherez et j'en ai la foi, la conviction intime, vous trouverez.

Croyez-moi toujours votre dévoué et malheureux.

A. DREYFUS.

VI

M. Cavaignac, dans la séance du 13 janvier dernier, avait demandé à M. Méline et à M. le général Billot de publier le rapport écrit du capitaine Lebrun-Renault sur la dégradation du capitaine Dreyfus.

M. le ministre de la Guerre a dit avant-hier que, s'il ne faisait point passer ce document sous les yeux de la Chambre, c'est qu'il était d'une date postérieure à la dégradation.

Cela est exact ; ce rapport date du mois de novembre 1897.

Mais M. le ministre de la Guerre est-il certain que ce rapport ne renferme pas autre chose que de contradictoires et inintelligibles propos ?

Enfin, M. le ministre de la Guerre a-t-il interrogé les témoins à qui le capitaine Lebrun-Renault a affirmé, au contraire, que le capitaine Dreyfus ne lui avait fait aucun aveu, qu'il n'avait pas cessé de protester, hautement, invinciblement, de son innocence ?

M. le ministre de la Guerre veut-il qu'on lui désigne ces témoins ? Il s'en trouve, parmi eux, dont la parole ne fera doute pour personne, — surtout pour lui.

VII

« Je déclare, a dit M. le ministre de la Guerre, que, dans ma conscience, je ne puis admettre qu'un homme ait prononcé ces mots : « Si j'ai livré des documents... » s'il ne les avait pas livrés en effet. »

M. le ministre de la Guerre a parfaitement raison ; personne, dans sa conscience, ne l'admettrait plus que lui.

Mais la question est précisément de savoir si Dreyfus a en effet prononcé ces mots. Et tout démontre qu'il ne les a pas prononcés. C'est sur les prétendus aveux de Dreyfus que M. le ministre de la Guerre a déclaré qu'il fondait surtout sa conviction. Or, les vagues attestations de propos mal entendus, que démentent tous les écrits, toutes les paroles, tous les actes du condamné, ces bribes incohérentes qui ont été portées avant-hier à la tribune, ne résistent pas au moindre examen ; elles ne constituent pas le commencement d'une preuve : il n'y a pas un magistrat français, ou même turc, qui en retiendrait une syllabe.

« S'il s'agissait d'un innocent, a dit encore M. Cavaignac, tout ce qu'on voudrait ; mais, puisqu'il s'agit d'un coupable, rien ! »

O.

Non, rien, pour le coupable, monsieur le ministre de la Guerre, rien pour le coupable, pour le traître, que la juste rigueur des lois. Mais Dreyfus est innocent.

LE UHLAN

*La revision, c'est l'honneur
de l'armée.*

I

DE LA LUMIÈRE

7 avril 1898.

Le grand poète qui célébra la Révolution française comme « la plus belle espérance qui ait jamais fait tressaillir poitrine humaine », disait en mourant : « De la lumière ! encore de la lumière ! »

Nous, républicains, qui sommes restés fidèles à la Révolution, qui avons foi dans la justice et dans la vérité, nous sommes bien portants, quoi qu'en dise la coalition noire qui se rue à l'assaut de nos principes, et nous disons aussi : « De la lumière ! encore de la lumière ! »

Nous nous sommes juré que toute la lumière serait faite sur l'atroce erreur qu'expie là-bas, sur son rocher, sous le ciel tropical, au milieu des supplices et des angoisses, le capitaine Alfred Dreyfus. Les cris des oiseaux de nuit ne sont pas pour nous effrayer. La lumière se fera. Le soleil est déjà haut sur l'horizon.

∴

Le premier Conseil de guerre, celui qui a acquitté Esterhazy, va se réunir. Que décidera-t-il ?

Le 20 janvier dernier, M. Emile Zola et M. Perrenx étaient assignés devant la Cour d'assises de la Seine, sous l'inculpation d'avoir diffamé ce Conseil, l'un en écrivant, l'autre en publiant ce qui suit :

Lettre à M. Félix Faure, président de la République.

Première colonne de la première page :

« Un Conseil de guerre vient, par ordre, d'oser acquitter
» un Esterhazy, soufflet suprême à toute vérité, à toute
» justice. Et c'est fini, la France a sur la joue cette souil-
» lure. L'histoire écrira que c'est sous votre présidence
» qu'un tel crime social a pu être commis. »

Sixième colonne de la première page :

« Ils ont rendu cette sentence inique qui à jamais pèsera
» sur nos Conseils de guerre, qui entachera désormais de
» suspicion tous leurs arrêts. Le premier Conseil de guerre
» a pu être inintelligent, le second est forcément criminel. »

Deuxième colonne de la deuxième page :

« ... J'accuse le second Conseil de guerre d'avoir couvert
» cette illégalité par ordre, en commettant à son tour le
» crime juridique d'acquitter sciemment un coupable. »

Lesdits passage contenant l'imputation de faits de nature à porter atteinte à l'honneur du gouvernement militaire de Paris ayant siégé les 10 et 11 janvier 1898, et relatifs à ses fonctions, et de l'avoir ainsi publiquement diffamé, et ce à raison de ses fonctions.

L'arrêt de la Cour d'assises ayant été annulé par la Cour de cassation, toute la procédure suivie par M. le général Billot ayant été déclarée ILLÉGALE par les verdict souverain de la Cour suprême, il ne subsiste plus rien de ce procès que le souvenir des grandes vérités qu'il a révélées et celui des violations de la loi ou de la procédure qui ont été si fortement commentées par l'éminent procureur général Manau.

Légalement, juridiquement, il ne reste rien de ce procès illégal, de ce verdict sans base.

Et alors le Conseil de guerre qui va se réunir se trouve dans la situation où il se serait trouvé, le lendemain de la publication de la lettre de Zola à M. Félix Faure, le lendemain des impérieuses sommations que le comte de Mun adressait à M. Méline, si M. le général Billot, ministre de la Guerre, avait connu la loi qu'il était chargé d'appliquer.

A ce moment-là, si le Conseil de guerre avait été convoqué régulièrement, comme la loi l'exige, comme M. le général Billot avait été informé par un avocat distingué que la loi l'exige, quelle eût été la décision de cette assemblée ?

La question ne se pose même pas : le Conseil de guerre eût réclamé des poursuites contre Zola.

**

Aujourd'hui, où la situation est exactement la même, la question au contraire se pose, et mille influences sont en jeu pour empêcher le Conseil de guerre de poursuivre Zola.

Alors que l'arrêt de la Cour d'assises n'existe plus, déchiré en miettes, la lettre de Zola subsiste, elle, tout entière.

Devant quoi donc, quand la lettre de Zola surnage seule dans ce naufrage de poursuites illégales, hésiterait, reculerait le Conseil de guerre ?

Tout simplement devant la Lumière, devant la lumière qui a jailli du premier procès, devant celle plus éclatante encore qui jaillirait d'un second procès où il ne serait pas permis au président des assises, et cela de par la décision de la Cour suprême, d'établir une inadmissible distinction entre le procès Dreyfus et le procès Esterhazy.

Quand l'avocat de Zola demandera demain à M. Salles, à M. Demange, à M. le colonel du Paty de Clam, à M. Henry, à M. le général Mercier, aux juges du Conseil de guerre qui a condamné Dreyfus : « Oui ou non, des pièces secrètes ont-elles été communiquées, en violation de la loi, à l'insu de l'accusé et de la défense ? »

Le président ne pourra pas dire : « La question ne sera pas posée. »

Et les témoins qui auront prêté serment de dire toute la vérité, qui savent que le faux témoignage est puni des travaux forcés, les témoins répondront. L'aveu par le silence ne suffit plus. Il faudra parler.

Et alors, il faudra bien que M. le ministre de la Justice saisisse la Cour de cassation, qui n'attend le jugement qui a condamné illégalement Dreyfus que pour l'annuler !

Voilà devant quoi hésitent tous ceux qui veulent que le capitaine Dreyfus soit le « Traître ».

Devant ces questions — et quelques autres encore !

*
* *

Eh bien, supposons — nous avons assisté à tant de choses invraisemblables qu'une de plus ne serait pas pour nous surprendre ! — supposons que le Conseil de guerre juge qu'il n'a pas été diffamé par Zola et décide de ne pas réclamer des poursuites contre lui : la lumière se fera quand même, la vérité éclatera quand même à tous les yeux.

Si la lumière ne se fait pas là, elle se fera ici. Si la vérité n'éclate pas à droite, elle éclatera à gauche. Voilà tout.

Car la lumière se fait tous les jours.

Ne s'est-elle pas faite, un peu plus, lundi matin, quand le *Siècle* a publié cette lettre, désormais historique, de Berne [1] ?

Ne s'est-elle pas faite, un peu plus encore, lundi soir, quand Esterhazy n'a pas trouvé, et pour cause, un mot à répondre à tant de formidables révélations ?

Ne s'est-elle pas faite davantage encore mardi, quand tous les journaux qui repoussent la revision, ceux qui reçoivent la visite des Pauffin de Saint-Morel et l'inspiration pure de la rue Saint-Dominique, ont gardé le silence, piteusement, lamentablement, devant ces révélations, silence qui ressemble à un aveu ?

Ne s'est-elle pas faite encore plus, hier mercredi, quand les journaux du monde entier ont reproduit la lettre de Berne, et quand aucun démenti, pas un seul, et pour cause, n'a été essayé ?

Et aujourd'hui, et demain, et après-demain, la lumière se fera encore plus, si claire, si éclatante, que les aveugles eux-mêmes, ceux qui ne veulent pas voir, la verront quand même et en seront éblouis ?

.·.

Ce silence de la presse dominicaine, qui est un aveu, ce silence de la libre presse européenne, qui est une confirmation, arrêtons-nous un instant pour les cons-

---

1. Sur les rapports d'Esterhazy et de Schwarzkoppen.

tater. Cette constatation est encore de la lumière, en attendant que cette lumière s'étende sur le ciel en nappes plus éblouissantes encore.

Les agences officielles ne se taisaient pas quand le capitaine Dreyfus était accusé d'avoir vendu des documents aux puissances de la Triplice.

Nous avons, sous les yeux, la collection, si singulièrement instructive, de la *Libre Parole* d'alors.

Le 12 novembre, démenti de l'Allemagne; le major de Schwarzkoppen déclare qu'il n'a jamais été en relation directe ou indirecte avec le capitaine Dreyfus.

Le 13 novembre, démenti non moins catégorique de l'Italie.

Le 14 novembre, démenti non moins formel de l'Autriche.

Et qui contesterait la valeur de ces démentis?

Même en temps de guerre, les officiers tiennent pour bonnes et valables les paroles que leur engagent leurs ennemis.

Et ce ne sera pas Esterhazy, qui écrivait si superbement, en octobre 1897, au ministre de la Guerre, qu'il jetterait son gant à la face de l'empereur d'Allemagne?

Où est le gant?

.·.

Ainsi se fait la lumière, lentement, graduellement, mais d'autant plus forte, et elle continuera à se faire.

Elle se fera surtout, sur les pièces secrètes, sur celle qui ne s'applique ni à Esterhazy ni à Dreyfus, — c'est « ce canaille. » — sur celles qui ne s'appliquent pas à Dreyfus, — et sur tout le reste.

Ce qu'il importait de constater aujourd'hui, nous

l'avons constaté. A chaque jour sa tâche. La tâche d'aujourd'hui, c'était cette constatation.

« Je jure, s'écriait Zola, que Dreyfus est innocent ! »

Faire reconnaître, proclamer, consacrer cette innocence, c'est la tâche que se sont proposée des hommes qui n'ont pas l'habitude de reculer, de trembler devant quoi que ce soit.

Cette innocence sera établie pour l'honneur de l'armée, pour l'honneur de la France.

Car l'honneur d'un peuple ne consiste pas à s'obstiner dans une abominable erreur qui a été commise de bonne foi par des officiers égarés ou trompés.

L'honneur consiste à réparer l'erreur, à ne pas transformer une erreur individuelle en un crime social.

L'erreur va être réparée, ce crime social ne sera pas commis.

II

L'HONNEUR DE L'ARMÉE.

12 avril 1898.

A Monsieur le Ministre de la Guerre.

Monsieur le Ministre,

L'un de vos journaux officieux, celui que dirige ce juif que M. Ajalbert appelle « un catholique de la main gauche », le *Gaulois*, a imprimé samedi les lignes suivantes :

« Le ministre de la guerre avait essayé d'indiquer au Conseil de guerre le parti qu'il serait satisfait de lui voir prendre. »

« Essayer d'indiquer au Conseil de guerre », c'est, monsieur le Ministre, un euphémisme délicieux.

M. Henri Rochefort avait été plus brutal : il avait dit nettement que vous aviez fait donner l'ordre au Conseil de guerre de ne pas poursuivre Zola.

Le *Gaulois*, qui dit la même chose avec plus de grâce, résumait ainsi l'indication ou l'ordre qui émanait de votre ministère :

« Qu'importent de nouvelles poursuites, puisque
» nous vous donnons satisfaction en vous offrant la
» possibilité de faire radier M. Zola de la Légion
» d'honneur? avait murmuré le ministre à l'oreille des
» membres du Conseil. »

Ainsi, voici quelle était votre solution :

1° Ne pas poursuivre Zola en Cour d'assises;

2° Le déférer au Conseil supérieur de la Légion d'honneur.

Les membres du Conseil de guerre ont refusé d'obéir à cet ordre, comme dit M. Rochefort, à cette indication, comme dit M. Arthur Meyer.

Cela leur fait honneur. Ce sont des braves gens.

Subsidiairement, ils ont admis, sans doute, la requête au Conseil supérieur de la Légion d'honneur. Ils auraient pu s'en dispenser, après avoir, comme ils l'avaient fait, décidé loyalement et franchement d'aller devant la Cour d'assises.

Ils eussent mieux fait de vous laisser pour compte cette solution qui porte votre estampille, — du moins jusqu'à ce que vous démentiez l'information du *Gaulois*, ce dont personnellement je serais ravi.

Mais, enfin, dans la grande bataille qui se prépare entre l'Ombre et la Lumière, cela n'est plus qu'un détail.

Vous permettrez cependant, Monsieur le Ministre, qu'une question vous soit posée à ce propos.

Vous jugez que M. Emile Zola doit être radié de la Légion d'honneur pour avoir écrit qu'un conseil de guerre avait acquitté « par ordre ».

Cela prouve de votre part une extrême susceptibilité, une délicatesse infinie, un sentiment de l'honneur qu'un rien chatouille.

Eh bien, et M. Esterhazy!

Vous ne m'en voudrez pas de vous remettre sous les yeux ce qu'a écrit cet officier. J'emprunte le texte de ces lettres au journal le *Figaro*.

C'était le temps où le *Figaro* livrait le bon combat. M. de Rodays n'avait point encore pris peur devant des menaces ridicules dont il faudra aussi, un jour ou l'autre, raconter l'histoire. Il n'était pas encore parti, non pas pour Bruxelles, comme vous l'avaient relaté des agents imbéciles, mais pour la Bretagne. Le *Figaro* publia alors les extraits des lettres suivantes de M. Esterhazy à Mme de Boulancy :

Première lettre, concernant l'armée :

... Les Allemands mettront tous ces gens-là à leur place avant qu'il soit longtemps.

Autre lettre sur le même sujet :

... Voilà la belle armée de France ! C'est honteux ! Et si ce n'était la question de position, je partirais demain. J'ai écrit à Constantinople ; si on me propose un grade qui me convienne, j'irai là-bas ; mais je ne partirai pas sans avoir fait à toutes ces canailles une plaisanterie *de ma façon*.

Autre correspondance encore :

... Nos grands chefs, poltrons et ignorants, iront une fois de plus peupler les prisons allemandes.

Autre lettre :

... Je suis à l'absolue merci de cette drôlesse si je commets vis-à-vis d'elle la moindre faute. Et c'est une situation qui est loin d'être gaie. Je la hais, tu peux m'en croire, et donnerais tout au monde pour être aujourd'hui à

Sfax et l'y faire venir. Un de mes spahis, avec un fusil qui partirait comme par hasard, la guérirait à tout jamais.

Autre lettre enfin :

Je suis absolument convaincu que ce peuple ne vaut pas la cartouche pour le tuer; et toutes ces petites lâchetés de femmes saoûles auxquelles se livrent les hommes me confirment à fond dans mon opinion.

Il n'y a pour moi qu'une qualité humaine, et elle manque complètement aux gens de ce pays; et si ce soir on venait me dire que je serais tué demain comme **capitaine de uhlans en sabrant des Français**, je serais certainement parfaitement heureux.

Je regrette de tout mon cœur de n'avoir pas été à Aïn-Draham, bien que ce soit un fichu pays, **et d'avoir remis les pattes dans cette France maudite**; j'ai fait toutes tentatives pour retourner en Algérie et je t'envoie deux lettres qui te démontreront et qu'Aïn-Draham est un sale pays, et qu'il n'est pas facile d'aller en Algérie, puisque la confiance que tu as en moi est telle que je suis obligé de prouver désormais tout ce que j'avance pièces en mains.

Tu te trompes complètement sur ma nature et mon caractère; je vaux certainement, au point de vue général, infiniment moins que le dernier de tes amis, mais je suis un être d'une tout autre espèce qu'eux; c'est du reste là-dessus qu'on se trompe généralement sur mon compte; mais, à l'heure présente, exaspéré, aigri, furieux, dans une situation absolument atroce, je suis capable de grandes choses si j'en trouvais l'occasion, ou de crimes si cela pouvait me venger.

Je ne ferais pas de mal à un petit chien, mais je ferais tuer cent mille Français avec plaisir. Aussi, tous les petits polins de perruquier en goguette me mettent-ils dans une rage noire; et si je pouvais, ce qui est beaucoup plus difficile qu'on ne croit, je serais chez le Madhi dans quinze jours.

Ah ! les on-dit que, avec le on anonyme et lâche, et les

hommes immondes qui vont d'une femme à une autre colporter leurs ragoûts de lupanar et que chacun écoute, comme tout cela ferait triste figure dans un rouge soleil de bataille, **dans Paris pris d'assaut et livré au pillage de cent mille soldats ivres.**

Voilà une fête que je rêve.

Ainsi soit-il !

Je sais bien que ces lettres, qui furent publiées par le *Figaro* ne suffisent pas à prouver que M. Esterhazy est un traître. Elles prouvent seulement qu'il en a l'âme.

Comme disait M. le général Mercier, dans la salle des témoins à la Cour d'assises, en montrant M. Esterhazy : « A-t-il assez le physique de l'emploi ? »

Ce qui prouve, après tant d'autres preuves, que le colonel Picquart a été perspicace, que Scheurer-Kestner a raison, que Zola est dans le vrai, que Trarieux, Ranc, Guyot, Duclaux, Reinach, Grimaux, Leblois, combattent le bon combat, c'est la déposition de M. Henri Casella, déposition que n'a pas reproduite ce même *Figaro* qui publiait les lettres à Mme de Boulancy.

Pourquoi cette contradiction bizarre ? Pourquoi ce silence ? Serait-ce par ordre ? Serait-ce sur une « indication » du vrai, du seul Syndicat, de celui de la rue Saint-Dominique ?

Je n'ai pas la prétention, monsieur le ministre, de débrouiller les petits mystères de la rue Drouot et de la rue Saint-Dominique !

Mais, revenant aux lettres à Mme de Boulancy, je dis que vous savez qu'elles sont toutes authentiques, *toutes entièrement et absolument authentiques*.

Et je me demande alors comment et pourquoi vous

n'avez pas encore déféré M. Esterhazy, qui les a écrites, au Conseil supérieur de la Légion d'honneur?

Avez-vous donc peur de lui?

C'est au nom de l'honneur de l'armée, Monsieur le Ministre, au nom du véritable honneur de l'armée, qu'un de vos anciens compagnons d'armes de Beaune-la-Rollande et de Villersexel vous adresse cet appel.

Je vous ai vu au feu. Vous y étiez résolu et brave. Vous n'avez pas tremblé devant cinquante mille Prussiens. Pourquoi tremblez-vous devant un seul Uhlan?

Allons, Monsieur le Ministre, redevenez donc le général Billot que nous avons suivi, aimé, admiré à la tête du 18e corps!

Ce signe de l'honneur, pouvez-vous le laisser plus longtemps à l'auteur des lettres à Mme de Boulancy?

Et il y a autre chose encore, qui est infiniment plus grave.

Si le *Figaro* n'a pas publié la déposition de M. Henri Casella, vous avez pu la lire ailleurs, dans le *Siècle*, dans l'*Aurore*, dans le *Temps*, dans les *Débats*, dans le *Rappel*, dans le *Radical*.

Vous savez qu'elle a été reproduite dans tous les journaux d'Europe.

Vous savez qu'aucun démenti ne lui a été opposé par les deux attachés militaires que M. Casella mettait en scène.

M. le colonel Panizzardi, que vous connaissez, que M. le général de Boisdeffre apprécie à sa valeur, à qui il envoyait naguère une si belle photographie avec une si belle dédicace, — M. Panizzardi n'a pas démenti.

Et M. de Schwarzkoppen n'a pas démenti non plus; il n'a pas démenti que M. Esterhazy ait été son fournisseur ordinaire et breveté; il n'a pas nié la visite qu'il a reçue le 16 octobre 1897 de M. Esterhazy, et cette proposition abominable que faisait le véritable traître à l'attaché prussien d'aller affirmer à Mme Dreyfus que c'était son mari qui était coupable!

Pas un démenti, Monsieur le Ministre, pas un démenti!

Il y a cinq jours de cela, Monsieur le Ministre, cinq grands jours, et on a eu le temps de démentir, — et l'on n'a pas démenti! — et ce silence est un aveu.

Demandez plutôt à M. Hanotaux.

Avant qu'il soit trop tard, — car il y aura un jour, un jour prochain, très prochain, où il sera trop tard, — faites donc le nécessaire, faites-le vous-même, faites-le pour votre honneur, faites-le pour l'honneur de l'armée française!

Ce que j'appelle « le nécessaire », ce que je devrais appeler « l'indispensable », je n'ai pas besoin de le préciser. Vous savez toute la vérité. Ne pensez-vous pas qu'il serait temps de la dire vous-même?

Vous savez qui a trahi pendant plusieurs années de suite, furieusement, systématiquement, — et vous savez que le malheureux qui agonise à l'Ile du Diable est innocent de ces crimes.

Faites donc une petite enquête supplémentaire, faites-la vous-même.

Tâchez donc de savoir, cela vous sera facile, si *des copies de certains dessins confidentiels faits, au printemps de 1896, sur de certains fusils* ne sont pas là où ils ne devraient pas être.

Tâchez donc de savoir, pendant que vous vous en occuperez, si *la copie de certain cours fait à l'École de tir au camp de Châlons* n'est pas là où elle ne devrait pas être.

Tâchez donc de savoir encore si *la mobilisation du troisième corps d'armée* — vous lisez bien : du troisième corps d'armée dont le siège est à Rouen — n'est pas connue de gens qui ne devraient pas la connaître.

Et dépêchez-vous, monsieur le Ministre, dépêchez-vous !

J'en pourrais dire plus, mais en voilà assez...

Vous avez été, trop longtemps, le prisonnier de cette « jésuitière » dont vous parliez si bien, il y a quelques semaines, dans les couloirs du palais du Luxembourg.

Jean-Baptiste Billot ! rappelez-vous le bivouac de Faymont, redevenez l'homme que vous étiez alors !

Un vieux de la Lisaine.

III

L'ESPION

21 avril 1898.

Les journaux de la rue Saint-Dominique ont cessé de présenter Esterhazy comme un héros. Ils ont fini par reconnaître l'authenticité des lettres à Mme de Boulancy. C'est bien.

Ils esquissent, en revanche, une dernière manœuvre. Ils essaient de faire croire qu'Esterhazy a été un espion, non pas au service de l'Allemagne, ainsi que l'affirment, sans qu'un démenti leur soit opposé, le général de Schwarzkoppen et le colonel Panizzardi, — mais au service de la France.

Je réponds et vais prouver péremptoirement qu'Esterhazy n'a jamais été un espion au service de la France.

I

Première preuve.

Si Esterhazy avait été, à une époque quelconque, chargé d'un service de contre-espionnage, le général de Boisdeffre, chef de l'Etat-Major général l'aurait su.

Supposer que le général de Boisdeffre ne l'aurait pas su, ce serait le taxer d'imbécillité, de sottise, d'impéritie.

Or, le 4 décembre dernier, dans une note officielle publiée par l'agence Havas avec l'agrément du ministre de la guerre, note fameuse qui donna lieu à l'interpellation de M. de Mun, que disait, qu'affirmait sur son honneur de soldat M. le général de Boisdeffre ?

Textuellement ceci :

« *Le général de Boisdeffre n'a jamais vu ni connu le commandant Esterhazy, auquel il n'a jamais fait ni fait faire la moindre communication.* »

Le général de Boisdeffre aurait pu n'avoir jamais vu Esterhazy, si celui-ci avait été chargé d'espionner pour le compte de la France.

Mais il l'aurait certainement connu.

Or, il affirme ne l'avoir jamais « *ni vu ni connu.* »

Si Esterhazy avait été un espion au service de la France, le général de Boisdeffre, chef d'Etat-Major général, aurait eu à lui faire ou à lui faire faire des communications.

Or, il affirme ne lui avoir *jamais* fait ni fait faire la moindre communication.

Donc, Esterhazy n'a pas été un espion au service de la France.

Le prétendre, c'est donner un démenti au général, l'accuser d'avoir publiquement menti.

II

Deuxième preuve.

Le service des renseignements, d'où dépendent les espions, a eu pour chefs successifs, depuis six ans, le colonel Sandherr, le colonel Picquart, et le général Gonse, qui, de son propre aveu, a pris le service des mains du colonel Picquart.

Or, ni le colonel Sandherr, ni le colonel Picquart, ni le général Gonse n'ont jamais employé Esterhazy comme espion.

Le général Gonse et le colonel Picquart sont, l'un et l'autre bien vivants. Ils seront témoins au procès de Versailles. On pourra les interroger. Après avoir juré de dire toute la vérité, ils affirmeront tous deux qu'Esterhazy n'a jamais été employé comme espion par le gouvernement français.

Le colonel Sandherr est mort, mais voici la preuve qu'il n'a jamais employé Esterhazy comme espion.

En 1892, Esterhazy fut nommé commandant et désigné, successivement, pour Dunkerque et pour Rouen.

Il protesta vivement contre ce qu'il considérait comme une disgrâce, demanda à rester à Paris.

Or, le ministère de la Guerre refusa formellement de garder Esterhazy à Paris.

Si Esterhazy avait été un agent au service de la France, le bureau des renseignements, le colonel Sandherr, le ministère de la Guerre, ne l'auraient pas éloigné de Paris; ils l'y auraient maintenu pour *faciliter* ses relations avec le colonel de Schwarzkoppen.

Or, Esterhazy fut envoyé en province.

Esterhazy, en province, a pu continuer à espionner pour le compte de l'Allemagne.

On sait, au ministère de la Guerre, quels documents secrets et confidentiels il a fait copier à Rouen.

On sait, au ministère de la Guerre, quels documents secrets et confidentiels il a fait copier au camp de Châlons.

Il a été affirmé, dans ce journal, et sans que cette assertion ait pu être démentie, que la mobilisation du 3ᵉ corps, dont le siège est à Rouen, était connue à Berlin.

Mais, si Esterhazy avait été un espion au service de la France, le colonel Sandherr l'eût fait maintenir à Paris, auprès du colonel de Schwarzkoppen. Il n'eût pu espionner que là, non ailleurs, pour le compte de la France.

III

Troisième preuve.

Dans le courant de l'année 1896, quand le colonel Picquart acquiert la preuve qu'Esterhazy est un espion au service de l'Allemagne, il en informe le général de Boisdeffre, le général Gonse, le général Billot, ministre de la Guerre. (Voir procès Zola, audience du 11 février 1898.)

Si Esterhazy avait été un espion au service de la France, qu'aurait dit le général Gonse au colonel Picquart quand il lui dénonça Esterhazy ?

Évidemment ceci :

« Mon cher ami, vous faites fausse route. Esterhazy n'est pas un espion au service de la Prusse, c'est pour notre compte qu'il espionne. »

Or, le général Gonse prescrit au colonel Picquart non pas d'abandonner son enquête contre Esterhazy, mais de la poursuivre avec méthode, « pour arriver à la manifestation de la vérité. » (Lettre du 10 septembre.)

Et, de même, le général de Boisdeffre.

Et, de même, le général Billot, ministre de la Guerre.

D'un mot, d'un seul, le général Billot, le général de Boisdeffre, le général Gonse, auraient pu arrêter l'enquête du colonel Picquart.

Il leur suffisait de lui dire : « Esterhazy est un espion à notre service. »

Or, ce mot, ni le général Gonse, ni le général de Boisdeffre, ni le général Billot, ne l'ont dit.

Donc, Esterhazy n'a point été un espion — au service de la France.

IV

Quatrième preuve.

À la même audience du 11 février 1898, il a été raconté par le colonel Picquart qu'à la veille de l'interpellation Castelin, M. Maurice Weil, ami d'Esterhazy, et Esterhazy lui-même, avaient reçu des lettres anonymes leur annonçant qu'ils seraient dénoncés à la tribune comme complices de Dreyfus.

Esterhazy prend peur; troublé au dernier degré, il fait supplier un député, qui devra en déposer à Versailles, de porter ces lettres au ministère de la guerre, de le protéger, de le défendre.

Si Esterhazy avait été un espion au service de la France, il eût tranquillement porté ces lettres anonymes à l'un de ses chefs. Il ne se serait pas ému. Il n'aurait pas perdu la tête.

Donc, Esterhazy n'a pas été un espion au service de la France.

V

Cinquième preuve.

Au cours de la même année 1896, Esterhazy a fait demander par deux députés au ministère de la guerre de le faire revenir de Rouen à Paris. Il voulait même entrer au service des renseignements.

Or, le général Billot, ministre de la Guerre, a refusé péremptoirement de rappeler Esterhazy à Paris.

Si Esterhazy avait été un espion au service de la France, le général Billot ne se fût pas exprimé sur son compte avec cette dureté ; il eût saisi la balle au bond.

Esterhazy se répandit en violences outrageantes contre ses chefs, les injuria dans des articles de la *Libre Parole*.

Donc, Esterhazy n'a pas été un espion au service de la France.

VI

Sixième preuve.

Si Esterhazy avait été un espion au service de la France, il ne serait pas allé, le 16 octobre dernier, menacer le colonel de Schwarzkoppen et lui proposer cette infamie : d'aller affirmer à Mme Dreyfus que c'était bien son mari qui était le traître.

Le colonel de Schwarzkoppen a fait ce récit au colonel Panizzardi.

Le colonel Panizzardi l'a fait à M. Henri Casella.

M. Henri Casella, sous la foi du serment, l'a affirmé dans le *Siècle*.

Le colonel Panizzardi a certifié ce récit.
Le colonel de Schwarzkoppen ne l'a pas démenti.
Donc, Esterhazy n'a pas été un espion au service de la France.

IV

L'HONNEUR DE L'ARMÉE

8 juillet 1898.

I

Nous avons dit que M. Esterhazy s'était rendu, le 16 octobre 1897, chez le colonel de Schwarzkoppen pour le supplier de le sauver et d'aller affirmer à Mme Dreyfus que son mari était coupable; nous avons dit que le colonel de Schwarzkoppen avait repoussé avec dégoût cette infâme proposition.

Toute la presse européenne a reproduit ce récit, *il n'a pas été démenti.*

II

Nous avons dit que, parmi les 162 pièces, notes et bordereaux qui ont été vendus par M. Esterhazy à la Prusse, se trouvent les copies de certains dessins confidentiels, qui avaient été faits au printemps de 1896, de certains fusils.

Toute la presse a reproduit ce récit. *Il n'a pas été démenti.*

III

Nous avons dit que, parmi ces mêmes pièces dont les originaux sont à Berlin et les fac-similés photographiques à Rome, se trouve la copie de certains cours faits à l'École de tir du camp de Châlons, et que cette copie avait été fournie au colonel de Schwarzkoppen par M. Esterhazy.

Toute la presse a reproduit ce récit. *Il n'a pas été démenti.*

IV

Nous avons dit que des notes relatives à la mobilisation du troisième corps d'armée, dont le siège est à Rouen, avaient été fournies par M. Esterhazy, alors en garnison dans cette ville, au colonel de Schwarzkoppen.

Nous pouvons ajouter que cette trahison a valu à M. Esterhazy une gratification spéciale, en dehors de ses 2,000 francs d'appointement mensuel.

Toute la presse a reproduit ce récit. *Il n'a pas été démenti.*

V

Nous avons publié la lettre de M. Conybeare, affirmant que, de 1892 à 1896, M. Esterhazy recevait du colonel de Schwarzkoppen une mensualité de deux mille francs.

Toute la presse, (à l'exception du *Figaro*), a reproduit la lettre de M. Conybeare. *Ce récit n'a pas été démenti.*

VI

M. Esterhazy a nié l'authenticité de la lettre, dite du uhlan, où il écrivait à Mme de Boulancy « qu'il ferait tuer avec plaisir cent mille Français » et « qu'il rêvait de cette fête : Paris pris d'assaut et livré au pillage de cent mille soldats ivres ».

M. le juge d'instruction Bertulus a convaincu Esterhazy de mensonge.

La lettre du Uhlan est authentique.

Des protecteurs de M. Esterhazy ou de nous, qui défend **l'honneur de l'armée ?**

V

« UNE PLAISANTERIE DE SA FAÇON »

24 août 1898.

I

« *Mais je ne partirai pas sans avoir fait à toutes ces
» canailles une plaisanterie de ma façon...* »

Au moment où le commandant Walsin-Esterhazy écrivait à Mme de Boulancy cette phrase, quelle était la plaisanterie qu'il préméditait ? Sur ceux qu'il désigne ainsi : « ces canailles », point de doute : c'est, dans sa pensée, les chefs de l'armée, « nos » grands chefs, poltrons et ignorants, qui iront une » fois de plus peupler les prisons allemandes »; c'est « le peuple français, ce peuple qui ne vaut » pas la cartouche pour le tuer », « tous ces gens » que les Allemands mettront à leur vraie place avant

» qu'il soit longtemps », « cette France maudite [1] ».
Mais quelle vengeance en tirera-t-il ?

Il entrevoit en attendant, quelques perspectives charmantes : c'est « les Allemands, jetant leurs fusils » en arrivant à Lyon et ne gardant que les baguettes » pour chasser les Français devant eux »; c'est « un » rouge soleil de bataille, Paris pris d'assaut et livré » au pillage de cent mille soldats ivres, et, dans cette » fête qu'il rêve, lui-même, en capitaine de Uhlans, » tué en sabrant des Français ».

Toute l'âpre haine du pandour national contre la France est dans ces lignes, comme elle suinte, d'ailleurs, pour qui sait observer, de ses moindres propos, de tous ses actes. Il y a, dans la longue série des ennemis de la France, peu d'hommes qui l'aient autant, aussi furieusement haïe. Cette haine est sa caractéristique. Ni le *Misogallo* d'Alfieri, ni Menzel le *Franzosenfresser*, « le mangeur de Français », n'en approchent. Il y a, chez ces écrivains, de la déclamation. Point ou peu de rhétorique chez Esterhazy. C'est la haine naturelle, congénitale, irrésistible, du Vandale contre Athènes.

Pour la sinistre nuit, l'Aurore est un scandale.

Il la hait, il veut lui faire du mal, un mal cruel ; ce sera sa joie, sa joie secrète, mystérieuse, d'autant plus vive, qui illuminera les ténèbres de cette âme, que d'avoir fait, lui, lui seul, un mal énorme à « cette France maudite ».

---

1. « Je regrette de tout mon cœur d'avoir remis les pattes dans cette France maudite. »

II

Il est devenu espion et traître, aux gages de la Prusse, à deux mille francs par mois. Et c'est déjà un commencement de vengeance. Car il ne faudrait pas croire qu'il n'a livré à l'Allemagne que des broutilles sans valeur, comme les documents qui sont énumérés au bordereau. Ce jour-là, dans sa double nature d'escroc et de traître, il était moins traître qu'escroc. Celui dont il a été, pendant quatre années, de 1892 à 1896, le fournisseur habituel, a dit qu'il était impossible d'être mieux « servi » qu'il ne l'avait été par Esterhazy. Il a reçu de lui les notes les plus précieuses sur la mobilisation du 3ᵉ corps d'armée dont le siège est à Rouen. S'il lui avait été permis de choisir lui-même parmi les documents qui intéressent notre défense nationale, le colonel de Schwarzkoppen n'aurait pas opéré avec plus de discernement et d'intelligence qu'Esterhazy.

Mais il y a déjà eu, dans toutes les armées du monde, dans les plus braves et les plus disciplinées, des traîtres et des espions. N'être qu'un espion de plus, ce n'était pas assez. C'est une autre vengeance qu'Esterhazy voulait tirer de « ces canailles », autrement atroce. Et c'est celle qu'il savoure, à lente gorgée depuis près d'un an. C'est d'être à la fois le traître, le plus insigne traître qui ait jamais sali l'uniforme français, et celui qui se fait acclamer par la foule aveuglée comme « la victime des juifs », celui qui force, l'un après l'autre, tous les pouvoirs publics de la République française à couvrir son crime.

III

Il faudrait un Balzac ou un Shakespeare pour analyser et décrire les joies sauvages de ce scélérat extraordinaire, quand il voit ce qu'il a fait à cette « France maudite », depuis quelques mois, rien qu'avec cette menace : l'aveu de sa trahison. Cette trahison qu'un autre expie là-bas, depuis des années, sous un ciel de feu, au milieu d'horribles tortures, — un autre qui a toujours servi loyalement la France, dont l'âme généreuse débordait d'amour pour la sainte patrie, qui lui avait donné sa vie, qui l'acclamait, d'une voix forte, tout le long de l'abominable supplice de la dégradation, qui, depuis, sous l'iniquité tous les jours plus lourde, dans l'effondrement de tout, brisé, saignant, mourant, n'a pas laissé échapper contre elle une parole d'amertume et la proclame, encore et toujours, son espoir et son unique amour, — cette trahison, c'est sa sauvegarde. Il a dit : « Ne me touchez pas, ou j'avoue. » Et on n'ose pas le toucher, car ce serait la constatation officielle, irrévocable, écrasante, de la plus lamentable des erreurs judiciaires. Et peut-on la reconnaître, cette erreur dont un juif est victime ?

Et, sous cette menace de l'aveu de son crime, les crimes succèdent aux crimes pour empêcher l'honorable aveu d'une erreur depuis longtemps incontestable, évidente et manifeste. Et les pires ruines, les plus pitoyables, ce ne sont pas tous ces hommes qui ont été frappés, outragés, calomniés, jetés en prison, chassés de l'armée, livrés aux injures de la canaille, parce qu'ils ont lutté pour la vérité et la justice. On peut les frapper, ces hommes, mais on ne les déshonore pas; ils restent debout, la tête haute, la conscience sereine, et, selon le mot fameux, toutes les pierres qu'on leur jette, c'est le commencement du piédestal. Mais c'est les autres, tous ceux qui ont capitulé devant l'odieuse menace, tous ceux dont l'unique effort, depuis que ce héros de Plutarque, le colonel Picquart, a découvert l'auteur de la trahison, consiste à protéger le traître, à le soustraire au châtiment, à tromper la France et l'armée.

IV

Que sont devenus, depuis que se joue cette sinistre comédie, tant de républicains, hier encore l'orgueil de leur parti? Par peur, je ne dis pas de l'opinion, mais du triumgueusat qui la tyrannise, ils ont glissé de lâcheté en lâcheté, dans l'inextricable misère où ils se débattent aujourd'hui, ayant tout renié, foulé aux pieds tous leurs principes, bu toute honte, n'osant plus prononcer eux-mêmes le mot de « justice », qui leur brûlerait les lèvres, et sévissant contre quiconque le prononce comme contre un insulteur. Qu'est devenue la loi dans le pays de Montesquieu? Qu'est devenue la justice dans le pays de Voltaire? Qu'est devenue la Déclaration des Droits de l'homme et du citoyen dans le pays qui a fait la Révolution? Voici des officiers : ils serrent la main du traître, publiquement, par ordre, pour ne pas le mécontenter, parce que ne pas serrer cette main serait dire qu'elle est celle d'un traître. Voici des juges : est-ce des arrêts qu'ils rendent? Voici la représentation nationale : tour à tour, avec la même unanimité, elle acclame le ministre qui a juré mensongèrement que la condamnation de l'innocent a été régulière, et le ministre qui avoue cyniquement qu'elle ne l'a pas été. Voici le peuple : il est trompé.

Cet homme étonne, après tant de jours beaux et rudes,
Par son indifférence au fond des turpitudes,
Ceux mêmes qu'ont d'abord éblouis ses vertus [1].

Et le monde se demande quand finira cette éclipse de la France, de cette France, depuis tant de siècles le plus radieux flambeau de l'humanité.

Or, tout cela c'est son œuvre, l'œuvre de cet infâme. Qu'est-ce que « le rouge soleil de bataille » dont il rêvait en comparaison de ces affreuses ténèbres ? Qu'est-ce que « Paris pris d'assaut » en comparaison de la justice démantelée et livrée par ceux qui en ont la garde ? Il écrivait : « Si, ce soir, on venait me dire que je serais tué demain, comme capitaine de Uhlans, en sabrant des Français, je serais parfaitement heureux. » Voici qui est mieux : il vit, il garde son uniforme d'officier français, et des Français, par centaines, par milliers, se déshonorent pour lui. Il doit être « parfaitement heureux ». Il a ajouté à l'histoire la plus lumineuse qui soit depuis celle de la Grèce une page noire que rien n'effacera. Est-ce assez ? Est-il assez vengé ?

V

Il paraît que cela n'est pas encore assez. Il n'a été acquitté que par un Conseil de guerre et par une Chambre des mises en accusation. Il faut qu'il le soit encore par le Conseil d'enquête devant lequel, après de longues hésitations, M. Cavaignac a fini par le renvoyer.

M. Drumont reproche vigoureusement à son ami, le

---

1. *Année terrible*, prologue.

ministre de la Guerre, cette « sotte concession ». Quels griefs ose-t-on invoquer? Les lettres à Mme de Boulancy? M. Drumont ne daigne même plus en contester l'authenticité. Il avait juré d'abord qu'elles étaient fausses, qu'elles avaient été fabriquées par les juifs, et Esterhazy aussi l'avait juré au général de Pellieux, et les experts, eux aussi, avaient juré que les lettres étaient *maquillées*. La *Libre Parole* n'y voit aujourd'hui que « le cri d'une âme ulcérée ». (Numéro du lundi 22 août.) « *Combien d'autres glorieux serviteurs, généraux peut-être*, s'écrie le journal nationaliste, ont tenu parfois des propos dont il serait injuste, dix-sept ans plus tard, de leur demander compte ! »

Et, tout de suite, effrontément, le chantage recommence. Il est déjà dans cette phrase : « Combien d'autres glorieux serviteurs, GÉNÉRAUX PEUT-ÊTRE... » Pour qui connaît les procédés habituels d'Esterhazy, cela signifie qu'il tient en réserve, quelque part, un petit papier signé d'un général qui, lui aussi, aurait écrit comme le Uhlan, « dans des circonstances spé-
» ciales, à une femme qui lui disait : Parlez-moi comme
» à votre mère ». (Même numéro, page 1, colonne 6.) Puis, la menace, vague d'abord, se précise ; pesez chacun de ces mots : « Les juges enquêteurs ont-ils d'ail-
» leurs la certitude qu'Esterhazy *ait toujours agi seul,
» sans conseil, sans direction peut-être*, et que, certains
» des actes qu'on lui reproche, *il en ait eu l'initiative
» personnelle et seul en porte la responsabilité?* » Comme la *Libre Parole* n'entend pas dire, évidemment, que Du Paty, ou le colonel Henry, ou le général de Pellieux, ou le général Gonse, ou le général de Boisdeffre, ont collaboré à la rédaction des lettres à Mme de Boulancy, elle insinue probablement autre chose que le général de Boisdeffre, ou le général Gonse, ou le géné-

ral de Pellieux, ou le colonel Henry, ou Du Paty doivent comprendre à mi-mot. Est-ce que, par hasard, la *Libre Parole* contesterait l'arrêt de la Chambre des mises en accusation qui a refusé d'attribuer à Du Paty l'inspiration ou la confection des faux *Blanche* et *Speranza*? Reprendrait-elle à son compte les aveux de la fille Pays ?

VI

Quoi qu'il en soit, qu'il s'agisse de telle vilenie ou de telle autre — car, dans cette histoire, quoi qu'on fasse, tous les poissons crevés remonteront à la surface de l'eau — la menace est claire. Et Drumont, le maître lui-même, insiste. Pour montrer que le seul souci de la vérité l'anime, il atteste d'abord qu' « Esterhazy n'a jamais été son ami, qu'il n'a jamais été le collaborateur de la *Libre Parole* et que les feuilles juives mentent en affirmant cela ». — Soit dit en passant, M. Drumont n'est pas tout à fait d'accord avec Esterhazy, qui a raconté lui-même, dans l'*Echo de Paris* du 18 novembre, « qu'il avait été averti, par M. Drumont, directeur de la *Libre Parole*, MON AMI », et qui a avoué être l'auteur des articles signés « Dixi » qui parurent dans la *Libre Parole*. Il n'y a donc pas que « les feuil-
» les juives qui mentent » ! — Et alors cet air de bravoure : « Les membres du Conseil d'enquête feront ce
» qu'ils voudront, *mais il me paraît utile et nécessaire*
» *de leur montrer ce qu'ils vont faire*. S'ils livrent Es-
» terhazy au Syndicat juif et allemand, ils donneront
» raison à la campagne organisée par Schwarzkoppen et
» par Panizzardi qui sont deux espions avérés... C'est
» l'engrenage : après Esterhazy, ce sera Du Paty de
» Clam, après Du Paty Henry, Lauth, de Boisdeffre, et
» après de Boisdeffre Mercier... *En abandonnant leur*

» *malheureux camarade, les représentants de l'armée*
» *s'abandonneront eux-mêmes...* »

Vous voilà averti, Cavaignac, comme le fut, au mois de décembre dernier, votre cousin Du Paty, par l'autre maître-chanteur, Esterhazy, quand celui-ci lui fit dire qu'il tenait de l'expert Belhomme que l'authenticité des lettres à Mme de Boulancy avait été reconnue et consignée dans un rapport, qu'il lui importait autant d'être couvert sur le chapitre de ces lettres que sur la question du bordereau et que, dès lors, *s'il n'était pas débarrassé de toutes les charges*, il se suiciderait, mais pas avant d'avoir livré à la publicité les petits papiers de Du Paty.

Que fit Du Paty? Très pâle, il entra dans une violente colère et s'écria : « C'est un chantage ! » Puis il céda, et, avant d'avoir été reconnues comme authentiques par M. le juge d'instruction Bertulus, il fut déclaré par les experts que les lettres à Mme de Boulancy avaient été « maquillées ».

Et vous, Cavaignac, que ferez-vous ? Que fera le Conseil d'enquête ?

Esterhazy va pouvoir partir, comme il l'écrivait à Mme de Boulancy et comme le lui conseille un journaliste officieux. Il a fait « à toutes ces canailles une plaisanterie de sa façon ».

VI

LA REVISION, C'EST L'HONNEUR DE L'ARMÉE

1ᵉʳ septembre 1898.

De toutes les vilenies qui se sont accumulées pendant de longs mois, la plus détestable, la plus funeste est celle qui a consisté à faire croire à un grand nombre de braves gens, à faire répéter par tous les imbéciles que poursuivre la revision du procès du capitaine Dreyfus, c'est porter atteinte à l'honneur de l'armée.

C'est cette idée, habilement lancée dès le lendemain de la condamnation de Dreyfus par ceux qui l'exploitaient dans d'inavouables intérêts, perfidement entretenue ensuite par les passions politiques, c'est cette idée qui a créé entre tant de bons citoyens le plus douloureux, le plus dangereux des malentendus. « Ce » sont les termes, a dit Voltaire, et non les choses qui » révoltent l'esprit humain. » L'opinion n'a pas regardé dans la formule ; elle l'a acceptée : tout le mal est venu de là.

En quoi l'honneur de l'armée était-il intéressé à ce qu'une erreur judiciaire ne fût pas reconnue, réparée ? On ne se l'est même pas demandé. Qui donc peut avoir la prétention d'être infaillible ? Les juges civils ne l'ont jamais eue ; les juges militaires ne l'avaient jamais eue jusqu'alors. Il était arrivé, trop souvent, hélas ! aux uns comme aux autres, d'être trompés, de se tromper. Les uns et les autres, ceux qui portent l'hermine et ceux qui portent l'épée, n'avaient jamais craint de reconnaître, quand elle leur avait été démontrée, l'erreur qu'ils avaient pu commettre de bonne foi. Ils avaient pu hésiter, plus ou moins longtemps, entre leur erreur et la vérité. Ce qu'il y a de moins bon dans l'âme humaine avait pu s'insurger en eux ; ils s'étaient souvent obstinés contre l'évidence. Mais la pensée ne leur était jamais venue, ils ne l'avaient jamais osé formuler, que la revision d'un jugement inique pût être une atteinte à l'honneur de la magistrature, soit militaire, soit civile.

Une pareille formule n'est pas seulement imbécile, puisqu'elle identifie l'honneur d'une grande personne morale, qu'il s'agisse de la magistrature civile ou de l'armée, avec la prétendue infaillibilité de quelques individus. Elle est encore un véritable acte de révolte contre la loi, puisque le législateur y a inscrit ce principe, qui la domine, que tous les jugements, militaires ou civils, sont susceptibles d'être revisés et annulés.

On n'avait qu'à ouvrir les annales judiciaires : elles sont pleines d'erreurs, loyalement commises, loyalement reconnues par des militaires ou par des civils.

Et, quand il s'agit d'une erreur commise par un conseil de guerre, une pareille formule était pire encore : une véritable injure à l'armée. Oui, ceux qui ont insulté l'armée, ce ne sont pas ceux qui lui demandaient de réparer l'injustice commise contre un soldat; ce sont ceux qui se faisaient de l'honneur de cette armée, de l'armée française, une si mince et si misérable idée qu'ils le confondaient avec le maintien d'un seul jugement. Quoi! l'honneur de l'armée française serait atteint parce que la bonne foi de sept officiers aurait été surprise, parce que sept officiers auraient condamné injustement un de leurs camarades, parce qu'ils feraient l'aveu de leur méprise! Est-ce que cet honneur avait été atteint par la trahison elle-même, quel qu'en fût l'auteur? Un officier commet un crime : l'honneur de l'armée reste intact. Un officier, investi de la fonction de juge, se trompe : l'honneur de l'armée serait atteint! Quoi! l'honneur de cette armée, de cette grande personne morale, l'une des plus grandes qui soient dans l'histoire, qui n'a été ni diminuée ni seulement effleurée par les pires défaillances individuelles, ni par la défaite ni par les participations aux attentats contre la loi, ni par le connétable de Bourbon ni par Bazaine, cet honneur serait en jeu parce que sept officiers se seraient trompés ou auraient été trompés!

C'est cependant cette monstrueuse sottise, qu'on rougit de discuter, qui s'est dressée comme un mur contre les partisans de la revision du procès Dreyfus, qui, si longtemps, a arrêté leurs efforts.

D'où venait l'imbécile et détestable formule? Il eût suffi de s'en enquérir pour la juger. C'est le jour même où l'infortuné Dreyfus subissait l'atroce supplice de la dégradation que la *Libre Parole*, qui savait dès lors à quoi s'en tenir et déjà tremblait devant la vérité, publiait ces lignes qu'il faut lire et relire : « Que ceux » qui, pour des raisons que nous ne recherchons pas » en ce moment, doutent de l'équité et de la parole

» d'honneur des sept officiers qui composaient le Con-
» seil de guerre, que ceux-là osent le dire : ils trou-
» veront à qui parler. A l'heure actuelle, *c'est insulter*
» *l'armée française* qu'élever la voix, si timidement
» que ce soit, en faveur du misérable qui porte le
» deuil de son honneur. »

Et voilà le sophisme lancé : il va lentement empoisonner l'esprit public. Demain, il ne sera pas seulement sous la plume des derniers des pamphlétaires. Il sera sur les lèvres des prétendants à la couronne de France comme des ministres de la République, de M. Méline et de M. le duc d'Orléans, et des représentants de la nation, républicains ou royalistes, socialistes ou bonapartistes, et de tout un peuple égaré et trompé. Ce n'est point des invectives isolées, individuelles, qui motivent ces colères. Non, ce qui constitue la prétendue injure à l'honneur de l'armée, c'est le fait, le seul fait de demander la revision. Vous ne le nierez pas, monsieur Cochin, vous qui écriviez : « Qui aura droit
» à notre confiance et à notre foi, quelle convention
» sociale, quelle institution restera debout, si nous
» doutons des officiers de notre armée siégeant en
» Conseil de guerre? Le peuple de Paris a compris
» tout de suite que le *seul fait de discuter le jugement*
» *de Dreyfus*, même avant les gros mots de M. Zola,
» *était une injure formidable à l'armée!* » (*Revue de Paris* du 1ᵉʳ avril.)

Et c'est ce sophisme qui fausse tout, qui ferme à la lumière des yeux qu'on s'était habitué à croire clairvoyants, qui pèse sur tant de consciences et qui les vicie! Ils croyaient, sans doute, et en toute sincérité, défendre l'honneur de l'armée, ces officiers qui acquittaient le véritable traître, parce que le condamner c'eût été mettre en cause le jugement qui avait frappé

Dreyfus. Et de quoi s'agissait-il? De l'honneur de sept officiers qui avaient condamné ce malheureux? Personne n'avait jamais mis en doute cet honneur; tous, les uns comme les autres, ceux qui ont su dominer leur indignation et leur douleur comme ceux qui les firent éclater, tous avaient rendu hommage à la bonne foi de ces officiers. De quoi donc alors? De l'honneur de l'État-Major? Est-ce que le bureau des renseignements est tout l'État-Major? Hélas! il s'agissait de l'honneur de Du Paty et de Henry!

Oui, voilà ce qui depuis des mois et des mois est abrité sous ce grand nom, sous ce mot admirable et sacré: l'honneur de l'armée! C'est l'honneur de Henry et de Du Paty.

Deux hommes ont été les principaux instruments d'un crime judiciaire. Que ce crime soit découvert, ils sont perdus. Alors, pour se sauver, ils entassent crimes sur crimes. Pour que l'innocent reste au bagne et que le plus infâme des traîtres échappe à la justice, ils ne reculent, eux, devant aucun forfait. Et Paris a entendu crier: « Vive Esterhazy! » Et la France a failli compromettre devant le monde et devant l'histoire sa vieille gloire de soldat de la Vérité et du droit! Et cela s'est passé sous la République!

Tous deux ont avoué aujourd'hui; je dis bien: tous deux. L'un, le fils du peuple, dans un dernier hoquet de vieille probité paysanne; l'autre, publiquement souffleté depuis des jours et des jours, par le silence. Et allez-vous dire maintenant, parce qu'il s'est trouvé dans l'armée française, avec le Uhlan national, un Du Paty et un Henry, que l'honneur de cette armée en est atteint?

Je vous laisse pour compte ce sacrilège. La lumière éclate. Que reste-t-il d'un jugement qui a été l'œuvre de tels hommes, qui a été défendu par de tels crimes? Une grande leçon pour tous, une immense pitié, et l'irrésistible volonté de faire justice, toute la justice. Honte à qui se souviendrait des injures, des humiliations, des souffrances subies pour cette belle cause qui a été la nôtre! C'est joyeusement que nous les offrons en sacrifice à la France. N'est-ce pas, mon colonel, vous qui, demain, allez être rendu à l'armée, à cette armée qui, depuis Hoche et Marceau, n'a pas eu de plus noble fils que vous? Vous l'avez dit, le premier, à des chefs aveugles, qui doivent pleurer amèrement aujourd'hui de n'avoir point cru votre loyale parole, que « le beau rôle » c'était, pour l'armée, de prendre l'initiative de la réparation que c'était, à la fois, son intérêt et son honneur.

La revision, c'est l'honneur de l'armée.

VII

POURQUOI ESTERHAZY A PRIS LA FUITE

12 octobre 1898.

Il est l'auteur du bordereau ; il a commis cent autres actes de trahison ; il a été, pendant quatre ans, espion à la solde de la Prusse, aux gages de deux mille francs par mois. Mais ce n'est pas pour cela seul qu'il a pris la fuite.

I

M. Cavaignac, quand il fut nommé ministre de la Guerre, dit, de sa voix la plus sèche : « Je donne quarante-huit heures aux dreyfusards pour se taire. » Il avait son plan, qui n'était point très compliqué.

Il était, alors, convaincu de la culpabilité du capitaine Dreyfus. On peut dire que cette conviction n'était pas d'un homme très perspicace, d'un historien qui ne se paye pas de mots, d'un psychologue qui ne saurait admettre qu'un acte quelconque puisse être dépourvu de mobile. Elle n'en était pas moins très sincère. Elle reposait sur peu de chose : sur les affirmations réitérées de Boisdeffre, d'Henry et de Du Paty. Elle n'en était que plus solide.

Cependant, il voulut voir par lui-même. C'était son devoir. Boisdeffre lui apporta le dossier. Il lui montra les deux dépêches relatives à « ce canaille de D... ». Cavaignac ne douta point qu'elles ne s'appliquassent à Dreyfus. Il lui montra la dépêche qui avait été fabriquée par Henry en novembre 1896. L'historien de la *Formation de la Prusse contemporaine* lui trouva tous les caractères de la plus parfaite authenticité matérielle et morale. Il lui montra, sinon les photographies des lettres du comte de Munster à l'empereur d'Allemagne, du moins les prétendus rapports, écrits par ordre, de quelques bas espions allemands. Le ministre jugea que la démonstration était mathématique. Il décida donc de porter à la tribune de la Chambre et devant le pays les principales de ces preuves qui avaient transformé sa propre conviction en certitude. Sa certitude deviendrait dès lors celle de la Chambre et celle du pays.

Boisdeffre ni Du Paty ne trouvèrent rien à objecter. Le coup de massue dont Billot avait menacé Scheurer-Kestner, ils étaient ravis de le voir enfin porter par Cavaignac. Tout était pour le mieux. Cela fait, la culpabilité de Dreyfus ainsi démontrée, tout devenait facile. Si les « dreyfusards », par impossible, continuaient à crier, on les coffrerait. M. Cavaignac croyait au « Syndicat ». On sait, en effet, qu'il proposa un peu plus tard, comme la chose la plus naturelle du monde, à M. Brisson d'arrêter et d'envoyer devant la Haute Cour Scheurer-Kestner, Trarieux, Jaurès, Urbain Gohier, Clémenceau, Bernard Lazare, Mathieu Dreyfus, Yves Guyot et moi-même. C'était la deuxième partie de son plan. Boisdeffre et Du Paty y applaudirent.

Mais le plan de M. Cavaignac comportait une troisième partie. Il y avait, dans l'affaire Dreyfus, quelque chose qui le gênait : c'était Esterhazy. Puisqu'il était convaincu que Dreyfus était l'auteur du bordereau, il ne croyait point qu'Esterhazy fût un traître. Pourtant, Esterhazy salissait l'affaire. La passion avait beau aveugler M. Cavaignac, elle ne l'aveuglait pas au point de prendre Esterhazy pour un honnête homme. Les lettres à Mme de Boulancy lui paraissaient plutôt fâcheuses. Cet officier supérieur, qui vivait avec une fille publique, lui répugnait. Esterhazy, malgré les embrassades du prince Henri et du marquis de Rochefort, était le côté faible de sa démonstration. Si les juifs l'avaient « choisi pour le substituer à Dreyfus », c'est qu'ils savent calculer. Lui, Cavaignac, polytechnicien, calculerait mieux qu'eux. Il débarrasserait l'affaire d'Esterhazy. Alors, sa cause, à lui, Cavaignac, serait pure et claire, lumineuse « comme le soleil », aurait dit Billot. En même temps qu'il établirait par A plus B, avec le faux Henry, la culpabilité de Dreyfus, et se préparerait à coffrer le Syndicat, il enverrait donc Esterhazy devant un conseil d'enquête et le chasserait de l'armée.

II

Boisdeffre, j'imagine, dut regarder Gonse, qui regarda Henry, qui regarda Du Paty. Ils se comprirent d'un coup d'œil. Cette troisième partie du plan de Cavaignac détruisait tout. Esterhazy ne se laisserait pas chasser de l'armée. Il avait, lui aussi, son point d'honneur. Tous les scélérats en ont, et, d'après tous les criminalistes, même aux galères. Le Uhlan avait cette manie de vouloir garder l'uniforme de commandant et, sur cet uniforme français, la croix. Il briserait tout plutôt que de s'offrir en victime expiatoire. Il les tenait. Pour qu'un infâme procès ne fût pas revisé et qu'un innocent restât au bagne, ils s'étaient faits ses protecteurs, ses complices. C'était l'État-Major qui l'avait sauvé, couvert, conseillé et dirigé depuis six mois, muni de la pièce libératrice, recommandé aux experts, à Pellieux, à Ravary. Il n'avait rien fait que par l'ordre de ses chefs. C'était par ordre qu'il avait dû se taire devant l'effroyable interrogatoire d'Albert Clémenceau, à la Cour d'assises. C'était par ordre qu'il n'avait point poursuivi Mathieu Dreyfus en dénonciation calomnieuse. C'était Du Paty qui lui avait dicté les fameuses dépêches au colonel Picquart. Il était leur homme, à ces grands chefs, et ils étaient ses prisonniers. Mais comment dire cela à Cavaignac ?

Ils étaient sans scrupules, sans pudeur, et Cavaignac était capable de bien des choses. Cavaignac a fait, sans remords, arrêter Picquart. Il nous eût fait arrêter et déporter sans plus d'inquiétude de conscience. Il ira encore loin, très loin, très bas. Mais il y a presque toujours, jusque dans les âmes les plus sombres, un petit feu qui ne s'éteint pas. Invinciblement, ils sentirent que Cavaignac se révolterait devant une aussi honteuse complicité, comme il devait se révolter devant le faux d'Henry. Il ne supporterait pas une pareille confidence ; il n'entrerait pas dans une pareille association. Lui aussi, il briserait tout.

Ils se regardèrent. Qui oserait parler? Personne ne l'osa, pas même l'homme de toutes les besognes, Henry. A l'heure même où la Chambre acclamait Cavaignac et votait d'enthousiasme l'affiche de son discours, Esterhazy était déféré à un conseil d'enquête. Tout était perdu.

III

C'est un extraordinaire forban qu'Esterhazy ; il est, lui, le scélérat parfait. Le soir du 7 juillet, dès qu'il sut qu'il était renvoyé devant un conseil d'enquête, il arrivait chez Du Paty, la menace à la bouche. Il ne lui suffisait pas de ne pas être à l'Ile du Diable ; il voulait rester dans l'armée. Il le dit nettement, froidement, entre quatre yeux, à Du Paty.

L'instruction Bertulus retarda le dénouement. Ici, par exception, Esterhazy n'était que complice : l'auteur principal du crime, du faux, était Du Paty. Sauver Esterhazy, c'était sauver Du Paty. On les sauva tous les deux. Esterhazy, prêt à parler, se tut. La Chambre des mises en accusation rendit l'arrêt que la Cour de cassation a flétri. Un tel service — j'entends celui que Du Paty avait rendu à Esterhazy — méritait peut-être quelque gratitude. L'État-Major espéra, pendant un instant, que le Uhlan, reconnaissant, se laisserait faire devant le conseil d'enquête. « Vous voulez rire ? » dit Esterhazy. M. Cavaignac, obstiné, ne plaisantait pas, lui non plus. Le conseil d'enquête se réunit, Esterhazy parla.

Il comparut deux fois devant le conseil, le 27 août pour la seconde fois. C'avait été son dernier délai. Il avait juré à Mme de Boulancy de ne pas partir « avant » de jouer à toutes ces canailles un tour de sa façon ». Il tint parole. Voici les dates, plus éloquentes que tout récit : 24 août, *première séance du conseil d'enquête;* 27 août, *deuxième et dernière séance;* 30 août, *aveux et arrestation d'Henry;* 31 août, *suicide d'Henry, mise en réforme d'Esterhazy, démission de M. le général de Boisdeffre.*

Et le lendemain, dans le désarroi universel, pendant que tous les yeux sont fixés sur le Mont-Valérien, Esterhazy commence ses préparatifs de départ; il disparaît. Drumont jure que son ami n'a point quitté Paris; le même jour, le Uhlan passe, à pied, en Belgique; puis, d'Ostende, il gagne Londres.

L'enchaînement des faits et des causes est-il assez évident? La Némésis divine a-t-elle assez bien travaillé? Le bandit n'avait point pesé la charge de son arme. Il ne voulait qu'avertir, que blesser les protecteurs qui l'avaient lâché dans la suprême partie. D'un seul coup, il les a tués, les perdant et se perdant lui-même. Henry suicidé, Boisdeffre démissionnaire, Du Paty en retrait d'emploi, le voici seul maintenant. Seul, il est fixé sur le destin qui l'attend. Il préfère à cette petite île, l'île du Diable, cette grande île, le royaume à la ceinture d'argent, l'Angleterre. Il prend la fuite.

IV

Voilà pourquoi Esterhazy a dit adieu à la France : parce que ses protecteurs ne sont plus, parce qu'entre la justice, le jour où elle se réveillera, et lui, il n'y aura plus rien, — rien que son crime. Son crime, il le veut bien avouer et même s'en faire gloire; mais il ne veut pas l'expier.

Et son aveu, c'est sa fuite. Et je comprends que les esprits dénués de critique ne reconnaissent pas l'évidence qui jaillit de ses confidences, de ses conversations avec M. Strong ou tel autre. Mais l'aveu de sa fuite crève les yeux. Que craint-il s'il est innocent, s'il n'a pas écrit le bordereau, même s'il l'a écrit, ce qui est un autre mensonge, par ordre? Et, dès lors, à tous ceux qui ont encore le cynisme ou l'inconscience de prétendre que Dreyfus est coupable, il n'y a plus qu'une chose à dire : « Dites à Esterhazy de rentrer ! » Dites-le lui, Cavaignac, et vous, monsieur le général de Boisdeffre, et vous tous, Drumont, Humbert, Rochefort, Déroulède, Vervoort, Henri d'Orléans, vous tous qui l'avez acclamé, embrassé, serré dans vos bras, qui avez au cri profané de « Vive l'armée ! » joint celui de : « Vive Esterhazy. » Dites-lui donc de rentrer, sommez-le de rentrer, de se justifier, de vous justifier...

Vous ne le lui direz pas. Vous vous tairez...
Alors, taisez-vous !

VIII

LES COMPLICES D'ESTERHAZY

25 octobre 1898.

I

C'est la certitude aujourd'hui, qu'Esterhazy a écrit le bordereau, qu'il est l'auteur du crime pour lequel a été condamné le capitaine Dreyfus, qu'il en a commis bien d'autres, qu'il a été, pendant plusieurs années, un traître de profession, un espion à gages.

On connaît les principales preuves de cette longue trahison : le *petit bleu* où Schwarzkoppen enjoint à Esterhazy une besogne restée mystérieuse; — l'identité entre l'écriture du bordereau et celle d'Esterhazy; — l'affolement du misérable à la première publication du fac-similé du bordereau; — sa démarche comminatoire auprès de Schwarzkoppen quand il apprend les intentions de Scheurer-Kestner et qu'il supplie l'attaché allemand d'aller attester à Mme Dreyfus la culpabilité de son mari ; — les lettres à Mme de Boulancy, où apparaît son âme de forban, sa haine de la France ; — ses menaces répétées, par lettres anonymes, à tous ceux qui poursuivent l'œuvre de justice ; ses mille mensonges devant Pellieux, Ravary et Luxer, l'impudent roman de la Dame voilée, l'affaire du capitaine Brault ; — après son acquittement par le Conseil de guerre, son bas et honteux silence devant tous ceux qui, matin et soir, persistent à l'accuser de trahison ; son refus de poursuivre devant la Cour d'assises, en pleine lumière, Mathieu Dreyfus, pour dénonciation calomnieuse ; — au procès Zola, sous la torture shakespearienne de l'interrogatoire d'Albert Clémenceau, son mutisme commandé par Pellieux ; — même silence, même impuissance de protester, fût-ce par un cri de comédien, devant les révélations de Casella, la lettre de Frédéric Conybeare donnant le chiffre des appointements mensuels du Uhlan ; — les demi-aveux devant Bertulus, les dénonciations devant le Conseil d'enquête ; — la lettre à Boisdeffre sur les experts, indéniable et reconnue ; — enfin, au lendemain de la démission de Boisdeffre et du suicide d'Henry, la fuite en Angleterre, précipitée, définitive, fuite qui crie plus haut que toutes les preuves écrites et que tous les aveux authentiques le crime, l'interminable série de crimes, la peur atroce du châtiment.

Voilà donc la trahison, évidente, manifeste, et l'on en connaît le mobile : un immense, incessant besoin d'argent. Il serait utile de relever dans quelques maisons de banque les principaux coups de Bourse d'Esterhazy pour retrouver ses principaux coups de trahison. Il recevait de l'attaché prussien deux mille francs par mois, plus, quand il apportait des documents d'une

importance exceptionnelle, de grosses, très grosses
gratifications. Tout cela prenait le chemin de la Bourse,
s'en allait par la spéculation et par le jeu. Il reste cependant une question qu'il faut poser : Esterhazy a-t-il été seul à commettre son crime? Dans cette série, si longue, de trahisons, n'a-t-il pas eu des complices?

Et je n'entends point parler des complices moraux, de ceux qui, connaissant ou soupçonnant le crime, ont couvert néanmoins le criminel. Ces complices moraux sont venus *après*, depuis le grand chef qui combinait, ou, tout au moins, laissait perpétrer le coup du décalquage, jusqu'à cet Ézéchiel de mauvais lieu qui ne pouvait ignorer l'écriture de l'un de ses principaux collaborateurs. Je parle des *renseigneurs*, qui savaient ou feignaient d'ignorer où allaient les informations et les copies de pièces qu'ils donnaient, de collaborateurs qui touchaient le prix de leur travail. Il suffit d'apporter un peu de sens critique à l'examen des faits acquis pour être certain qu'Esterhazy n'a point opéré seul.

II

Il y a un mot, singulièrement grave, de Schwarzkoppen : « Si j'avais pu choisir moi-même parmi les documents qu'il m'importait d'avoir, je n'aurais pas pu mieux faire que ne le faisait Esterhazy pour moi. » Or, comment Esterhazy a-t-il pu si bien choisir, pendant toute sa carrière d'espion, et surtout pendant l'année qui a suivi la condamnation de l'infortuné Dreyfus, dans le redoublement d'audace que donnait au traître l'accomplissement de ce crime judiciaire? Jamais la récolte du colonel prussien ne fut plus riche que dans cette période. Qui pourvoyait Esterhazy? Aussi bien, le témoignage de Schwarzkoppen n'est-il pas plus nécessaire ici qu'ailleurs. Depuis des mois et des mois, nous multiplions nos efforts pour dégager une lumière purement française. Ici comme ailleurs, avec un peu de la logique de Port-Royal, avec un peu de bonne méthode cartésienne, on fera la lumière sans le concours de l'étranger.

Esterhazy recevait, en outre des gratifications, deux mille francs par mois. C'est une somme invraisemblable pour un espion qui n'a point d'associés à rétribuer, pour un espion ordinaire. Le chiffre seul de cette somme indique l'importance des services que rendait Esterhazy. Le marquis de Moustier, ministre de France à Berlin, paya tout juste 500 francs, au mois de mai 1855, le document capital qui révélait que la Russie était à bout de ressources, que la garnison de Sébastopol était décimée par le typhus, que le point vulnérable de l'héroïque cité était ce bastion Malakoff que les assiégeants avaient précisément considéré jusque-là comme imprenable et par où, précisément, Pélissier et Mac-Mahon devaient entrer plus tard dans la ville. La valeur vénale de toutes choses a beaucoup augmenté depuis 1855. Il n'en reste pas moins que, pour 2,000 francs par mois, Esterhazy ne devait pas livrer des broutilles.

Parmi les documents vendus par Esterhazy à la Prusse et, sans doute, à une autre puissance, il y en a qu'il pouvait se procurer sans collaboration. Telles les copies de certains dessins confidentiels faits, au printemps de 1896, sur de certains fusils. Telle la copie de certain cours fait à l'école de tir du camp de Châlons. Telles les notes sur la mobilisation du troisième corps d'armée, dont le siège est à Rouen, où Esterhazy tenait garnison.

On sait encore de quelle façon, par quel faux audacieux, Esterhazy se procura le projet de manuel de tir de l'artillerie dont il est fait mention dans le bordereau. Le récit, si documenté, de l'*Aurore* à ce sujet, n'a été l'objet d'aucun démenti; un démenti d'ailleurs appellerait une enquête qui ne serait pas stérile. Mais ces documents ne sont pas les seuls qu'Esterhazy ait livrés; il y en a plus de 160, à Berlin, qui proviennent de lui. Les bureaux du 74ᵉ régiment de ligne ne sont pas, ne peuvent pas être la seule source à laquelle il a puisé. Il puisait ailleurs, à l'Etat-Major. Il était le contrebandier qui a lié partie avec un douanier.

Il faut observer, d'autre part, que l'enquête qui a abouti à l'arrestation du capitaine Dreyfus et à la condamnation illégale de cet innocent avait pour origine la constatation d'une *fuite* dans les bureaux de l'Etat-Major de l'armée. On recherchait l'auteur de ces trahisons, et diverses pistes avaient déjà été suivies quand le bordereau fut apporté au ministère. Comme par un fait exprès, les documents qui y étaient énumérés étaient de ceux qu'un officier de troupe pouvait se procurer avec plus de facilité qu'un officier d'Etat-Major. Un raisonnement un peu serré aurait dû, dès le début, conduire à cette conclusion qui eût été la vraie. Notamment, le manuel de tir ne pouvait guère avoir été livré à l'attaché prussien que par un officier de troupe, et c'est ce que l'événement a démontré. Mais le ministère était tellement dominé par la pensée des *fuites* qui s'étaient produites dans les bureaux de l'Etat-Major qu'il décida *a priori* qu'un officier d'Etat-Major pouvait seul être l'auteur du bordereau. Or, le capitaine Dreyfus une fois condamné et déporté à l'Ile du Diable, les *fuites* continuèrent à l'Etat-Major. Comme il est avéré que le colonel de Schwarzkoppen n'a jamais eu de rapports qu'avec Esterhazy, il en résulte donc qu'Esterhazy avait un complice à l'Etat-Major. On peut admettre que ce *renseigneur* ne savait pas exactement ce qu'Esterhazy faisait des informations et des pièces qui lui étaient communiquées. Mais il est impossible que ce *renseigneur* n'ait pas existé : sinon les fuites, qui continuèrent après la condamnation du capitaine Dreyfus, seraient inexplicables — et inexplicable également la richesse des informations vendues par Esterhazy à la Prusse, *surtout* pendant l'année qui suivit le départ de Dreyfus pour l'Ile du Diable.

III

Je signale l'existence de ce *renseigneur* avec la certitude d'un astronome qui, apercevant certaines perturbations dans l'orbite d'une planète, en déduit l'existence d'un autre astre dont l'influence est la cause de ces irrégularités. Il m'est d'ailleurs matériellement impossible de préciser davantage. Seul, un magistrat, armé de pouvoirs étendus, pourrait, avec quelques chances de succès, rechercher ce complice inconnu et, pourtant, certain. Il rencontrerait, au surplus, de terribles difficultés sur sa route.

Ah ! si Henry n'avait pas été envoyé au Mont-Valérien, si une négligence savante n'avait point laissé des rasoirs dans sa trousse, que de lumière dans ces ténèbres où la Justice tâtonne encore, où l'Histoire elle-même sera peut-être condamnée à tâtonner pendant des années ! Quand le colonel Picquart fut envoyé en Tunisie, sa succession, à la tête du 2ᵉ bureau, fut dévolue à Henry. Les indices que le colonel Picquart avait réunis contre Esterhazy étaient très graves. On sait combien ils ont été justifiés par l'événement ; la fuite du Uhlan ne laisse plus place à aucun doute.

12.

D'ores et déjà, ils avaient paru si graves à Gonse et à Boisdeffre qu'ils avaient prescrit au colonel Picquart de poursuivre méthodiquement son enquête, si graves à Billot qu'il autorisa, un certain jour, l'arrestation d'Esterhazy. Or, comment, pourquoi, l'enquête, commencée par Picquart, ne fut-elle pas poursuivie par Henry ? Il avait toute la confiance de Gonse, qui avait toute celle de Boisdeffre, qui semblait avoir toute celle du ministre de la Guerre. Il paraît certain que ni Billot, ni le chef, ni le sous-chef de l'État-Major général n'eussent, alors, empêché Henry de continuer à surveiller Esterhazy. Ils n'avaient, alors, aucun intérêt à le sauver. Pourquoi Henry n'en a-t-il rien fait ?

C'est, bien au contraire, pendant cette période où Henry était chef du 2ᵉ bureau, que le dossier secret, qui ne comprenait, au moment du départ du colonel Picquart, qu'une demi-douzaine de pièces, a tout à coup, dans l'espace de quelques mois, enflé d'une manière prodigieuse, et s'est grossi des mille faux, rapports apocryphes et antidatés d'agents, lettres de l'Empereur d'Allemagne et de M. de Munster, qui ont fait la conviction de Cavaignac. — J'observe, en passant, que M. Cavaignac, qui s'écriait si fièrement, le 7 juillet : « Nous sommes maîtres de traiter nos affaires chez nous comme nous l'entendons ! » déclare aujourd'hui qu'il est impossible de soumettre ces pièces aux juges de la Cour suprême, comme s'il les soupçonnait de ne pas être dignes d'approcher des secrets qui ont été connus de son cousin Du Paty et d'Henry. — Comment expliquer que les pièces secrètes se soient à tel point multipliées pendant ces quelques mois ? Comment expliquer que l'enquête contre Esterhazy ait été, en même temps et si brusquement, abandonnée ? Ce n'est certainement pas sur l'ordre de Billot ; il disait préci-

sément alors à un député qu'Esterhazy, qui demandait
à changer de garnison, à venir à Paris, était une affreuse canaille.

Henry, sans le coup de rasoir, aurait pu expliquer
ces choses, entrer dans la voie des aveux. Il aurait pu
dire également si, à l'époque du procès Dreyfus, il y
avait, à l'Etat-Major, des gens qui connaissaient déjà
l'écriture d'Esterhazy, cette écriture tellement semblable à celle du bordereau que Bertillon n'hésita pas une
minute à la déclarer identique, et que Du Paty, plus
tard, quand le colonel Picquart la lui montra, feignit
de la prendre pour celle de M. Mathieu Dreyfus, et que
M. de Castro, la première fois où son regard tomba sur
un fac-similé, n'eut pas un doute. Si, par hasard, sinon
par impossible, il en a été ainsi, ce n'est pas un coin
du voile, mais le voile tout entier qui se soulève. Alors
on comprend sans peine pourquoi M. Gobert, l'honorable expert de la Banque de France, qui refusait de
reconnaître dans l'écriture du bordereau celle du capitaine Dreyfus, a été aussitôt et si violemment dessaisi
de son expertise.

Henry aurait pu expliquer encore l'affaire si suggestive du capitaine Bro. On sait qu'Esterhazy avait
imaginé cette fable que le capitaine Dreyfus aurait
décalqué son écriture pour faire le bordereau et que
Dreyfus se serait procuré de son écriture à lui, Esterhazy, en s'adressant à lui, sous la signature du capitaine Bro, pour demander un récit manuscrit du
combat d'Eupatoria où le général Esterhazy avait commandé une brigade. Or, comment ce nom de capitaine
Bro avait-il pu être avancé par Esterhazy ? Du Paty
seul pouvait le lui avoir fait connaître, parce qu'au
cours de l'un des interrogatoires qu'il fit subir à
Dreyfus, celui-ci avait dit qu'il lui semblait vaguement

reconnaître dans le document incriminé l'écriture de cet officier, allégation qu'il avait d'ailleurs, presque aussitôt, retirée. Le nom du capitaine Brô ne figure pas dans le rapport de M. Besson d'Ormescheville, qui ne mentionne que l'incident. Comment, pourquoi Du Paty avait-il machiné cette histoire avec Esterhazy?

Enfin, Henry aurait pu dire dans quel intérêt mystérieux Du Paty et lui avaient fabriqué tant de faux, fausses pièces et fausses dépêches. Etait-ce seulement pour laisser un innocent au bagne, pour empêcher la révision d'un infâme procès, pour sauver le Uhlan? Cela est possible, bien qu'à la réflexion cela paraisse invraisemblable. S'agissait-il pour eux de sauver un autre coupable, le complice d'Esterhazy? Ce n'est peut-être pas vrai, mais combien, si c'était vrai, tout cet abominable roman deviendrait plus plausible! Mais qui? qui voulaient-ils sauver au prix de tant de crimes? pour qui donc risquaient-ils la dégradation et le bagne?

Le rasoir du Mont-Valérien n'a point coupé que la gorge d'Henry; il a coupé aussi le fil qui conduisait à la vérité.

Cependant, on le renouera...

LES FAUSSAIRES

(1ʳᵉ Série.)

DU PATY DE CLAM

I

POSITION DE LA QUESTION [1]

———

21 juillet 1898.

I

Les journaux de la rue Saint-Dominique ne sont pas contents; l'arrestation de M. Esterhazy et de sa maîtresse sous l'inculpation de faux leur cause des inquiétudes croissantes. Ils essayent, par avance, de transformer les faux dont est accusé le Uhlan en de simples « fumisteries »; M. de Rochefort badine agréablement à ce sujet. Mais ce badinage cache de véritables angoisses. On a pu observer, l'autre jour, à Versailles, que certains visages étaient fort déconfits.

Cette affaire des fausses dépêches, en apparence très

---

[1]. Cette série a paru, dans le *Siècle*, sous le pseudonyme de Junius.

embrouillée, est, en réalité, très claire. Elle a été exposée, avec une grande force de dialectique, par M. Trarieux, sénateur, ancien garde des sceaux, à l'audience du 9 février, au procès Zola.

II

M. Trarieux raconte d'abord (t. 1, p. 180) comment il eut l'occasion d'entrer en rapport avec M. Leblois, ami d'enfance et avocat du colonel Picquart. M. Leblois lui avait expliqué « que le colonel Picquart était, depuis son départ du ministère (depuis plus d'une année, par conséquent), en butte à des machinations souterraines ».

Il y avait quelqu'un, disait M. Trarieux, une personne mystérieuse, — il ne s'agissait pas encore d'une dame voilée, — quelqu'un qui s'acharnait à lui tendre des pièges, qui voulait l'intimider, lui fermer la bouche et, au besoin, menaçait de le perdre s'il osait parler.

M. Leblois m'exposa alors des faits qui me parurent confus, tout d'abord, mais qui, après une courte réflexion, se classèrent d'eux-mêmes et prirent une signification sérieuse.

Le lieutenant-colonel Picquart, me dit-il, avait été mis au courant de ces menées le jour où il avait comparu, revenant de Tunisie, dans le cabinet de M. le général de Pellieux, qui, vous le savez, avait été chargé, en novembre 1897, des préliminaires de l'instruction du procès Esterhazy. Dès que le lieutenant-colonel Picquart avait comparu devant le général de Pellieux, ce n'était pas en témoin qu'il avait été accueilli, mais plutôt en accusé. M. le général de Pellieux avait placé sous ses yeux quatre documents sur lesquels il avait appelé son attention en termes sévères, et c'était bien naturel : car si ces documents eussent été authentiques, ils eussent couvert de confusion le lieutenant-colonel Picquart, ils eussent démasqué de sa part la conduite la plus indigne et déshonoré son caractère.

C'est précisément à l'occasion de ces quatres documents que le colonel Picquart devait, par la suite, déposer une plainte au parquet de la Seine.

C'est à l'occasion de ces documents que M. Esterhazy et la fille Pays ont été inculpés comme auteurs ou complices de ces faux.

Nous continuons à suivre pas à pas la déposition de M. Trarieux :

Ces documents étaient les suivants : On plaça sous ses yeux la copie d'une lettre qui était arrivée au ministère après son départ, au mois de novembre 1896, le 20 novembre. Cette lettre avait été arrêtée par le cabinet noir... Car on a beaucoup reproché au lieutenant-colonel Picquart d'avoir ouvert la correspondance du commandant Esterhazy ; mais, après son départ du ministère, on ne s'est pas fait faute d'ouvrir la sienne ! Cette lettre ouverte, on en avait pris copie et, après l'avoir refermée, on l'avait dirigée sur la garnison où il devait se trouver à cette époque.

Cette lettre ne contenait en elle rien de très important ; une seule chose expliquait qu'on eût cru devoir en prendre copie, c'est cette phrase énigmatique : « Le *demi-dieu* » — je crois — « désire vous revoir ; on s'inquiète de vos nouvelles... » ou quelque chose d'approchant.

Le second document était une autre lettre qui portait, elle, la date du 15 décembre 1896, signée *Speranza*, nom qui, pour la première fois, apparaît dans l'affaire ; « Depuis votre malencontreux départ, votre œuvre est compromise, le *demi-dieu* attend des instructions pour agir. »

Cette lettre avait été purement et simplement confisquée...

On faisait jouer au *demi-dieu*, dans ce passage, un rôle singulièrement louche ; on disait « *qu'il attendait des instructions pour agir* ». Quelles instructions ? Pourquoi agir ? Évidemment pour faire aboutir l'œuvre interrompue par le malencontreux départ du lieutenant-colonel Picquart.

Les troisième et quatrième documents étaient deux dépêches télégraphiques qui avaient été mises à la poste le 10

13

novembre 1897, ou un plus tard, à la veille du jour où M. le lieutenant-colonel Picquart était rappelé de Tunisie pour comparaître devant le général de Pellieux ; deux dépêches, dont l'une était signée du nom de *Speranza*, et la seconde du nom de *Blanche*.

La première disait à peu près textuellement ceci : *Tout est découvert, votre œuvre est compromise, affaire grave.* »

Quant à la seconde, elle était ainsi conçue : « *On sait que Georges est l'auteur du petit bleu ; il faut prendre des précautions* », ou quelque chose d'analogue.

Le *petit bleu* est une des pièces initiales de la procédure qui avait été ouverte contre le commandant Esterhazy. C'était dire, en propres termes, au lieutenant-colonel Picquart : « On sait que vous êtes un faussaire, que vous avez fabriqué les pièces que vous introduisez dans la procédure contre le commandant Esterhazy ! »

Voilà les quatre documents sur lesquels le lieutenant-colonel Picquart fut appelé à fournir des explications au général de Pellieux, dès qu'il se rencontra avec cet honorable officier supérieur chargé de l'instruction.

Je le répète, messieurs, ces témoignages étaient accablants pour lui et l'auraient perdu s'il n'avait été en mesure de donner des justifications immédiates.

C'est le 15 novembre que Mathieu Dreyfus dénonça Esterhazy au ministre et à la presse comme étant l'auteur du bordereau.

Les télégrammes *Blanche* et *Speranza* sont donc antérieurs de cinq jours à cette dénonciation.

Qui donc avait intérêt, cinq jours avant que le nom d'Esterhazy fût prononcé, à essayer d'intimider le colonel Picquart qui, un an auparavant, avait découvert la trahison de cet officier ?

III

Le colonel Picquart n'eut pas de peine à édifier le général de Pellieux sur l'origine de ces lettres et dépêches qu'une scélérate stupidité cherchait à attribuer à ses amis.

Tout d'abord, dit M. Trarieux, les deux dépêches du 10 novembre 1897, signées *Speranza* et *Blanche*, il les connaissait; on les lui avait expédiées à Sousse, et, dès qu'il les avait reçues, il avait eu soin de les renvoyer à M. le ministre de la Guerre, son supérieur et son protecteur naturel contre les machinations qu'il flairait, sollicitant à leur sujet une information sérieuse.

Il les connaissait donc, et put faire observer à M. le général de Pellieux combien il était inadmissible qu'un de ses amis eût été assez fou pour lui expédier, après son départ du ministère, quand toutes ses connaissances savaient qu'il n'était plus là, pour lui expédier, d'abord le 20 novembre 1896 la lettre dont on avait pris copie, pour lui expédier surtout, le 15 décembre 1896, cette lettre *Speranza*, si compromettante pour lui, dans laquelle on lui disait que le *demi-dieu* attendait des instructions pour agir.

Encore une fois, remarquez cette date du 10 novembre 1897 à laquelle furent expédiées de Paris les dépêches *Speranza* et *Blanche*. A cette date, les noms d'Esterhazy et de Picquart n'avaient pas encore été prononcés par les journaux. Mathieu Dreyfus lui-même ne savait pas encore que l'auteur du crime pour lequel son frère avait été condamné était Esterhazy. C'est le 11 novembre seulement, le lendemain, que M. de Castro, ainsi qu'il en déposa à la cour d'assises, découvrit par hasard l'identité de l'écriture d'Esterhazy et de l'écriture du bordereau.

Le colonel Picquart fit ensuite observer au général de Pellieux combien il était inadmissible qu'à cette date du 10 novembre, un ami lui eût expédié en clair, c'est-à-dire en langage découvert, des dépêches aussi étranges : « Votre œuvre est compromise, affaire grave, on sait que vous êtes coupable d'un faux... », dépêches qui, à leur passage, devaient être forcément copiées, et l'avaient été, en effet, pour être communiquées au ministre de la guerre ? Le caractère apocryphe, le mensonge de ces documents n'étaient-ils pas évidents ?

Mais, en y regardant de plus près, ajoutait le lieutenant-colonel Picquart, on voit d'où viennent ces lettres et ces dépêches : car elles contiennent en elles-mêmes la preuve certaine de leur point de départ. Dans la première de ces quatre pièces, il est question du *demi-dieu*; dans la seconde (lettre *Speranza* du 15 novembre 1896), dans l'autre dépêche *Speranza* du 10 novembre 1897, on retrouve le *demi-dieu*, mais le *demi-dieu* auquel on fait jouer un rôle. Le *demi-dieu* devient un véritable compère, un complice ! Ce *demi-dieu* est, pendant l'absence du lieutenant-colonel Picquart, chargé de conduire son intrigue, de poursuivre son œuvre, d'être, dans l'ombre, son *alter ego*.

Or, M. le lieutenant-colonel Picquart démasqua vite la supercherie. Le *demi-dieu*, il le fit connaître; celui qui portait ce nom était incapable de jouer le rôle qu'on lui attribuait; c'était un des officiers d'ordonnance de l'un de nos commandants de corps d'armée, au-dessus de tous soupçons.

C'était le commandant Lallemand, officier d'ordonnance du général des Garets. Appelé aussitôt devant le général de Pellieux, le commandant Lallemand avait reconnu que, dans la société de Mlle de Comminges, on lui avait donné ce surnom de *demi-dieu*. On y appelait le colonel Picquart le *bon dieu*.

Il resterait aux défenseurs patentés de l'honneur de l'armée la ressource d'incriminer le commandant Lallemand, de l'accuser de complaisance criminelle, de mensonge et de faux serment. M. le général de Pellieux reconnut, lui, l'absolue véracité des dires du commandant Lallemand et du colonel Picquart. Accusera-t-on le général de Pellieux d'être, lui aussi, vendu au Syndicat?

Du moment que le *demi-dieu*, c'est le commandant Lallemand, tout s'effondre et l'imposture des auteurs des deux dépêches devient manifeste, elle crève les yeux.

Reste à savoir quels sont les faussaires.

IV

M. Trarieux, continuant sa déposition, expose alors que ces dépêches n'ont pu être écrites que par quelqu'un qui savait qu'un ami du colonel Picquart avait ce surnom de *demi-dieu* et qui ne savait pas quel rôle jouait ce personnage.

Citons textuellement :

Alors, Messieurs, que fallait-il donc pour expliquer cette lettre, cette dépêche *Speranza*, dont le pseudonyme va se retrouver plus tard, sous le personnage de la femme voilée? Qui donc pouvait les avoir écrites? Quelqu'un nécessairement qui savait qu'il existait dans les relations, dans l'entourage de M. le lieutenant-colonel Picquart, une personne que ses connaissances appelaient le *demi-dieu* et qui, en même temps, ignorait quelle était la réalité de cette personnalité.

Or, ils étaient plusieurs qui avaient cette science et cette ignorance, plusieurs qui savaient qu'un ami du lieutenant-colonel Picquart avait ce surnom de *demi-dieu*, et qui ne savaient pas quel rôle jouait ce personnage ! C'étaient ceux qui évidemment avaient copié la lettre du 20 novembre 1896, pour en retenir cette expression énigmatique de *demi-dieu*, qui avait éveillé chez eux un soupçon gratuit, et qui, partant de ce soupçon, avaient plus tard imaginé toute une série de documents apocryphes, mensongers et faux.

M. le général de Pellieux n'avait pas été long à comprendre la portée de ces rapprochements ; mais il ne suffisait pas au colonel Picquart de se justifier. Il voyait, dans ces documents des faux véritables, et il avait demandé qu'on ouvrît une instruction particulière pour vérifier quel en était l'auteur.

Donc, disais-je, le lieutenant-colonel Picquart désirait qu'on recherchât l'auteur ou les auteurs de ces écrits dolosifs, et il avait insisté pour qu'une instruction spéciale portât sur ce point. Il pensait que, si l'on parvenait à découvrir la main du coupable, il en pouvait résulter sur l'ensemble de l'affaire un trait de lumière définitif.

Mais on ne voulut rien entendre, pas plus M. le général de Pellieux, que, plus tard, M. le rapporteur devant le Conseil de guerre, le commandant Ravary.

Pourquoi M. le général de Pellieux et M. Ravary ne voulurent-ils rien entendre ? Quel intérêt avait-on à ne pas découvrir les auteurs de ces faux impudents ? Que craignait-on ? Qui voulait-on ménager ?

M. Trarieux pensa, lui, bien au contraire, qu'il n'était pas possible d'aller devant le Conseil de guerre qui allait juger (ou acquitter) Esterhazy, « dans l'ignorance d'une situation aussi grave ». Il était, selon lui, « absolument indispensable, pour que la procédure Esterhazy fût complète, que ces faits fussent l'objet d'éclaircissements complets ».

V

Arrivé à ce passage de sa déposition, M. Trarieux expose les démarches qu'il fit alors — au mois de décembre dernier — auprès du gouvernement.

Toute la force d'inertie du Cabinet que présidait M. Méline apparaît dans ce récit ; M. Trarieux s'exprime en ces termes :

J'allai, le 18 décembre dernier, chez M. le ministre de la Justice ; je lui exposai les faits. Ils frappèrent son attention et il me promit d'en entretenir M. le Président du Conseil.

Quelques jours après, le 23 décembre, il eut l'obligeance de m'avertir que M. le Président du Conseil en avait entretenu lui-même M. le ministre de la Guerre, qui lui avait promis de se faire apporter le texte des dépêches et de les comparer avec l'écriture d'un officier qui avait semblé suspect à M. le lieutenant-colonel Picquart et que celui-ci croyait pouvoir être l'auteur de l'une des dépêches, signée *Blanche*.

Puis, il me dit que le ministre de la Guerre avait pris l'engagement de procéder lui-même à un examen de ces écritures et qu'il ferait connaître plus tard le résultat de cet examen.

Le 28, il m'écrivait de revenir à la Chancellerie, et là, il me fit connaître le résultat des appréciations de M. le ministre de la Guerre. M. le ministre de la Guerre me faisait répondre qu'il ne croyait pas que les soupçons de M. le lieutenant-colonel Picquart fussent fondés et qu'il ne voyait pas, comme lui, entre l'écriture qui lui était signalée et celle de l'une des dépêches, des similitudes qui permissent de les croire de la même origine.

Se trompait-il, Messieurs ? je n'ai pas à le rechercher, et c'est une question trop délicate pour que je l'examine ;

mais, ce qu'il y a de sûr, c'est que si la personnalité qui avait été l'auteur de ces documents ne pouvait être désignée avec certitude, il y avait tout au moins un crime trois fois répété, dont on devait se préoccuper et je m'attendais à ce qu'après cette communication une instruction complémentaire fût ouverte.

Il n'en fut pas ainsi, Messieurs. J'eus le très profond regret, je dois le dire, de constater que le silence continua à se faire sur une situation qui, quant à moi, m'avait paru des plus graves; il se prolongea plusieurs jours et c'est alors qu'en désespoir de cause, M. le lieutenant-colonel Picquart se décida à déposer, aux mains de M. le procureur de la République, à la date du 4 janvier dernier, une plainte formelle pour faux en écritures privées.

Dans sa plainte, il donne pour auteur de la dépêche signée *Speranza*, du 10 novembre, un agent de police dont le nom a été désigné comme auteur probable de ce document; quant aux autres documents, la plainte est portée contre « inconnu ».

C'est de l'instruction de cette plainte qu'a été chargé M. Bertulus. C'est cette instruction qui a conduit M. Bertulus à l'arrestation d'Esterhazy et de la fille Pays.

M. Trarieux, lui, ne dénonçait personne; il dénonçait « un complot ourdi pour étouffer la vérité ». Il s'en remettait à la justice du soin de découvrir les criminels.

Messieurs, disait-il, mes inductions ne visent en particulier personne... (*Murmures bruyants dans l'auditoire.*) Que ceux qui sont habitués à accuser témérairement trouvent la circonspection de mon langage étonnante, je n'en suis pas surpris! Quant à moi, qui n'ai pas cette habitude, qui pèse mes paroles, je tiens à ne dire que ce que je sais, et ce que je sais je le dis.

Je dis : « Où sont ceux que ces faits dénoncent? D'où viennent ces dépêches mensongères? » Elles viennent d'un lieu où se trouvent un certain nombre de personnes délimité; je ne puis pas dire quelle est celle de ces personnes qui les a expédiées; je ne puis pas dire s'il n'y en a qu'une, si elles sont plusieurs, et je me borne à tracer un cercle et à dire : « Le coupable, il est là ! »

Nous savons aujourd'hui que l'un des coupables, le Uhlan, est à la prison de la Santé, que l'autre est à Saint-Lazare.

Mais qui donc avait pu informer Esterhazy et la fille Pays qu'il était question, dans la correspondance du colonel Picquart, dans une lettre saisie par le cabinet noir du ministre de la Guerre, — qu'il y était question d'une personnalité qu'on appelait le *demi-dieu*?

Et qui donc encore avait pu informer Esterhazy et sa maîtresse de l'existence du *Petit Bleu*?

Ces indiscrétions, disait M. Trarieux, « viennent d'un
» lieu où se trouvent un certain nombre de personnes
» délimité ».

Quel lieu ?

Quelles personnes ?

VI

La déposition du colonel Picquart, dans l'audience du 11 février, confirma très exactement celle de M. Trarieux.

Voici d'abord le récit du colonel Picquart en ce qui concerne les lettres du 20 novembre et du 15 décembre 1896. — La lettre du 20 novembre, qui avait été décachetée au ministère de la Guerre et réexpédiée au destinataire, est le premier faux où apparaît le nom de *Speranza*, la fausse dame voilée aux culottes rouges.

Après que j'eus quitté Paris, dit le colonel Picquart (c'est le général de Pellieux qui me l'a appris), on décachetait mon courrier à mon ancien bureau. Comme je ne devais dire à personne où j'allais, j'avais dit chez moi qu'on adressât toutes mes lettres au ministère de la Guerre. Cela faisait que tout mon courrier passait par le ministère, que toutes mes lettres étaient décachetées. M. le général de Pellieux m'a montré la copie d'une de ces lettres. J'avoue à ma honte que je ne m'étais pas aperçu qu'elle avait été décachetée. Cette copie paraît bizarre. La lettre émane d'un brave garçon que j'aime beaucoup, que j'ai mis comme secrétaire chez une dame dont il a été parlé ces jours-ci, Mlle de Comminges. Cette lettre parle d'un *demi-dieu*, parle d'un Cagliostro, d'un tas de choses qui sont très simples par elles-mêmes, mais qui semblent extraordinaires, quand on a l'esprit prévenu.

J'expliquerai quand on voudra ce que veulent dire les termes de cette lettre.

Mais ceci n'est rien. On m'a montré en outre une lettre que je n'avais jamais reçue; la copie dont je viens de parler est des environs du 20 novembre; la lettre dont je parle maintenant est du 15 décembre. Le général de Pellieux me l'a montrée, c'est chez lui que je l'ai vue pour la première fois. Je ne sais pas pourquoi on ne me l'a pas réexpédiée, car, autant que je m'en souviens, elle avait été ouverte suivant le procédé du cabinet noir, c'est-à-dire de façon à pouvoir, au besoin, être refermée. Quand le général de Pellieux m'a montré cette lettre, je lui ai dit : « Je ne sais pas de qui elle est. » Il m'a répondu : « Regardez la signature. » — C'était *Speranza*. Quand j'ai lu cette lettre, j'ai compris, ou je me suis rappelé beaucoup de choses qui m'étaient arrivées auparavant... Je donne à peu près le texte de cette lettre :

« Votre brusque départ nous a mis tous dans le désarroi, l'œuvre est compromise » — ou quelque chose comme cela, — « parlez et le *demi-dieu* agira. » On avait pris ce mot de *demi-dieu* dans la copie du 20 novembre, sans se douter que c'était un sobriquet que je donnais à un officier de mes amis. Je pense qu'on voulait désigner par là un chef du syndicat ou quelque chose comme cela.

Mais, je le répète, je n'ai eu connaissance de cette lettre que par le général de Pellieux, parce qu'on l'avait gardée au ministère. Maintenant, je suis à me demander pourquoi on ne me l'a pas envoyée ; en la recevant, j'aurais réclamé ou je n'aurais rien dit. Si je n'avais rien dit, on aurait pu m'en demander compte plus tard, et si j'avais réclamé, on se serait expliqué.

Avez-vous lu les *Mémoires de Rocambole* et les *Souvenirs de M. Lecocq*? Il y a certainement, quelque part, au ministère de la Guerre, quelqu'un qui préfère cette lecture à celle des *Mémoires de Napoléon* et des *Commentaires de Jules César*. C'est ce quelqu'un qui, après avoir lu la lettre interceptée du 20 novembre 1896, a fabriqué lui-même ou fait fabriquer par un complice la fausse lettre du 15 décembre de la même année. La lettre du 20 novembre 1896 lui fournissait le sobriquet du « demi-dieu ». Il l'applique à on ne sait quel mystérieux personnage, alors que ce surnom est celui du commandant Lallemand. Il invente ensuite, à lui tout seul, l'insaisissable *Speranza*.

Quant à la signature *Blanche*, elle ne constitue pas, comme la signature *Speranza*, ce que les légistes appellent le « faux idéal », lequel, au surplus, comme le faux simple, entraîne la peine des travaux forcés. Ceux qui fabriquèrent la dépêche *Blanche* savaient que ce nom est le prénom de Mlle la comtesse de Comminges.

Mlle de Comminges était une amie du colonel Picquart et du commandant Lallemand. Elle avait eu encore, probablement, d'autres relations dans le monde militaire.

VII

Voici, enfin, en quels termes le colonel Picquart a raconté, à l'audience, comment il reçut, au mois de novembre 1897, en Tunisie, une lettre d'Esterhazy et une dépêche *Blanche et Speranza* :

La lettre du commandant Esterhazy me disait en substance : « J'ai reçu ces temps derniers une lettre dans laquelle vous êtes accusé formellement d'avoir soudoyé des sous-officiers pour vous procurer de mon écriture. J'ai vérifié le fait, il est exact ».

Je ne sais pas comment il l'a vérifié, on n'en a pas parlé aux enquêtes... « On m'a informé aussi du fait suivant : Vous auriez distrait des documents de votre service pour en former un dossier contre moi. Le fait du dossier est vrai, j'en possède une pièce en ce moment-ci. » Alors une longue phrase pompeuse : « Je ne puis croire qu'un officier supérieur de l'armée française soit allé jusqu'à pratiquer.... », etc. « Une explication s'impose. »

En même temps, je recevais un télégramme signé *Speranza*, me disant : Arrêtez *demi-dieu*, tout est découvert, affaire très grave. »

Ce qui m'a semblé très grave, à moi, ne l'a pas semblé à l'enquête ; c'est curieux ! On n'a pas été frappé du fait que le commandant Esterhazy écrivait mon nom, *Piquart*, sans c, et que sa lettre était adressée à Tunis, alors que le télégramme portait même adresse et même faute d'orthographe à mon nom. Pour moi, j'ai fait un rapprochement entre les deux choses.

Le télégramme signé *Blanche* différait sensiblement du premier. D'abord, l'orthographe de mon nom était exacte, ensuite, ma garnison était bien indiquée : Sousse ; et enfin, la personne était très certainement au courant de mes recherches sur Esterhazy, car ce télégramme était ainsi conçu : « On a des preuves que le *bleu* a été fabriqué par Georges... » Le *bleu*..., j'ai immédiatement pensé que c'était le *bleu* qui m'avait mis sur la trace d'Esterhazy. Le tout était signé *Blanche*.

Ayant ces trois pièces entre les mains, je n'ai pas hésité une seconde : j'ai télégraphié à Tunis pour demander l'autorisation d'aller voir le général. J'ai été lui porter la copie des trois pièces avec une lettre au ministre, lui disant : « Je viens de recevoir ces trois pièces ; cela vient du commandant Esterhazy ou de quelqu'un de son entourage ; je demande une enquête. » La lettre est partie ; cela n'a pas empêché le commandant Esterhazy de dire qu'il m'avait écrit une lettre *dont je ne me vanterais pas auprès du ministre*.

Il y a un fait qui m'a frappé plus tard, parce que la lumière ne s'est faite que peu à peu dans mon esprit ; c'est que, ayant reçu ces deux télégrammes et cette lettre le 10 ou le 11 novembre, la *Libre Parole* des 15, 16 et 17 novembre a parlé de cette affaire en termes très clairs. Or, télégraphier au général, aller à Tunis, écrire au ministre, tout cela m'a pris jusqu'au lundi 15 ; ma lettre n'a pu arriver à Paris que le vendredi 19. Ainsi donc, les lundi 15, mardi 16 et mercredi 17, on publiait à Paris ce qui ne pouvait y parvenir, de mon chef, que le vendredi 19.

On ne saurait assez insister sur la gravité du dernier fait signalé, à l'audience du 11 février, par le colonel Picquart.

Qui donc, dira-t-on, a pu informer la *Libre Parole*, les 15, 16 et 17 novembre, des dépêches *Blanche* et *Speranza* ?

La réponse s'impose : c'est celui qui a écrit ces dépêches, l'auteur du faux et ses complices.

On sait qu'Esterhazy a collaboré souvent à la *Libre Parole* ; il a avoué lui-même être l'auteur de l'article du 15 novembre qui était signé « Dixi ».

On sait aussi que d'autres officiers ont collaboré au journal de M. Drumont.

Le cercle n'est pas bien large : il suffit de chercher — pour trouver.

II

LE « DEMI-DIEU »

22 juillet 1898.

Je vais prouver, avec les pièces qui ont été produites au procès Zola, et rien qu'avec ces pièces, que, depuis le premier jour de l'affaire Dreyfus, il s'est trouvé à l'État-Major une ou plusieurs personnes qui n'ont pas cessé de trahir les secrets du bureau des renseignements et d'aider, par tous les moyens, moyens déloyaux et même criminels, Esterhazy et ses amis.

I

Le capitaine Dreyfus avait été arrêté le 15 octobre 1894. Cette arrestation avait été tenue absolument secrète par M. le général Mercier; elle n'était connue, au ministère de la Guerre, que des chefs de l'État-Major général, du colonel Sanherr, chef du bureau des renseignements, du commandant Henry, attaché à ce bureau, du commandant Du Paty de Clam, qui avait été chargé d'instruire l'affaire, peut-être encore de deux ou trois officiers. Ni le Président de la République, M. Casimir-Périer, qui l'a dit à plusieurs témoins, ni les autres ministres, ni le général Saussier, alors gouverneur de Paris, n'en avaient été avisés. Le général Mercier voulait, fort honorablement, se donner le temps d'examiner une affaire si grave.

Il y avait des gens, au ministère de la Guerre, qui avaient, au contraire, intérêt à brusquer les choses, à lancer au public le nom d'un officier juif accusé de trahison, à rendre le scandale inévitable, à déchaîner la campagne antisémitique.

Que font ces gens ?

Ils avertissent les journaux, leurs journaux, les journaux qui n'ont pas cessé de faire campagne pour l'État-Major.

D'abord la *Libre Parole*: dès le lundi 28 octobre, sous la signature de M. Papillaud, elle annonce l'arrestation d'un officier pour crime de trahison.

Puis la *Patrie* et l'*Éclair* qui nomment l'officier israélite, le capitaine Dreyfus.

Le jeudi 1er novembre, l'article de la *Libre Parole* est intitulé : *Haute Trahison, arrestation de l'officier juif A. Dreyfus.*

Et, dès lors, le torrent est déchaîné, le crime judiciaire va s'ébaucher sous la pression des antisémites et de l'opinion publique, systématiquement trompée.

II

Je passe sur les incidents du procès, de l'instruction, sur l'épisode des prétendus aveux. Le capitaine Dreyfus est condamné, dégradé, déporté à l'Île du Diable. Quand le colonel Sandherr parle de cette condamnation, il l'appelle : « Le chef-d'œuvre de l'État-Major ». Parole sacrilège, alors même que le condamné eût été coupable !

Le colonel Sandherr est atteint de paralysie générale ; il est remplacé à la tête du service des renseignements par le colonel, alors commandant, Picquart. Le colonel Picquart découvre la trahison d'Esterhazy ; il en avise ses chefs : le général Billot, le général de Boisdeffre, le général Gonse ; il leur révèle que le bordereau qui a été attribué à Dreyfus est l'œuvre d'Esterhazy.

On connaît les résistances de l'État-Major, le mot horrible : « Ce n'est pas vous qui êtes à l'île du Diable ! » et l'admirable réponse du colonel : « Croyez-vous que je descendrai au tombeau avec un pareil secret sur la conscience ? »

Le colonel Picquart tient bon ; il écrit alors au général Gonse les lettres prophétiques qui ont été produites au procès Zola (septembre 1896).

Le général Gonse cherche à tirer l'affaire en longueur ; d'autres agissent. A tout prix, il faut sauver Esterhazy, consommer la perte de l'innocent qui est à l'île du Diable. Rien du procès de 1894 n'a transpiré encore. Le doute est né de ce mystère. Il faut tuer le doute en crevant le mystère.

Le 14 septembre, l'*Éclair* publie le fameux article qui raconte, en détail, l'instruction de l'affaire de M. du Paty de Clam, donne le texte du bordereau, révèle l'existence et la communication de la pièce secrète.

Tels que les publie l'*Éclair*, le récit de l'instruction est mensonger, le texte du bordereau est inexact, la pièce secrète est falsifiée par la substitution éhontée du nom de Dreyfus à l'initiale D...

Mais qui a pu faire cette communication à l'*Éclair* ?

Quelqu'un qui connaît l'instruction, qui a vu le bordereau, qui a vu la pièce secrète, qui sait qu'elle a été communiquée aux juges en dehors de l'accusé et de son défenseur.

Et qui peut être ce divulgateur, sinon un officier de l'État-Major général du ministère de la Guerre, un officier qui a été mêlé à l'instruction du procès Dreyfus, qui veut que Dreyfus soit et reste coupable ?

Ce singulier, d'ailleurs, pourrait être un pluriel ; mais il importe peu au raisonnement.

III

La révélation de l'*Eclair* avait pour objet de dissiper le doute naissant ; il l'augmente. Il en sera de même jusqu'à la fin, de toutes les divulgations officielles, de tous les coups de massue. En 1896, l'article de l'*Eclair* ; hier, le discours de M. Cavaignac.

Le jour même où paraît l'article de l'*Eclair*, le colonel Picquart écrit au général Gonse, en le lui envoyant : « Je crois devoir affirmer encore une fois qu'il faut agir sans retard ; si nous attendons encore, nous serons débordés, enfermés dans une situation inextricable, et nous ne trouverions plus les moyens d'établir la vérité vraie. »

Décidément cette grande conscience devient gênante. Le colonel Picquart est envoyé en mission, loin de Paris, d'abord à la frontière, puis en Afrique. Il remet son service au général Gonse. Et aussitôt arrive au ministère de la Guerre, par on ne sait quelle voie mystérieuse, à la veille de l'interpellation Castelin, le faux ridicule et grossier que le général de Pellieux a produit devant la cour d'assises de la Seine et M. Cavaignac à la tribune de la Chambre.

IV

L'interpellation Castelin a eu lieu, le ministre de la Guerre a eu son ordre du jour, le colonel Picquart a été éloigné de Paris. Il y a des gens cependant qui restent inquiets.

Avoir voulu la lumière, la vérité, la justice, est un crime qu'ils ne pardonnent pas. Picquart a commis ce crime. Il faut surveiller ce malfaiteur. Le bureau des renseignements, ce cabinet noir du ministère de la Guerre, ouvre ses lettres.

Dans l'une d'elles, du 20 novembre 1896, il est question de quelqu'un qu'on appelle le *demi-dieu* : quel peut être ce *demi-dieu* ? Évidemment, un personnage considérable qui s'intéresse, lui aussi, à la révision du procès Dreyfus. Ainsi raisonne celui qui a décacheté, ouvert, lu la lettre adressée au colonel Picquart. Celui qui raisonne ainsi, quel est-il ? Il n'y a qu'un officier, attaché au ministère de la Guerre, qui ait pu prendre connaissance de cette lettre.

Quelques jours après, le 15 décembre, une autre lettre est ouverte au cabinet noir. Elle porte, pour la première fois, la signature énigmatique, romanesque, de *Speranza*. Il y est question du « demi-dieu ». Mais comme celui qui a fabriqué cette lettre ignore que, dans la société de la comtesse de Comminges, c'est le commandant Lallemand qui est désigné sous ce nom, il fait jouer au « demi-dieu », dans cette lettre, le rôle étrange dont a rêvé sa propre imagination malade. Il fait écrire par *Speranza* au colonel Picquart : « Votre brusque départ nous a mis tous dans le désarroi, l'œuvre est compromise, parlez et le *demi-dieu* agira. »

Cette lettre, une fois décachetée, n'est pas recachetée au bureau des renseignements et réadressée au colonel Picquart. Le colonel eût découvert tout de suite l'imposture. Mais on la montre aux grands chefs comme la preuve des intrigues coupables de Picquart, de ses accointances avec un chef du futur *Syndicat*.

Cette lettre n'a pu être écrite, ce faux n'a pu être fabriqué que par un homme qui avait ouvert, décacheté, lu la première lettre où il était question du *demi-dieu*.

Et cet homme ne peut-être qu'un officier.

V

Près d'une année se passe. On a eu le temps de respirer : l'affaire est enterrée. Oui, mais comme une bombe. Au mois d'octobre, on apprend, à n'en pas pouvoir douter, au ministère de la Guerre, qu'elle va éclater de nouveau, que Scheurer-Kestner a acquis, lui aussi, la preuve de l'innocence de Dreyfus, qu'il va parler.

Alors, aussitôt, *Speranza* rentre en scène.

C'est le 20 octobre qu'Esterhazy prétend avoir reçu à la campagne une première missive de la « dame voilée », de *Speranza*, qui l'avertissait du danger menaçant. Esterhazy mentait ; il était, le 20 octobre, à Paris, depuis deux jours, chez Mlle Pays, ainsi qu'en témoigne une lettre d'Esterhazy à M. Autant, lettre qui a été produite devant le Conseil de guerre et à l'enquête Ravary ; il n'avait, par conséquent, reçu à la campagne, à la date indiquée par lui, aucune lettre signée *Speranza*.

Mais comment ce nom, ce même nom, se retrouvait-il dans sa bouche, ce nom qui avait figuré, pour la première fois, au bas de la fausse lettre, relative au *demi-dieu*, qui avait été adressée d'abord, puis décachetée au ministère de la Guerre, par un officier de l'État-Major?

VI

C'est cette même *Speranza* qu'Esterhazy aurait rencontrée, aux termes de sa déposition, devant le Conseil de guerre, le 29 octobre, puis le 1er novembre, au pont Alexandre III et au Sacré-Cœur. On n'a jamais, et pour cause, retrouvé ni la dame voilée, qui se défendait d'ailleurs, on ne sait pourquoi, d'avoir écrit la lettre du 20 octobre, ni le cocher qui l'a conduite. C'est elle qui lui remet le *document libérateur*, la photographie de la pièce secrète.

Le mystère de la dame voilée a occupé Paris et le monde pendant plusieurs mois. Aujourd'hui, ce serait faire injure, même au plus crédule, au plus naïf, que de discuter cette fable. Un seul point à retenir, mais celui-là capital : le nom de *Speranza* qu'Esterhazy a donné à sa prétendue informatrice, le nom qui figure dans la lettre du 15 décembre 1895, dans la lettre qui a été retenue par le cabinet noir du ministre de la Guerre.

Celui qui avertissait Esterhazy, qui lui donnait le document libérateur, connaissait donc cette lettre.

Et qui donc, sinon un officier de l'État-Major, aurait pu faire sortir de la caisse en fer du ministère de la Guerre la fameuse pièce secrète du procès Dreyfus?

VII

Mais suffit-il à ceux qui ont participé au crime judiciaire, qui veulent que Dreyfus soit et reste le Traître, qui craignent la lumière et qui tremblent devant l'immanente justice, leur suffit-il d'avoir averti et armé le véritable traître, le Uhlan, Esterhazy?

Non; il faut encore inquiéter, si possible, le principal témoin du futur procès en revision et, si on ne peut l'inquiéter, chercher à le compromettre, à le déshonorer.

De là, le 10 novembre, cinq jours avant la dénonciation de Mathieu Dreyfus, cinq jours avant que le nom d'Esterhazy ait été prononcé, les deux dépêches *Speranza* et *Blanche*.

Qui a fourni à l'expéditeur de ces dépêches le nom de *Speranza*? On le sait déjà. Qui lui a fourni le nom de *Blanche* sinon quelqu'un qui sait que ce nom est le prénom de la comtesse de Comminges?

Le cercle se restreint effroyablement.

La première dépêche est mal adressée : à Tunis où le colonel Picquart n'est plus depuis quelque temps; le nom du colonel y est mal orthographié, *Piquart*, sans c. Or, le même jour, le colonel Picquart recevait une lettre d'Esterhazy qui était également adressée à Tunis et où le nom du destinataire portait la même orthographe défectueuse.

Cette dépêche vient donc bien d'Esterhazy. Mais qui a pu parler à Esterhazy du *demi-dieu*, du *demi-dieu* de la lettre interceptée en 1896, le 20 novembre, par le ministère de la Guerre, du *demi-dieu* qui est le commandant Lallemand, officier d'ordonnance du général des Garets et qu'on voudrait faire passer, aux yeux du ministre qui verra la dépêche, à qui elle sera nécessairement remise, pour M. Scheurer-Kestner?

La dépêche est, en effet, ainsi conçue : « Arrêtez *demi-dieu*, tout est découvert, affaire grave. »

Mais celui qui a inspiré la première dépêche est informé, sans doute, qu'elle a été mal adressée et, le même jour, une seconde dépêche est adressée au colonel Picquart, cette fois à Sousse, où il se trouve, en effet, où l'on sait au ministère de la Guerre qu'il tient garnison, cette fois avec un nom correctement orthographié.

C'est cette dépêche qui est signée du nom de *Blanche*; donc, son auteur connaît Mlle de Comminges. Et elle est ainsi conçue : « On a des preuves que le *petit bleu* a été fabriqué par Georges »; donc, son auteur, le premier qui lança cette imposture, sait que la preuve de la trahison d'Esterhazy, c'est le *petit bleu* découvert par le colonel Georges Picquart en 1896.

S'il fallait une preuve décisive, irrécusable, de l'authenticité du *petit bleu*, et aussi de l'infamie de ceux qui accusent le colonel Picquart de l'avoir fabriqué, soit dit en passant, la voilà !

Mais qui donc pouvait parler du *petit bleu*, sinon un officier attaché au ministère de la Guerre, un officier au courant de l'enquête de 1896 ?

VIII

Le but que se propose l'auteur de ces dépêches est manifeste, il crève les yeux. Il sait que copie de cette dépêche sera transmise par l'administration des postes et télégraphes au ministère de la Guerre; le ministre la verra, il en conclura que Picquart est l'âme d'un infernal complot.

On se dit peut-être aussi que Picquart haussera les épaules, qu'il jettera ces dépêches au feu. Alors, plus tard, quand on l'interrogera, la destruction de ces dépêches sera invoquée contre lui comme l'aveu de son crime. S'il a détruit ces dépêches, c'est qu'il les savait redoutables, de nature à le perdre.

Or, tranquillement, tout de suite, le colonel Picquart, qui connaît ces drôles qui ne comprendront jamais cette grande âme, Picquart a communiqué les dépêches, avec la lettre d'Esterhazy, au général qui commande à Tunis et il en a envoyé les originaux au ministre de la Guerre : « Cela vient, lui écrit-il, du commandant Esterhazy ou de son entourage; je demande une enquête. »

L'*entourage* avait commis, en attendant, une autre sottise : il avait communiqué à la *Libre Parole*, qui les publiait en substance, les dépêches qu'il avait adressées au colonel. C'était avouer qu'on en était l'auteur.

IX

La démonstration est faite; il ne reste plus qu'à trouver les noms des complices d'Esterhazy.

C'est ce petit mot : « le demi-dieu », qui les perd, qui les perdra.

Faites votre devoir et laissez faire aux dieux!

disait le vieil Horace. Pour ces gens-là, un « demi-dieu » suffit.

III

OU L'ON RETROUVE LEMERCIER-PICARD

23 juillet 1898.

J'ai établi, à l'actif de M. Esterhazy ou de ses complices, l'existence de trois faux caractérisés :
1° La lettre *Speranza* du 15 décembre 1893 ;
2° La dépêche *Speranza* du 10 novembre 1896 ;
3° La dépêche *Blanche* de la même date, au soir.
Les faussaires ne s'en sont pas tenus là.

I

L'instruction de l'affaire Esterhazy, à la suite de la dénonciation de Mathieu Dreyfus, avait été confiée, le 15 novembre, au général de Pellieux. Le frère du condamné invoquait l'identité entre l'écriture d'Esterhazy et celle du bordereau.

Les protecteurs d'Esterhazy imaginèrent aussitôt la combinaison suivante : ils feraient tenir à l'un des membres du « Syndicat » une pièce accablante pour le commandant ; M. Scheurer-Kestner ou l'un de ses amis s'empresserait de porter cette pièce au général de Pellieux ; celui-ci aurait vite fait de reconnaître que cette pièce était un faux ; le « Syndicat » serait convaincu de l'avoir fabriqué, tout au moins d'en avoir fait usage ; une huée considérable se serait élevée ; toute l'œuvre de réparation se serait écroulée sous le ridicule et le Uhlan, ses amis, eussent été sauvés.

L'homme qui eut l'idée de cette machination avait, parmi ses relations, un faussaire émérite. Il fit fabriquer par lui une prétendue lettre chiffrée qui aurait été adressée, en 1893, à Esterhazy, par un diplomate allemand. Il lui dicta sa leçon : Lemercier-Picard — c'était le faussaire à gages — raconterait à l'un ou l'autre membre du « Syndicat » qu'il avait volé cette pièce à la maîtresse d'Esterhazy, que le ministère de la Guerre l'avait récompensé de ses services par la plus noire ingratitude et que, pour se venger, pour servir aussi une sainte cause, il lui livrait maintenant ce document décisif pour être remis au général de Pellieux.

II

La combinaison n'était pas mal imaginée ; elle ne péchait que par un point : il fallait, pour qu'elle réussît, que le membre du « Syndicat » auquel on s'adressait fût aussi naïf qu'un ministre de la Guerre et ne découvrît point le faux.

On sait ce qu'il en advint : Lemercier-Picard alla raconter son petit roman à un rédacteur du *Figaro* ; celui-ci alla trouver M. Joseph Reinach ; M. Reinach refusa de recevoir Lemercier-Picard, mais consentit à prendre connaissance du document ; la lettre dite « Otto » lui fut remise ; M. Reinach, au bout de cinq minutes, reconnut que le document était un faux ridicule ; il avisa ses amis du guet-apens qui lui avait été tendu et Lemercier-Picard revint bredouille auprès de celui qui l'avait envoyé.

Il est probable que le misérable fut mal reçu par l'auteur de la combinaison qui venait d'échouer si piteusement, et surtout mal payé. On avait d'autant plus sujet d'être mécontent de lui que, dans le récit qu'il avait été chargé de faire, il avait eu mission de mettre en cause un officier d'un rare mérite qui se trouvait, comme par hasard, être un ami du colonel Picquart. Le fourbe avait, en effet raconté que le jour où il avait dérobé à la maîtresse d'Esterhazy la pièce « Otto », le commandant était accompagné du capitaine M. M. Ce nom seul, qu'il est inutile d'imprimer pour le moment, aurait suffi à révéler l'imposture à ceux qui examinèrent le document fabriqué. Il n'avait d'ailleurs pas été étranger à la découverte qu'ils firent du piège qui leur était tendu. On avait voulu faire coup double ; le *ratage* était complet.

III

Quoi qu'il en soit de cette déception, Lemercier-Picard, qui ne voulait pas, lui, en être pour ses frais, essaya de tirer par ailleurs quelque argent de son papier, ou plutôt de la photographie qu'il en avait fait tirer. Faut-il raconter la suite ? Lemercier-Picard s'adressa à M. Rochefort, et lui débita que la pièce « Otto » avait été fabriquée par le « Syndicat ». Et, naturellement, le vieux marquis le crut sur parole. Lemercier-Picard lui soutira quelques billets de cent francs. M. Rochefort en a fait depuis l'aveu devant le tribunal correctionnel de la Seine.

Vers la fin du mois de décembre, M. Rochefort, tout

fier, mais ayant négligé sans doute de consulter ses amis de la rue Saint-Dominique, dénonça le faux du « Syndicat » et accusa M. Joseph Reinach d'avoir fabriqué la pièce pour perdre « le brave commandant ». M. Reinach répondit par le récit circonstancié de la façon dont il avait éventé le piège, intenta un procès en diffamation à M. Rochefort et porta plainte au parquet de la Seine contre le prétendu Lemercier-Picard et ses complices. « Et consorts », comme on dit en style de droit.

M. le marquis de Rochefort fut condamné à la prison et à l'amende.

Quant à Lemercier-Picard, bien qu'il ne se cachât point, la police ne réussit pas à le découvrir. Cet homme était évidemment détenteur de pas mal de secrets. Un beau jour on le trouva pendu, tout comme le prince de Condé, à l'espagnolette de sa fenêtre.

IV

Lemercier-Picard n'avait-il fabriqué que la fausse pièce « Otto »? En était-il à son coup d'essai?

Le philosophe Zadig, — qui reconnaissait à quelques traces sur le sable et parmi les arbres que le cheval du roi, cheval qui s'était échappé, qu'il n'avait jamais vu et dont il n'avait jamais entendu parler, avait le galop fort régulier, cinq pieds de haut, le sabot fort petit, une queue de trois pieds et demi de long, des bossettes d'or à vingt-trois carats à son mors et des fers d'argent à onze deniers, — le philosophe Zadig conclurait certainement que Lemercier-Picard avait dû déjà travailler pour le compte des amis d'Esterhazy.

Je ne suis pas, hélas! le philosophe Zadig. Je ne puis cependant m'empêcher de penser à la pièce que

M. le général de Pellieux a révélé à la Cour d'assises, que M. Cavaignac a eu le tort grave de porter à la tribune de la Chambre des députés. « J'ai lu — c'est le texte de cette pièce — « qu'un député va interpeller » sur Dreyfus. Si..., je dirais que jamais j'avais des » relations avec ce Juif. C'est entendu. Si on vous de- » mande, dites comme ça, car il ne faut pas que on » sache jamais personne ce qui est arrivé avec lui ». N'est-ce pas aussi bête que la pièce « Otto »?

Ce problème mériterait d'être soumis à quelque personne compétente, à un historien, par exemple, habitué à la critique des textes, ancien élève de l'École des Chartes. Peut-être, en cherchant bien, pourrait-on trouver cet Œdipe parmi les quarante, à l'Académie française.

IV

LES POINTS SUR LES I

24 juillet 1898.

La presse d'Esterhazy se tait ; mais cet aveu par le silence ne saurait suffire à la conscience publique.

Puisqu'il faut préciser, nous précisons.

Le complice en faux d'Esterhazy et de la fille Pays, c'est M. Du Paty de Clam.

L'officier qui a averti Esterhazy, qui a trahi, pour sauver le traître, le secret des enquêtes, qui a renseigné Esterhazy, qui l'a documenté, conseillé, conduit par la main, c'est M. Du Paty de Clam.

Le faussaire « Speranza », la « dame voilée », l'inventeur de tant de machinations criminelles, les unes odieuses, les autres stupides, c'est M. Du Paty de Clam.

Celui qui a fait sortir de la caisse secrète du ministère de la Guerre le « document libérateur », qui l'a donné à Esterhazy, c'est M. Du Paty de Clam.

L'inspirateur des dépêches « Blanche » et « Speranza », le complice de ces faux, c'est M. Du Paty de Clam.

Ce que nous disons aujourd'hui, les principaux membres du cabinet Brisson le savent, les principaux membres du cabinet Méline l'ont su.

Nous attendons.

V

L'AVEU PAR LE SILENCE

26 juillet 1898.

Nous avons publié avant-hier et republié hier la note suivante :

La presse d'Esterhazy se tait ; mais cet aveu par le silence ne saurait suffire à la conscience publique.

Puisqu'il faut préciser, nous précisons.

Le complice en faux d'Esterhazy et de la fille Pays, c'est M. Du Paty de Clam.

L'officier qui a averti Esterhazy, qui a trahi, pour sauver le traître, le secret des enquêtes, qui a renseigné Esterhazy, qui l'a documenté, conseillé, conduit par la main, c'est M. Du Paty de Clam.

Le faussaire « Speranza », la « dame voilée », l'inventeur de tant de machinations criminelles, les unes odieuses, les autres stupides, c'est M. Du Paty de Clam.

Celui qui a fait sortir de la caisse secrète du ministère de la Guerre le « document libérateur », qui l'a donné à Esterhazy, c'est M. Du Paty de Clam.

L'inspirateur des dépêches « Blanche » et «· Speranza », le complice de ces faux, c'est M. Du Paty de Clam.

Ce que nous disons aujourd'hui, les principaux membres du cabinet Brisson le savent, les principaux membres du cabinet Méline l'ont su.

Nous attendons.

Les journaux qui avaient déjà eu la prudence de ne pas reproduire les lettres de Mme de Boulancy se sont pareillement abstenus de reproduire cette note.

A peine, dans le *Jour* d'hier, une allusion aussi voilée que la fameuse dame du pont Alexandre : « M. Du Paty de Clam, écrit le *Jour*, est peut-être l'auteur du télégramme adressé à Picquart. C'est possible, *et nous l'admettons*. Mais où est le mal ? »

« Où est le mal ? » est admirable. D'un trait de plume, le *Jour* efface le crime de faux que le Code pénal punit seulement des travaux forcés.

Le crime de faux, qu'est-ce que cela? Bagatelle.

Et le *Jour* passe à d'autres exercices.

Mais, dans tout le reste de la presse d'Esterhazy, la consigne est de se taire. Silence dans le rang !

L'idée seule de faire connaître à leurs lecteurs, systématiquement trompés par eux depuis de longs mois, une faible parcelle de la vérité, glace ces journaux d'effroi.

Ils ont, pour la vérité, l'horreur des oiseaux de nuit pour la lumière.

Des déductions irréfutables que nous avons tirées des pièces du procès Esterhazy et du procès Zola, pas un mot ; des conclusions résumées dans notre note, pas un mot.

Même pas une injure !

Comment nous injurier à ce propos sans dire pourquoi, sans exposer, sans résumer au préalable l'ensemble de preuves accablantes, des irréfutables témoignages que nous avons fait sortir en faisceau des comptes rendus du procès Zola et du procès Esterhazy ?

Alors mieux vaut, à la réflexion, se taire, organiser la conspiration du silence, ravaler à la fois l'envie d'injurier les défenseurs de la vérité — et la peur, tous les jours plus angoissante, de l'imminente justice.

Car elle marche, la divine Boiteuse, elle avance, lentement, à coup sûr, mais sûrement ; elle est en vue ; la voilà !

M. le colonel Picquart, en déposant, au mois de janvier, sa première plainte contre les auteurs des télégrammes *Speranza* et *Blanche*, l'avait déposée seulement contre *inconnu*.

Le premier X du problème a été dégagé il y a quinze jours : c'est Esterhazy avec, pour complice, la fille Pays.

Le second X s'est dégagé depuis ; hier, du fond de sa prison, le colonel Picquart a déposé une seconde plainte, relative, elle aussi, aux faux dont sont déjà inculpés Esterhazy et sa maîtresse. Cette plainte vise M. Du Paty de Clam.

Est-ce que l'on va chercher, sur cette plainte aussi, à continuer la conspiration du silence ?

Et M. Du Paty de Clam, que fait-il ?

Ne lit-il que l'*Intransigeant* ? N'a-t-il pas lu le *Siècle* ? Ne s'est-il pas trouvé quelque ami complaisant pour l'avertir, pour lui mettre le *Siècle* sous les yeux ?

Est-ce qu'il n'y aurait plus d'huissiers dans la bonne ville de Paris ?

Ce n'est pas que le silence de M. Du Paty de Clam nous soit pénible : ce silence est un aveu.

Aux faits acquis, définitivement acquis, pertinemment établis, il faut ajouter celui-ci :

M. Du Paty de Clam se tait, il avoue.

VI

TEMPORA SI FUERINT...

27 juillet 1898.

I

Il n'y a plus que M. Cavaignac qui paraisse ignorer la note du *Siècle* ; nous nous reprocherions de ne pas la reproduire, une fois de plus, pour l'édification de M. le ministre de la Guerre :

Puisqu'il faut préciser, nous précisons.
Le complice en faux d'Esterhazy et de la fille Pays, c'est M. Du Paty de Clam.
L'officier qui a averti Esterhazy, qui a trahi, pour sauver le traître, le secret des enquêtes, qui a renseigné Esterhazy, qui l'a documenté, conseillé, conduit par la main, c'est M. Du Paty de Clam.
La faussaire « Speranza », la « dame voilée », l'inven-

teur de tant de machinations criminelles, les unes odieuses, les autres stupides. c'est M. Du Paty de Clam.

Celui qui a fait sortir de la caisse secrète du ministère de la Guerre le « document libérateur », qui l'a donné à Esterhazy, c'est M. Du Paty de Clam.

L'inspirateur des dépêches « Blanche » et « Speranza », le complice de ces faux, c'est M. Du Paty de Clam.

Ce que nous disons aujourd'hui, les principaux membres du cabinet Brisson le savent, les principaux membres du cabinet Méline l'ont su.

Nous attendons.

Quelques-uns insinuent que M. Du Paty de Clam serait l'ami ou le parent de M. Cavaignac. Je n'en sais rien. Je me plais à croire qu'une considération de ce genre ne pèserait point dans son esprit.

II

En attendant, il a bien fallu que la presse d'Esterhazy se décide à parler. Les conspirations du silence les mieux ourdies, n'ont jamais duré plus de trois jours.

Il y a dans les *Châtiments*, entre cent autres, une pièce admirable qui commence ainsi :

Ah! tu finiras bien par hurler...

Je serais coupable d'exagération si je disais de la presse d'Esterhazy qu'elle a hurlé. *Vox faucibus hæsit*, dirait M. le Président du Conseil. Elle a fait, visiblement, un gros effort pour parler de nos articles. Le morceau a été dur, terriblement dur à avaler. La voix est faible, comme brisée. L'aveu, d'ailleurs, s'y complique d'un lâchage. Ces gens-là ont élevé le « Bonsoir, messieurs! » à la hauteur d'un principe. Hier, c'était

Esterhazy. M. le marquis de Rochefort jurait, sur la tête de ses ancêtres, qu'il n'avait jamais échangé qu'un coup de chapeau avec cet individu ; de l'argent qu'il avait donné au « brave commandant » pour payer les frais de son procès, il n'avait plus aucun souvenir. M. Vervoort a fait un non moins profond plongeon dans l'eau du Léthé ; il sait à peine le nom de celui qui fut l'hôte quotidien des bureaux du *Jour*. Enfin, M. Drumont ne se souvient pas plus de la collaboration d'Esterhazy à la *Libre Parole*, collaboration qui a été attestée par la fille Pays à un rédacteur de la *Croix*, que de sa propre collaboration au journal des mouchards Stamir et Marchal de Bussy.

Aujourd'hui c'est Du Paty de Clam qu'on abandonne.

III

On connaît l'article du *Jour*. Le *Jour* ne nie pas que M. Du Paty de Clam soit le complice d'Esterhazy et de la fille Pays dans la fabrication des dépêches *Blanche* et *Speranza*. « C'est possible, dit-il, et nous l'admettons. Mais où est le mal ? »

J'ai déjà expliqué au *Jour* que le Code pénal punit des travaux forcés le crime de faux. La Cour de cassation, la jurisprudence, avec une rare unanimité, reconnaissent l'existence du faux aussi bien dans la contrefaçon d'un nom imaginaire que dans celle d'un nom connu. Ces faussaires ont commis ces deux crimes ; la dépêche *Speranza* est un faux par emploi d'un nom imaginaire ; l'autre dépêche, la dépêche *Blanche*, est un faux par emploi d'un nom connu. *Blanche*, est le prénom de Mlle la comtesse de Comminges. Esterhazy l'ignorait ; Du Paty le savait. Du Paty a fait envoyer au colonel Picquart, à Sousse, la dépêche signée *Blanche*, dans l'intention manifeste de déshonorer le colonel aux yeux du ministre de la guerre. Le crime est patent, incontestable.

« Mais, dit le *Jour*, si Du Paty a fourni des armes à Esterhazy pour le défendre contre ceux qui voulaient sa perte, il a agi selon son droit. » On avouera que ce droit est nouveau. Nous avons accusé Du Paty d'avoir fait sortir de la caisse secrète du ministère de la Guerre le document libérateur et de l'avoir donné à Esterhazy. C'était son droit, dit le *Jour*.

Il conviendrait de savoir au plus tôt, sur ce point, l'avis de M. le Président du Conseil et de M. le ministre de la Guerre.

Au début de la campagne, les amis d'Esterhazy et de Du Paty accusaient le colonel Picquart d'avoir dérobé ce document qu'une femme jalouse lui aurait ensuite volé pour le donner au brave commandant.

Alors, c'était un crime. Aujourd'hui c'est un droit.

Comment en un or pur le plomb s'est-il changé?

Et la dame voilée, personne n'en parle plus. On reconnaît donc que la dame voilée est un mythe, que *Speranza* et *Du Paty*, c'est une seule et même personne.

IV

L'argument de l'*Intransigeant* est plus faible encore que celui du *Jour* : « Ou, dit-il, c'est le colonel Du Paty de Clam qui est l'auteur des dépêches, et alors pourquoi l'arrestation du commandant Esterhazy? Ou c'est M. Esterhazy que vous continuez à soupçonner, et alors pourquoi l'arrestation de M. Du Paty de Clam? »

Il n'entre pas, comme on voit, dans la tête de l'*Intransigeant* que l'on puisse se mettre à plusieurs pour commettre un crime et qu'il existe des complicités. Esterhazy n'a pas été seul inculpé ; la fille Pays a été arrêtée avec lui. Cela fait déjà deux faussaires. Du Paty est, tout simplement, le troisième.

Observez au surplus que, toujours au début de la campagne, l'*Intransigeant*, comme le *Jour* et la *Libre Parole*, accusaient Scheurer-Kestner d'être l'auteur de ces dépêches qu'ils avaient connues les premiers.

Qui donc avait fait ce mensonge à MM. Drumont et Rochefort ?

Ils fréquentaient alors assidûment le Uhlan. Le Ulhan n'était alors qu'un misérable ; il n'était pas encore malheureux. Ils ne l'avaient pas encore laissé seul.

V

Il faut rendre à la *Libre Parole* cette justice que son dilemme est moins boiteux que celui de l'*Intransigeant*. « Ou bien, dit-elle, Du Paty est réellement le faussaire, ou bien la bande des traîtres ment avec son impudence et son audace habituelles. Dans la première hypothèse, il faut arrêter résolument, sans pitié, le colonel Du Paty de Clam et le frapper impitoyablement, ainsi que ses complices, quels qu'ils soient. Dans la seconde, il faut mettre la main au collet des dénonciateurs, et les envoyer sans retard au bagne qui devrait être déjà préparé pour les recevoir ».

Ces choses sont dites, comme on voit, avec une délicatesse extrême. Nous sommes d'ailleurs, sur la position de la question, tout à fait d'accord avec la *Libre Parole*. Ou nous sommes des calomniateurs, et il faut nous poursuivre ; ou Du Paty est un faussaire, et il le faut frapper impitoyablement, « ainsi que ses complices, quels qu'ils soient ».

M. Drumont serait-il, par hasard, informé que Du Paty a des complices, autres qu'Esterhazy et la fille Pays, qu'il n'aurait pas agi de sa seule initiative?

Il est certain, en effet, qu'à moins d'avoir crocheté la caisse secrète du ministère de la Guerre, Du Paty a reçu de quelqu'un, au bureau des renseignements, le document libérateur.

Aussi bien la *Libre Parole* ne dit-elle pas, comme le *Jour* : « Où est le mal? » Elle convient que l'acte dont Du Paty, Esterhazy et la fille Pays sont accusés est un crime. S'ils ont commis réellement ce crime, qu'ils soient, dit-elle, « frappés impitoyablement ainsi que leurs complices ».

Or, ce crime, ils l'ont commis.

VII

LES LETTRES DE LA DAME VOILÉE

28 juillet 1898.

I

Nous avons établi, preuves en mains, les faits suivants :

Le complice en faux d'Esterhazy et de la fille Pays, c'est M. Du Paty de Clam.

L'officier qui a averti Esterhazy, qui a trahi, pour sauver le traître, le secret des enquêtes, qui a renseigné Esterhazy, qui l'a documenté, conseillé, conduit par la main, c'est M. Du Paty de Clam.

Le faussaire « Speranza », la « dame voilée », l'inventeur de tant de machinations criminelles, les unes odieuses, les autres stupides, c'est M. Du Paty de Clam.

Celui qui a fait sortir de la caisse secrète du ministère de la guerre le « document libérateur », qui l'a donné à Esterhazy, c'est M. Du Paty de Clam.

L'inspirateur des dépêches « Blanche » et « Speranza », le complice de ces faux, c'est M. Du Paty de Clam.

Aucun démenti n'est intervenu, n'a même été tenté.

Cependant la presse d'Esterhazy, — notamment le journal où M. le commandant Pauffin de Saint-Morel porta, dans une occasion fameuse, le drapeau du bureau des renseignements, — l'*Intransigeant* annonce pour aujourd'hui une surprise.

Quelle surprise ? L'aveu officiel, non plus seulement l'aveu par le silence, de la complicité de Du Paty dans le crime de faux pour lequel Esterhazy et la fille Pays sont déjà inculpés ? Cet aveu n'étonnerait que ceux qui comptent sur le gouvernement d'aujourd'hui pour couvrir, comme les couvrait le gouvernement d'hier, des crimes patents, indéniables, cent fois démontrés. On escompte donc autre chose, — tout simplement l'escamotage de l'instruction, la clôture de l'instruction, par ordre, avant qu'aient été entendus tous les témoins, avant que le principal accusé — c'est Du Paty de Clam — ait été mis sur la sellette, ailleurs que devant l'opinion, avant que tous les documents, toutes les preuves soient sortis de leur cachette.

II

Il est acquis que la dame voilée, c'est Du Paty. Il ne faudrait pas en conclure cependant que ce soit Du Paty qui ait écrit les lettres de la dame voilée et de Speranza.

Esterhazy, devant le conseil de guerre, a déclaré

(audience du 10 janvier) avoir reçu une lettre de *Speranza* et plusieurs lettres de la dame voilée.

La première à la date du 20 octobre 1897.

Esterhazy prétendait l'avoir reçue à la campagne. J'ai déjà montré que c'était un mensonge. Le 20 octobre, ainsi qu'en témoigne une lettre, fréquemment reproduite, d'Esterhazy à M. Autant, le Uhlan était à Paris. Ce n'est donc pas à la campagne qu'il aurait reçu cette lettre.

Je dis bien : « Ce n'est pas à la campagne qu'il l'aurait reçue. » *Cela ne signifie pas qu'il l'aurait reçue à Paris ni ailleurs.* En passant, je signale seulement un premier mensonge.

III

Cette lettre disait — je cite textuellement la réponse d'Esterhazy au général de Luxer — « que le lieute-
» nant-colonel Picquart avait soudoyé des soldats du
» régiment d'Esterhazy pour avoir de son écriture et
» qu'il avait constitué un dossier dans lequel il y avait
» des pièces fausses. »

Il n'y avait qu'un officier d'État-Major qui pût fournir les éléments de cette assertion d'Esterhazy.

Il était faux que le colonel Picquart eût soudoyé des soldats pour avoir de l'écriture d'Esterhazy; mais il était exact que le colonel Picquart s'était procuré des spécimens de cette écriture. « Avec l'assentiment de
» mes chefs, a dit le colonel au procès Zola (t. I, p. 285),
» j'allai trouver le colonel du régiment auquel appar-
» tenait le commandant Esterhazy. Je lui demandai
» des spécimens de son écriture; il me les remit sous
» forme de lettre ayant trait au service. »

Il était faux que le colonel Picquart eût introduit

des pièces fabriquées dans le dossier d'Esterhazy ; mais il était exact qu'il avait constitué un dossier de cet officier.

« Je n'avais jamais entendu parler, dit plus loin Esterhazy, du colonel Picquart. » Qui donc, sinon Du Paty, pouvait informer Esterhazy que le colonel Picquart avait constitué, un an auparavant, un dossier contre lui et réuni des spécimens de son écriture ?

Si Du Paty a été découvert, livré, trahi par quelqu'un, c'est donc par Esterhazy lui-même.

IV

Une autre preuve que la prétendue *Speranza*, dont Esterhazy disait avoir reçu l'avis le 20 octobre, n'est autre que Du Paty, résulte de l'allégation que le dossier, réuni par le colonel Picquart, contenait des pièces fausses.

Quelles pièces fausses ? *Le petit bleu*.

Ce n'est donc pas dans la dépêche *Blanche* du 10 novembre qu'apparaît pour la première fois l'infâme accusation que « Georges aurait fabriqué le petit bleu ».

Cette dépêche, qui ne peut émaner que de Du Paty, qui émane de lui, — le fait est acquis, — n'est ainsi que la réédition de l'avis qu'Esterhazy prétend avoir reçu, le 20 octobre, à la campagne, où il n'était pas, de la *Speranza* qu'il avait inventée. C'est sur cet avis qu'il a brodé sa réponse, du 10 janvier, au général de Luxer.

C'est, par conséquent, le même individu qui a stylé Esterhazy en octobre, sous le nom de *Speranza*, et qui a dicté, en novembre, la dépêche *Blanche*.

Conséquent avec lui-même, il reprenait, en octobre

1897, ce nom de *Speranza* dont il s'était servi un an auparavant, le 15 décembre 1896, pour la fausse lettre au colonel Picquart, la lettre où il prônait le *demi-dieu* pour un chef du « Syndicat ».

V

Esterhazy, devant le Conseil de guerre, a déclaré avoir reçu, outre la lettre de *Speranza*, des lettres de la *dame voilée*. L'une, lettre ou carte-télégramme, à la date du 24 octobre, lui donnant rendez-vous au pont Alexandre III. Une autre, au cours de l'enquête du général de Pellieux, lui fixant une nouvelle entrevue, où il ne put se rendre, « parce qu'il était entouré d'une collection d'immondes gredins qui l'enveloppaient et le suivaient botte à botte ».

Il affirmait, au surplus, que la dame voilée n'était pas *Speranza*.

Pourquoi Esterhazy a-t-il tenu à préciser que la dame voilée et *Speranza*, cela faisait deux femmes? Ce n'était peut-être pas simplement pour compliquer son roman. Quoi qu'il en soit, il l'a déclaré :

— « Vous avez été avisé, lui dit le général de Luxer, de la campagne, entreprise contre vous, par cette dame? »

ESTERHAZY. — Par deux personnes : par l'auteur de la lettre signée *Speranza* et par la dame voilée.

LE GÉNÉRAL DE LUXER. — Reconnaissez-vous cette lettre?

ESTERHAZY. — C'est la lettre que j'ai reçue à la campagne, à Sainte-Menehould.

LE GÉNÉRAL DE LUXER. — Croyez-vous que la dame voilée soit l'auteur de cette lettre?

ESTERHAZY. — Non, mais elle est l'auteur de la seconde lettre donnant le rendez-vous.

Le général de Luxer. — Du reste, ces lettres sont écrites de la même façon. »

Comment Esterhazy sait-il que *Speranza* n'est pas la dame voilée, que ce n'est pas la dame voilée qui lui a écrit à la campagne ? « C'est, dit-il, qu'il a demandé à la dame voilée, quand il l'a vue au pont Alexandre III, si c'était elle qui lui avait écrit à la campagne et qu'elle lui a répondu qu'elle ne savait pas ce qu'il voulait dire. » (Audience du 10 janvier, p. 124 de la brochure Yves Guyot, *la Révision du procès Dreyfus*.)

En tout cas, la dame voilée lui donna « des renseignements pareils à ceux de la lettre signée *Speranza* sur le colonel Picquart et sur ce qui devait se produire ».

Elle lui fixa ensuite l'entrevue où elle devait lui remettre le document libérateur.

VI

Je ne ferai à personne l'injure de discuter de pareilles calembredaines ; il n'est pas besoin de démontrer que la dame voilée, — dont la police n'a jamais retrouvé, ni d'ailleurs recherché, le cocher, — n'a pas plus existé que *Speranza* dont Esterhazy n'a jamais pu recevoir la lettre à la campagne où il n'était plus. Il serait également superflu de démontrer que les renseignements, étrangement identiques, qui auraient été fournis à Esterhazy tant par la dame voilée que par *Speranza*, ne lui ont été donnés que par Du Paty.

C'est l'évidence, c'est clair comme la lumière du jour.

Il n'en reste pas moins que, si *Speranza* et la dame voilée n'ont jamais existé que dans l'imagination de

Du Paty et dans la crédulité des badauds, Esterhazy a produit devant la justice une lettre signé *Speranza* et des lettres de la dame voilée.

Esterhazy a remis ces lettres au général de Pellieux ; le général de Pellieux les a transmises au commandant Ravary ; Ravary les a transmises, à son tour, au général de Luxer, qui, le 10 janvier, à l'audience du Conseil de guerre, les avait sur son bureau et les a montrées publiquement (le huis clos n'était pas encore prononcé) à Esterhazy.

Je n'étais pas là quand Esterhazy a remis ces lettres au général de Pellieux ; mais le général de Luxer n'a pu les produire à l'audience publique du 10 janvier que parce qu'il les avait trouvées dans le dossier Ravary ; et Ravary enfin ne pouvait les tenir que du général de Pellieux qui ne pouvait les tenir que d'Esterhazy.

Donc, ces lettres existaient encore à la date du 10 janvier. « Reconnaissez-vous cette lettre ? » disait le général de Luxer à Esterhazy en lui montrant la lettre *Speranza*. Et Esterhazy la reconnaissait. Et quand Esterhazy dit que *Speranza* n'était pas l'auteur de la seconde lettre donnant le rendez-vous : « Du reste, reprit le général de Luxer, *ces lettres sont écrites de la même façon.* »

Du moment qu'il résulte des déclarations du général de Luxer qu'il avait ces lettres, le 10 janvier, sur son bureau, il faut que ces lettres existent, aujourd'hui encore, au ministère de la guerre, où elles ont dû être déposées, comme faisant partie intégrante du dossier Esterhazy, avec les autres pièces de ce dossier.

Si ces lettres n'existaient plus, il faudrait en effet qu'elles eussent été brûlées ou détruites.

Celui qui les aurait détruites ou brûlées aurait commis un crime.

Non seulement il aurait commis un crime, prévu par le Code pénal (article 439) et qui entraîne la réclusion, mais, par cette destruction même, il aurait manifesté de sa terreur de voir examiner ces lettres par un juge plus averti que l'honorable général de Luxer.

Je veux croire que les lettres de la *Dame voilée* et de *Speranza* n'ont pas été détruites, que ce crime n'a pas été commis.

VII

Mais, d'autre part, si cet autre crime n'a pas été commis, il est indispensable que ces lettres soient versées au dossier du juge instructeur et que celui-ci, avant de clore son instruction, procède à une enquête à leur sujet, tâche d'en retrouver l'auteur, les présente aux accusés et aux témoins.

Si ces lettres n'étaient pas versées à l'instruction par M. le ministre de la Guerre, l'enquête, selon une expression du général de Pellieux, qui fit fortune en son temps, « l'enquête ne serait ni complète ni loyale ».

M. le Président du Conseil, M. le ministre de la Justice, M. le ministre de la Guerre doivent vouloir que l'instruction soit loyale et complète.

Or, à cette heure, les lettres ne sont pas à l'instruction, puisque l'avocat de M. le colonel Picquart a dû réclamer, hier, qu'elles y soient versées.

J'ajoute d'ailleurs que ni le commandant Esterhazy, qui les a remises au général de Pellieux, ni le colonel Du Paty de Clam, qui en avait fourni le thème, ne sont assez naïfs pour avoir écrit, eux-mêmes, ces lettres.

Celui qui accuserait le colonel Du Paty de Clam et le commandant Esterhazy d'avoir écrit eux-mêmes ces lettres, méconnaîtrait leur génie.

Il faut toujours dire la vérité, rien que la vérité.

Je n'ai dit que la vérité. A d'autres, il incombe de la dire tout entière. On sait aujourd'hui qui a écrit ces lettres, après coup, sous la dictée même du commandant Esterhazy.

VIII

LE POINT DE DROIT

---

30 juillet 1898.

I

Le fait capital, décisif, qui domine l'ordonnance rendue hier par M. Bertulus, c'est l'attribution à Du Paty de Clam, soit comme auteur principal, soit comme complice, des deux faux, qui avaient motivé la plainte de M. le colonel Picquart.

Il résulte, *en fait*, de cette ordonnance :

1° Que Du Paty a été le complice d'Esterhazy et de la fille Pays dans la confection de la dépêche *Speranza*;

2° Que Du Paty est l'auteur principal de la dépêche *Blanche*.

Ces deux dépêches, comme je l'ai précédemment démontré, et c'est l'évidence, constituent, dans toute la force du terme, le crime de *faux* que le Code pénal punit des travaux forcés.

Je rappelle que ces crimes ont été commis à Paris, le 10 novembre dernier, cinq jours avant la dénonciation de Mathieu Dreyfus, cinq jours avant que le nom d'Esterhazy ait été prononcé, dans le double dessein d'intimider le colonel Picquart, qui avait découvert le crime d'Esterhazy et l'innocence du capitaine Dreyfus, et de le compromettre aux yeux du ministre de la guerre.

Ils ont été commis par la fille Pays, pour sauver son amant, — par Esterhazy, pour se sauver lui-même, — par Du Paty pour sauver Esterhazy, empêcher la revision du procès Dreyfus et échapper à la conséquence des méfaits, peut-être des crimes, qu'il avait lui-même précédemment commis.

Ces crimes de faux sont tenus pour avérés par M. le Juge d'instruction Bertulus. Sur la question de fait, point de doute, point de contestation.

II

Reste la question, non pas de droit, mais seulement de compétence : par qui, (par la justice militaire ou par la justice civile), Du Paty, auteur principal ou co-auteur de ces faux, doit-il être jugé ?

L'ordonnance de M. Bertulus retient la plainte du colonel Picquart contre Du Paty sur le faux *Speranza*, comme complice.

Ce faux a été commis par Marguerite Pays en qualité d'auteur principal.

Comme il ne suffit pas d'être la maîtresse d'un officier pour être justiciable des tribunaux militaires, la fille Pays entraîne devant la juridiction civile, dont elle relève, *par application de l'article 76 du Code de justice militaire*, ses deux complices, Esterhazy et Du Paty;

En ce qui concerne le faux *Blanche*, faux à la fabrication duquel la fille Pays n'a point contribué, le juge d'instruction se déclare incompétent.

Il ne conteste pas la matérialité des faux commis par Du Paty; il estime que, la fille Pays n'y ayant point participé, Du Paty relève, de ce chef, de la justice militaire.

C'est contre cette décision que M. le colonel Picquart a fait opposition.

J'estime que M. Bertulus a fait erreur, qu'il est compétent pour connaître du faux *Blanche*. On voudra bien me suivre, pendant quelques instants, dans ce que M. le procureur général Bertrand, pour rendre hommage, sans doute, au Corse aux cheveux plats qui est l'auteur du Code, appelle « le maquis de la procédure ».

III

Le motif qu'allègue M. Bertulus pour se déclarer incompétent sur le faux *Blanche* tient, exclusivement, dans cette considération que ce faux n'a qu'un seul et unique auteur : Du Paty de Clam, en activité de service. Dès lors, en vertu de l'article 58 du Code militaire, Du Paty ne relèverait que de la justice militaire, seule compétente pour juger les crimes commis par des officiers sous les drapeaux.

Je réponds :

Rien de plus exact, si *un seul faux* avait été commis.

Si la dépêche *Speranza* n'existait pas, si M. Bertulus ne se trouvait en présence que de la dépêche *Blanche*, l'honorable juge d'instruction aurait incontestablement raison : il serait tenu par l'article 88 du Code militaire, il serait incompétent. C'est devant les tribunaux militaires que Du Paty devrait être appelé à rendre ses comptes.

Mais il n'y a pas que le faux *Blanche* où la fille Pays n'a point, en effet, collaboré ; il y a le faux *Speranza* qui est connexe au faux *Blanche* et qui a, lui, trois auteurs : la fille Pays, Du Paty et Esterhazy. Et dès lors, l'article 88 du Code militaire se trouve dominé par l'article 227 du Code d'instruction criminelle.

« Les *délits*, dit cet article, *sont connexes*, soit lorsqu'ils ont été commis en même temps par plusieurs personnes réunies, *soit lorsqu'ils ont été commis par différentes personnes, même en différents temps et en divers lieux, mais par suite d'un concert formé à l'avance entre elles*, soit lorsque les coupables ont commis les unes pour se procurer les moyens de commettre les autres, pour en faciliter, pour en consommer l'exécution et pour en assurer l'impunité. »

La seule question qui se pose est donc de savoir si le faux *Blanche* est ou non connexe du faux *Speranza*.

S'il n'y a pas connexité, M. Bertulus a eu raison de se déclarer incompétent.

Si, au contraire, il y a connexité, M. Bertulus est compétent pour connaître le faux *Blanche* comme le faux *Speranza*. C'est la Cour d'assises, c'est la juridiction de droit commun qui l'emporte et qui s'impose.

Pas de doute, ici, sur le point de droit : c'est une question de fait.

IV

Or, la question de fait est d'une simplicité extrême; il est manifeste que les deux crimes de faux, dont s'agit, ont bien été commis dans les conditions où l'article 227 du Code d'instruction criminelle dit qu'il y a connexité.

Le faux *Speranza* et le faux *Blanche*, s'ils ont été commis, en effet, par différentes personnes, puisque Du Paty aurait seul contribué au second de ces crimes, en différents temps, puisque la dépêche *Speranza* est antérieure de quelques heures à la dépêche *Blanche*, — l'ont été, d'autre part, dans le même lieu, à Paris, et *par suite d'un concert formé à l'avance entre plusieurs personnes réunies* qui sont la fille Pays, Du Paty et Esterhazy.

Le concert, concert frauduleux, est incontestable.

La première dépêche, la dépêche *Speranza*, a été mal adressée, à Tunis, où le colonel Picquart n'est plus depuis quelque temps, et le nom de cet officier y a été mal orthographié. Les indications de Du Paty, qui a combiné le coup, ont été inexactement suivies : Esterhazy et la fille Pays ont écrit *Tunis* pour *Sousse*; Esterhazy, qui a l'habitude d'écrire le nom du colonel Picquart sans c, a mal guidé la main de sa maîtresse.

Dès lors, quand, dans la soirée, Du Paty est mis au courant de l'erreur commise, il fait aussitôt une autre dépêche, celle-là bien adressée, celle-là bien orthographiée, et il l'expédie à la suite de la première.

S'il n'y a pas là *connexité*, il faut rayer ce mot du Code et du dictionnaire; s'il n'y a pas là « un crime commis par suite d'un concert formé à l'avance entre

» plusieurs personnes », je ne sais plus ce que les mots veulent dire.

En résumé, les deux dépêches *Blanche* et *Speranza* ne sont que les manifestations d'un seul et même crime de faux commis par Marguerite Pays, Du Paty et Esterhazy. La fille Pays doit entraîner ses deux complices devant la juridiction de droit commun.

V

Comment, en ce qui concerne la dépêche *Speranza*, M. le procureur de la République peut-il contester maintenant que la cour d'assises ne serait pas compétente, que le complice civil n'entraînerait pas devant la juridiction de droit commun ses co-auteurs? C'est une thèse qui renverse tous les textes de loi; or, le texte de l'article 76 du Code militaire est formel « Lorsque, dit-il, la poursuite d'un crime, d'un délit
» ou d'une contravention comprend des individus non
» justiciables des tribunaux militaires et des militaires
» ou autres individus justiciables de ces tribunaux,
» *tous les prévenus indistinctement sont traduits devant*
» *les tribunaux ordinaires.* » M. le procureur de la République ignore-t-il cet article 76? Évidemment non. Conteste-t-il que la fille Pays soit l'auteur principal du faux? Il irait, sans doute, au-devant des plus fâcheux démentis.

Je ne pense point, en tout cas, qu'il puisse se trouver quelque part quelqu'un qui aurait peur, dans un pareil débat, de la juridiction de droit commun, de la magistrature démocratique qu'est le jury, de la grande lumière de la cour d'assises. Montrer une pareille peur, ce ne serait pas proclamer d'avance la culpabilité des seuls accusés.

Ce serait aussi faire injure à la justice militaire que de paraître attendre d'elle, sinon un acquittement par ordre, du moins la plus honteuse des complaisances.

IX

PAGE D'HISTOIRE

31 juillet 1898.

J'écris ce résumé pour les lecteurs qui n'aiment pas les détails et qui ne se souviennent pas toujours des incidents antérieurs à ceux du jour. Il est probable que l'histoire ne s'expliquera pas fort différemment sur l'affaire Du Paty de Clam.

I

Au mois d'avril 1894, un agent secret du ministre de la Guerre lui apporta une lettre qu'il avait soustraite à l'ambassade d'Allemagne. Cette lettre énumérait un certain nombre de documents que son auteur envoyait ou offrait à l'attaché militaire prussien, le colonel de Schwarzkoppen. L'auteur de cette lettre, qui n'était pas signée, qu'on appela le bordereau, ne pouvait être qu'un officier.

Quand l'État-Major eut ce bordereau, il décida tout de suite que l'officier qui l'avait écrit devait appartenir à l'Etat-Major. Un examen un peu attentif aurait, au contraire, dû conduire à la conclusion que le traître était un officier de troupe.

L'Etat-Major ouvrit une enquête préliminaire; elle consista à examiner les écritures des officiers employés dans les bureaux, à les comparer avec celle du bordereau.

Le 5 octobre, le ministre de la Guerre fit appel à un officier qui passait pour avoir des connaissances graphologiques, le commandant Du Paty de Clam. Cet officier avait été gravement compromis, quelque temps auparavant, dans une vilaine histoire de lettres anonymes; il s'occupait de spiritisme; son cerveau était détraqué; il voyait des espions partout, jusque dans sa propre famille. Il était, de plus, violemment antisémite. Il affirma, après deux jours d'examen, que le bordereau était de l'écriture d'un officier juif, le capitaine Alfred Dreyfus.

Le chef du bureau des renseignements était un colonel Sandherr qui était, lui aussi, antisémite et dont le cerveau était également malade : il devait mourir, peu après, de paralysie générale. Sandherr accueillit avec joie les conclusions de Du Paty.

Le 9 octobre, M. Gobert, expert à la Banque de France, fut commis à fin d'examen. Il conclut que le bordereau n'était pas de l'écriture du capitaine Dreyfus. Ce rapport, remis le 13 au matin, ne faisait l'affaire ni de Sandherr ni de Du Paty. Les pièces furent envoyées aussitôt à M. Bertillon, qui n'était pas expert et qui était, lui aussi, un maniaque, bien que d'une autre espèce que Du Paty et Sandherr. Le soir même, M. Bertillon déclara que le bordereau était l'œuvre du capitaine Dreyfus.

Avant même que M. Bertillon eût fait son rapport,

dans l'après-midi du 13, le capitaine Dreyfus recevait une lettre l'invitant à se trouver, le lendemain 15, au ministère de la guerre, sous prétexte d'inspection générale.

Dès le lendemain 14, Du Paty de Clam était délégué par le ministre de la Guerre comme officier de police judiciaire à l'effet de procéder à l'instruction de l'affaire. En même temps, l'ordre était donné au directeur de la prison du Cherche-Midi de préparer une cellule.

Le 15 octobre, quand le capitaine Dreyfus arriva au ministère, Du Paty lui dicta une lettre dans laquelle étaient énumérés les documents figurant dans le bordereau. Dreyfus écrivit de son écriture la plus normale, la plus tranquille. Cette page se trouve au ministère de la Guerre ; les accusateurs du capitaine n'ont jamais osé la reproduire. Cependant Du Paty, roulant des yeux furibonds, accusa Dreyfus de trembler. Puis, tout à coup, il lui déclara que son trouble était la preuve de son crime et le fit arrêter par le chef de la sûreté et le commandant Henry, qui conduisirent l'infortuné au Cherche-Midi.

Du Paty de Clam procéda alors à une perquisition chez Mme Dreyfus à qui il avait annoncé, avec d'affreuses menaces et avec la défense d'en parler, l'arrestation de son mari. Cette perquisition ne donna rien. Du Paty en conclut que « tout ce qui aurait pu être en quelque façon compromettant avait été caché ou détruit à temps ».

Pendant quinze jours le capitaine Dreyfus ignora l'accusation qui pesait sur lui. Du Paty venait le voir dans sa prison et l'insultait. Quand Dreyfus protestait de son innocence, Du Paty répliquait : « L'abbé Bruneau disait aussi qu'il était innocent et cependant il est mort sur l'échafaud. »

Les procédés de Du Paty étaient ceux d'un Inquisiteur. Un jour, avant de voir le capitaine Dreyfus, il demanda au commandant Forzinetti, chef de la prison, s'il ne pouvait pas pénétrer dans sa cellule, porteur d'une lampe assez puissante pour projeter un flot de lumière au visage du capitaine qu'il voulait surprendre de façon à le démonter.

Une autre fois, posant une question brusque au capitaine Dreyfus, il observait le bout de son pied. L'ayant vu remuer, il en conclut que cette action réflexe était une preuve certaine de sa culpabilité. Il raconta plus tard cette prétendue expérience physiologique aux membres du conseil de guerre qui le crurent fou.

Il remit, le 31 octobre, son rapport au ministre de la Guerre. Celui-ci avait des doutes, hésitait à engager une aussi grave affaire sur des preuves dérisoires; il avait recommandé le plus absolu secret. Pour forcer la main au ministre, Du Paty fit annoncer l'arrestation de l'officier juif dans la *Libre Parole*. La campagne antisémite était déchaînée.

Du Paty fut un des témoins à charge au procès du capitaine Dreyfus. Il incrimina Gobert, l'expert de la Banque de France, qui avait conclu que le bordereau n'était point du capitaine. Gobert n'eut pas de peine à se justifier. Du Paty lui présenta ses excuses : l'expert lui refusa la main.

II

Dreyfus fut condamné sur la production illégale de pièces secrètes qui ne s'appliquaient pas à lui, dégradé, déporté aux îles du Salut. Du Paty, qui avait été le principal auteur de l'iniquité, s'institua le gardien de cette condamnation.

Le colonel Sandherr, chef du bureau des renseignements, était atteint de paralysie générale ; il fut remplacé par le colonel, alors commandant Picquart.

Au cours de l'été de 1896, le colonel Picquart découvrit que l'auteur du bordereau était un officier d'infanterie, ancien zouave pontifical, le commandant Walsin-Esterhazy. Ce misérable était, depuis 1892, aux gages de l'attaché militaire allemand. Il recevait de lui deux mille francs par mois.

Les chefs de l'Etat-Major, après avoir accueilli d'abord avec faveur les révélations du colonel Picquart, ne tardèrent pas à reculer, par un coupable amour-propre, devant l'œuvre de réparation et de justice à laquelle les conviait cet officier. Les anciens collaborateurs du colonel Sandherr mirent aussitôt tout en œuvre pour dissiper les doutes qui naissaient dans l'opinion publique au sujet de Dreyfus. Le 14 septembre, le journal l'*Eclair* publiait un article qui racontait, en détail, l'instruction de l'affaire par Du Paty, donnait un texte, d'ailleurs inexact, du bordereau, révélait l'existence et la communication d'une pièce secrète où l'on substituait, de façon infâme, le nom de Dreyfus à l'initiale D. Cette publication devait, dans la pensée de ses auteurs, couper court à toute campagne de revision.

L'Etat-Major obtint de la faiblesse coupable du ministre de la Guerre l'éloignement du colonel Picquart qui avait découvert le crime d'Esterhazy. En même temps, on faisait parvenir au ministère une fausse lettre de l'attaché militaire italien à l'attaché militaire allemand. Le colonel de Panizzardi y recommandait au colonel de Schwarzkoppen de ne jamais parler de leurs rapports avec le juif Dreyfus. Cette pièce a été fabriquée par un faussaire aux gages de Du Paty. Le ministre la crut authentique.

Le colonel Picquart n'avait pas plutôt quitté Paris que le cabinet noir du ministre de la Guerre saisissait ses lettres à la poste. Dans l'une d'elles il était question de quelqu'un qu'on appelait le *demi-dieu*. Il s'agissait du commandant Lallemand, qui était désigné sous ce nom dans la société de la comtesse de Comminges. Du Paty crut qu'il s'agissait d'un chef du « Syndicat », de quelque personnage influent qui poursuivait, avec le colonel Picquart, la revision du procès Dreyfus. Il fit fabriquer aussitôt une fausse lettre qu'il signa du nom de *Speranza* et qui était ainsi conçue : « Votre brusque départ nous a mis tous dans le désarroi, l'œuvre est compromise, parlez et le *demi-dieu* agira. » (15 décembre 1896.)

Cette lettre, saisie à la poste, fut montrée au ministre comme une preuve des intrigues du colonel Picquart ; elle ne fut pas envoyée à son destinataire qui eût découvert aussitôt la fourberie de Du Paty.

III

Mais Du Paty ne devait pas rester longtemps à l'abri de la crainte de voir reviser le procès inique dont il avait été l'instrument. Il apprit, au mois d'octobre 1897, qu'un sénateur républicain, Scheurer-Kestner, avait acquis, de son côté, la preuve de l'innocence du capitaine Dreyfus et qu'il allait parler et agir.

Aussitôt Du Paty, inquiet, se remit à l'œuvre. Son premier soin fut d'avertir le véritable traître, le commandant Walsin-Esterhazy. Celui-ci, affolé, se précipita chez l'attaché militaire allemand et le supplia de le sauver. « Il suffira, lui dit-il, que vous alliez affirmer à Mme Dreyfus que son mari est coupable. »

Le colonel prussien répondit : « Etes-vous fou, monsieur le commandant ? »

Le concours infâme que le colonel de Schwarzkoppen avait refusé de prêter au traître, Du Paty le lui apporta avec une audace croissante.

Comme Esterhazy songeait à fuir, Du Paty le retint. La fuite, c'eût été l'aveu, par suite, la révision du procès Dreyfus, l'effondrement de l'œuvre principale de Du Paty, la découverte de ses mensonges et de ses faux. Pour rassurer Esterhazy, Du Paty, avec l'aide d'un complice, fit sortir de l'armoire de fer du ministère de la Guerre l'une des pièces secrètes du procès Dreyfus qu'il remit au traître pour qu'il s'en servît comme d'un document libérateur. Il lui raconta tout ce qu'il savait de l'enquête du colonel Picquart. Esterhazy en fit un récit, plein d'odieux mensonges et de calomnies de toutes sortes, que le journal la *Croix* refusa de publier et qu'il fit paraître dans le journal de son ami Drumont, sous la signature *Dixi*.

Il y racontait qu'il avait été averti, non point assurément par Du Paty, mais par une femme mystérieuse, qu'il appelait *Speranza*. Les fourbes se laissent toujours prendre par quelque endroit. C'était une singulière maladresse que de donner à cette informatrice le nom de *Speranza* dont Du Paty avait déjà signé son faux du 15 décembre, la lettre où il était question du *demi-dieu*.

Puis Du Paty tenta d'intimider et de compromettre à la fois le colonel Picquart. Le 10 novembre, cinq jours avant la dénonciation de Mathieu Dreyfus et alors que le nom d'Esterhazy n'avait pas encore été prononcé, Du Paty chargea Esterhazy et une fille Pays, qui était la maîtresse du traître, d'envoyer au colonel Picquart une dépêche ainsi conçue : « Arrêtez *demi-*

dieu, tout est découvert, affaire grave. » Il croyait ou feignait de croire que le *demi-dieu*, qui était le commandant Lallemand, était Scheurer-Kestner. Cette dépêche était encore signée *Speranza*.

Comme Esterhazy et la fille Pays avaient mal adressé cette dépêche, l'envoyant à Tunis, alors que le colonel Picquart était à Sousse, Du Paty confectionna le jour même un second faux. Il télégraphiait au colonel : « On a des preuves que le *petit bleu* a été fabriqué par Georges. » Le *petit bleu* était la pièce qui avait révélé au colonel Georges Picquart la trahison d'Esterhazy. Le faussaire essayait déjà de faire croire que cette pièce était un faux. Il avait signé la dépêche du nom de *Blanche*, qui est le prénom de la comtesse de Comminges. Mlle de Comminges était une amie du colonel Picquart. Elle savait de longue date ce dont Du Paty pouvait être capable.

Ces faux avaient pour objet de faire croire au ministre de la Guerre que le colonel Picquart était l'âme d'un infernal complot. Les faussaires firent raconter dans l'un des journaux qui était à leur dévotion, la *Libre Parole*, que le colonel Picquart avait reçu en Tunisie des dépêches très compromettantes de Scheurer-Kestner. C'étaient celles qu'ils lui avaient, eux-mêmes envoyées.

Le colonel Picquart déjoua cette vilenie en dénonçant tout de suite ces dépêches au ministre de la Guerre. Le ministre ouvrit une enquête qui n'aboutit point, sans doute parce qu'il n'avait pas envie de savoir la vérité. Il fallut que le colonel Picquart déposât lui-même une plainte au parquet. Le juge d'instruction ne tarda pas, alors, à découvrir les coupables.

Tout le temps que dura le procès d'Esterhazy, à la suite de la dénonciation de Mathieu Dreyfus, Du Paty

16.

de Clam ne cessa de conseiller et de guider le traître dans sa défense. Il communiquait avec lui par divers intermédiaires. Il se multipliait en démarches auprès des personnages influents et de certains journaux.

Quand le juge d'instruction Bertulus eut réuni les preuves du crime de Du Paty, il décida, conformément à son devoir, de le poursuivre avec ses complices, Esterhazy et la fille Pays. Il s'éleva un débat pour savoir qui, de la justice militaire ou de la justice civile, était compétent pour juger Du Paty. Cependant, l'opinion publique était édifiée ; de toutes parts, on s'étonnait qu'un colonel de l'État-Major ne trouvât pas un mot de protestation contre les terribles articles où un successeur du fameux *Junius* révélait, dans le journal le *Siècle*, les faux qu'il avait commis. On apprit bientôt que...

X

ENQUÊTES A FAIRE

4 août 1898.

I

M. Esterhazy a été nommé chef de bataillon le 10 juillet 1892. C'est de 1892 à 1896 qu'il fut au service de l'attaché militaire allemand, aux gages de deux mille francs par mois.

On sait les efforts qu'il fit pour être maintenu en garnison à Paris, les démarches répétées qu'il fit faire par des députés pour être attaché au ministère de la Guerre.

Le 74° régiment de ligne, où il fut nommé en 1893, était en garnison à Rouen. Son séjour à Rouen, au siège du commandement du 3° corps d'armée, lui permit de livrer à la Prusse des renseignements détaillés sur la mobilisation de ce corps d'armée. Il reçut, pour cette livraison, une rémunération spéciale. Ces faits ont été cent fois affirmés pendant qu'Esterhazy était encore en liberté. Il n'en est pas moins vrai qu'Esterhazy eut toujours le plus vif désir d'être nommé à Paris, ce qui lui aurait donné plus de facilités pour son triple métier d'espion, d'agioteur et de viveur.

Quoi qu'il en soit, Esterhazy était toujours par les chemins. *On ne voyait que lui à Paris.* Quand M. Huret fit sa fameuse enquête à Rouen, les officiers du 74ᵉ — c'était le 18 novembre, au lendemain de la dénonciation de Mathieu Dreyfus — se montrèrent peu surpris de l'accusation qui venait d'être portée contre celui qui avait été leur camarade. « On n'est pas étonné », dit l'un d'eux au rédacteur du *Figaro.* Et un autre : « Il » s'absentait souvent de Rouen, *très souvent,* télégra- » phiait et téléphonait beaucoup à Paris. *Il se vantait* » *volontiers de ses relations et de son influence au mi-* » *nistère.* »

Esterhazy a-t-il eu des complices dans sa trahison ? C'est assez d'un traître dans l'armée française, fût-il un *rastaquouère,* comme disaient les officiers de Rouen. En tout cas, Esterhazy voyait beaucoup de monde, beaucoup d'officiers. Tout naturellement, il causait avec ces officiers des affaires militaires. Il les questionnait sans avoir l'air de rien. Il se renseignait ainsi, auprès de l'un ou auprès de l'autre, sur bien des sujets. De tout ce qu'on disait il tirait parti. Le colonel de Schwarzkoppen était aussitôt avisé.

Un jour, un agent vient informer le ministère de la Guerre qu'un officier supérieur, lequel était âgé d'environ cinquante ans, fournissait à une puissance étrangère tels et tels documents. Or, *tels et tels documents* étaient précisément ceux dont avait parlé au colonel Picquart, alors chef du bureau des renseignements, un officier qui connaissait Esterhazy et qui avait été avec lui dans le même régiment. (*Déposition du colonel Picquart, procès Zola*, t. I, pages 285 et 286.)

Le colonel Picquart (*même déposition*, p. 285) avait eu également la preuve qu'Esterhazy, « qui, assurément, ne s'occupait pas exclusivement de son métier, — loin de là, — manifestait cependant une très grande curiosité pour tous les documents ayant trait à des choses tout à fait confidentielles et pouvant avoir un intérêt particulier au point de vue militaire ».

Enfin, il était notoire qu'Esterhazy « faisait copier chez lui pas mal de documents qu'il se procurait ». (*Tome I, p.* 286.)

Pourquoi les faisait-il copier ?

Sur cet ensemble de faits, M. le ministre de la Guerre a-t-il ordonné une enquête *sérieuse* ?

II

C'est le 14 novembre dernier, à la veille de la dénonciation qu'il pressentait, de M. Mathieu Dreyfus, qu'Esterhazy a remis au ministère de la Guerre le document libérateur qu'il prétendait tenir de la « dame voilée ».

Nous savons aujourd'hui que la « dame voilée » c'était Du Paty de Clam.

C'était Du Paty de Clam qui avait remis à Esterhazy le document secret, sorti des archives du ministère de la Guerre, de l'armoire de fer du bureau des renseignements.

Quand Esterhazy eut ainsi remis au ministère de la Guerre le document à la fois ultra-secret et libérateur qu'il tenait de Du Paty de Clam, que fit le ministre de la Guerre, qui était alors le général Billot?

Il se contenta d'accuser réception à Esterhazy de cet envoi par la lettre suivante qu'Esterhazy lui-même fit paraître dans le *Figaro* du jeudi 18 novembre :

Commandant,

Le ministre de la Guerre vous accuse réception du document que vous lui avez fait remettre à la date du 14 novembre, document qui vous a été donné, avez-vous dit, par une femme inconnue, et qui serait, ajoutez-vous, la photographie d'un document appartenant au ministère de la Guerre.

(Signature illisible).

Le pli, dit le *Figaro*, était revêtu du cachet ministériel.

Ainsi, chose incroyable, un document secret, ultra-secret, sort des archives du ministère de la Guerre ; il se trouve dans la poche d'un officier qui a été déjà, en 1896, accusé de trahison et d'espionnage par le chef du bureau des renseignements; cet officier est, par conséquent, *le recéleur d'un document volé*, — et le ministre de la Guerre, tremblant on ne sait devant quoi, accuse réception de ce document au recéleur, simplement, par écrit, et fait semblant de croire à l'invraisemblable et ridicule histoire de la dame voilée!

Comment ce document a-t-il pu sortir du ministère de la Guerre ? M. le général Billot, qui n'est point curieux, s'en est informé vaguement. Ce document était dans une armoire de fer. La garde de cette armoire était confiée au chef du bureau des renseignements, celui qui avait succédé au colonel Picquart. M. le général Billot a-t-il interrogé à ce sujet M. le général Gonse et M. le colonel Henry? Que lui a-t-on répondu?

De quelles réponses s'est-il contenté ? Comment, pourquoi n'a-t-il pas ordonné une enquête judiciaire ?

Il y avait quelqu'un qui avait laissé sortir le document libérateur du ministère de la Guerre.

Il y avait quelqu'un qui l'avait remis à l'officier accusé de trahison.

La chose à faire était toute simple, indiquée par le bon sens, prescrite par le souci le plus élémentaire et de la justice qui était bravée et de la défense nationale dont les secrets couraient les grandes routes : c'était — même en dehors de l'affaire de trahison — de mettre la main sur l'officier recéleur, sur Esterhazy, d'instruire contre lui pour recel.

Esterhazy aurait rapidement parlé, avoué, *tout* avoué.

Aujourd'hui la responsabilité de M. Cavaignac est bien plus grave que celle de M. le général Billot.

M. le général Billot n'a pas voulu savoir ; en tout cas il n'a fait aucun effort sérieux pour savoir de qui Esterhazy tenait le document secret.

Mais, M. Cavaignac, lui, le sait : c'est Du Paty de Clam qui a joué le rôle de la dame voilée ; c'est Du Paty de Clam qui a remis le document à Esterhazy.

De ce fait, Du Paty se trouve déjà coupable de complicité de recel.

Il reste à savoir comment Du Paty, lui-même, a eu ce document.

Il n'y a que deux hypothèses possibles :

Ou il l'a volé ;
Ou il l'a reçu de quelqu'un.
S'il l'a volé, c'est un crime de plus à son actif.
S'il l'a reçu de *quelqu'un*, s'il a surpris la bonne foi de *quelqu'un*, il faut qu'on sache qui est ce *quelqu'un*.

Le cercle du bureau des renseignements est très étroit.

Quand M. le ministre de la Guerre se décidera-t-il à ordonner, sur cet ensemble de faits, une enquête sérieuse ?

XI

LA VÉRITÉ EN MARCHE

6 août 1898.

Nous ne connaissons pas encore officiellement la décision de la Chambre des mises en accusation.

D'après les uns, elle aurait déclaré que le juge d'instruction Bertulus n'est pas compétent pour connaître de la plainte visant Du Paty.

D'après les autres, elle aurait décidé que M. Bertulus est compétent pour informer sur les faux *Blanche* et *Speranza*.

Nous serons fixés aujourd'hui ; nous attendons sans impatience la communication que M. le procureur général n'a pas cru devoir faire dès hier soir.

Quelle qu'elle soit, la décision de la Chambre des mises en accusation ne sauvera, en effet, aucun des coupables.

La Vérité s'est mise lentement en marche ; elle avance, depuis quelques semaines, à grands pas.

Il n'y a personne aujourd'hui, pas même le ministre de la Guerre, pour soutenir sérieusement que le bordereau n'est pas l'œuvre d'Esterhazy.

Il n'y a plus personne aujourd'hui pour soutenir sérieusement que le jugement qui a condamné le capitaine Dreyfus est régulier.

Nous avons mis Mᵉ Salles au défi de contester qu'il tient d'un des juges de 1894 que des pièces secrètes leur ont été communiquées, en dehors de l'accusé et de son défenseur, en violation de la loi et du droit.

Mᵉ Salles s'est tu.

M. Cavaignac, lui, avec une imprudence que certains n'ont pas fini de lui reprocher, avait parlé; il avait lu à la Chambre ces pièces, il les avait fait afficher sur tous les murs de France.

Voilà des mois et des mois qu'Esterhazy est accusé publiquement d'avoir été, de 1892 à 1896, l'espion aux gages de la Prusse, à 2,000 francs par mois, d'avoir vendu au colonel de Schwarkoppen 162 pièces dont les originaux sont à Berlin et les photographies à Rome.

Esterhazy s'est tu, et ni M. le ministre de la Guerre Billot, ni M. le ministre de la Guerre Cavaignac n'ont osé protester.

Aucun des journaux qui ont, avec nous, dirigé ces terribles accusations contre un homme qui fait encore partie de l'armée française, qui porte encore sur son dolman de uhlan la croix de la Légion d'honneur, — aucun de ces journaux n'a été poursuivi.

La loi est là, la loi de 1881 : elle permet de poursuivre devant le jury vingt journaux républicains, radicaux et socialistes, qui, tous les jours, accusent de trahison et d'espionnage un officier; et le parquet reste immobile, et le gouvernement ne bouge pas.

Quoi encore ! M. Rochefort jure qu'il n'a jamais connu celui qu'il appelait encore « le brave commandant ». Et M. Drumont oublie qu'il l'a eu comme collaborateur. Et, si le prince Henri d'Orléans revenait demain, il ne l'embrasserait plus, en plein Palais de Justice !

Esterhazy n'est pas encore jugé, c'est vrai : il est déjà condamné.

Et, de même, Du Paty.

L'instruction, en ce qui concerne Du Paty, sera-t-elle, comme on l'a annoncé, enlevée à M. Bertulus ?

Ce ne sera qu'un aveu de plus, une preuve de plus.

Voilà plusieurs semaines que Du Paty est accusé par la même presse républicaine qui a fait la lumière sur les crimes d'Esterhazy.

Il est accusé de s'être livré, lors du procès Dreyfus, aux plus coupables, aux plus odieuses machinations.

Il est accusé d'avoir continué, avec une incroyable audace, ses machinations contre le colonel Picquart, quand celui-ci, alors chef du bureau des renseignements, avait démasqué Esterhazy.

Il est accusé d'avoir fabriqué faux sur faux, d'avoir été le collaborateur, le guide, le tuteur d'un traître dans une campagne scélérate — pour tromper l'opinion, pour tromper la justice.

Il est accusé d'avoir fabriqué à l'adresse du colonel Picquart deux dépêches mensongères, frauduleuses, dont il a signé l'une du nom d'une femme respectable entre toutes, qui avait eu l'honneur de mériter sa haine parce qu'elle savait ce dont il était capable.

Il est accusé d'avoir organisé la mystification de « la dame voilée », d'avoir ainsi contribué à surprendre la bonne foi des juges.

Il est accusé d'avoir, devant le chantage d'Esterhazy qui le menaçait de publier les billets échangés entre eux, poursuivi les plus criminelles intrigues.

Il est accusé de toutes ces indignités et de tous ces crimes par la presse d'abord, par des témoins en chair et en os ensuite, par des documents irréfutables ; il en est accusé enfin par l'ordonnance du juge d'instruction Bertulus.

Et Du Paty, comme Esterhazy, se tait; et le ministre de la Guerre se tait, lui aussi. Pas un mot de protestation, pas un démenti. Et ce n'est plus seulement la presse républicaine qui s'indigne de ce silence, c'est M. Paul de Cassagnac, qui n'est pas, j'imagine, du « Syndicat » !

Quoi ! le *Siècle* n'est pas poursuivi en diffamation devant la Cour d'assises de la Seine ! Et l'*Aurore* n'est pas poursuivie ! Et le *Rappel !* Et le *Radical !* Et la *Petite République !* Et la *Fronde !* Et les *Droits de l'Homme !* Et M. Christian Esterhazy n'est pas poursuivi, lui non plus, devant la Cour d'assises, en diffamation !

C'est que la Cour d'assises, c'est la lumière, et l'on n'en veut pas, de la lumière !

Mais ce silence, cette résignation, cette fuite, et tout le reste, toutes ces tentatives désespérées, à la façon des noyés, de se raccrocher aux branches pourries de l'incompétence, c'est encore l'aveu, l'irrévocable aveu, l'aveu qui sort des choses.

Nous saurons tout à l'heure si la magistrature civile, si la Chambre des mises en accusation a ou non fait son devoir, si elle essaye ou non de sauver les coupables malgré l'évidence, si elle tient ou non à mériter les suffrages de la *Libre Parole*.

Mais alors même — ce dont je veux douter — alors même que la Chambre des mises en accusation n'aurait pas fait son devoir, tout son devoir, elle n'empêcherait pas, rien au monde ne saurait plus empêcher le Destin de s'accomplir.

Les masques sont arrachés.

XII

ARRÊT SECRET

I

On lit dans l'*Intransigeant* :

M. Christian Esterhazy n'a d'ailleurs en sa possession aucune lettre ; il n'a aucun témoin de son entrevue avec le colonel Du Paty de Clam.

Nous répondons :

M. Christian Esterhazy a en sa possession des lettres qui ne laissent aucun doute sur l'exactitude de son récit, en ce qui concerne notamment les rapports de son cousin et de Du Paty de Clam.

M. Christian Esterhazy a des témoins qui, comme lui, ayant juré de dire toute la vérité, l'ont dite.

Est-ce clair ?

II

En attendant, l'arrêt de la Chambre des mises en accusation est toujours tenu secret.

On dit que l'arrêt prononce l'incompétence de M. le juge d'instruction Bertulus pour connaître de la plainte déposée par le colonel Picquart contre Du Paty.

Du Paty, bien que complice de la fille Pays dans l'affaire du faux *Speranza*, et bien que le faux *Blanche* soit connexe du faux *Speranza*, ne serait justiciable que devant la justice militaire.

Une telle décision nous paraîtra, tant qu'elle ne sera pas officielle, absolument invraisemblable.

Elle renverserait tous les principes connus du droit.

Elle serait l'abaissement du pouvoir civil devant le pouvoir militaire.

Elle serait la négation des dispositions formelles, catégoriques, du Code d'instruction criminelle et du Code militaire lui-même.

Elle serait contraire à la justice, au bon sens.

III

On dit encore autre chose.

On dit que la Chambre des mises en accusation, après avoir examiné le témoignage de M. Christian Esterhazy, aurait apprécié qu'aucune charge sérieuse ne pourrait être relevée à l'encontre de Du Paty.

Une telle décision nous paraîtra — encore plus que la première — tant qu'elle ne sera pas officielle, absolument invraisemblable.

La Chambre des mises en accusation peut — et

encore est-ce douteux — puiser dans ses pouvoirs
propres le droit de retenir une affaire, d'évoquer le
fond et de statuer *de plano*. Insuffisamment rensei-
gnée, elle peut encore déléguer à l'un de ses membres les fonctions de juge d'instruction pour interroger les prévenus, entendre les témoins, se livrer
à toute enquête utile pour la manifestation de la vérité.

Mais ce qui ne lui est pas permis — et cela est hors
de doute — c'est de juger *de plano* une affaire, alors
que l'instruction n'est pas complète et même qu'elle
n'a pas commencé, ce qui est le cas de Du Paty.

Ce qui lui est interdit, c'est, par avance, d'annihiler
un témoignage ; c'est, par avance, de suspecter, de
chercher à discréditer un témoin, dont la déposition
peut être importante ailleurs, qu'elle n'a pas entendu,
qu'elle n'a même pas vu, sur le compte duquel elle
n'a et ne peut avoir eu aucun renseignement.

Une pareille justice serait une justice à *la Ravary*.

Une pareille décision constituerait un abus de pouvoir.

Et il y a encore, en France, Dieu merci ! des juges
pour les abus de pouvoir.

IV

On dit encore...

Mais que ne dit-on ?

Nous nous refusons à croire que de gaieté de cœur,
pour essayer de sauver pendant quelques jours encore
un couple de faussaires, dont l'un est en outre un
traître, un espion et un escroc — la Chambre des
mises en accusation ait rendu un arrêt qui serait contraire au Droit, qui demain volerait en éclats au choc

irrésistible de la Vérité et qui déshonorerait devant l'histoire ceux qui l'auraient rendu.

Nous nous refusons à croire à des bruits de couloir, à des racontars d'antichambre.

Nous attendons, très tranquillement, de connaître officiellement les considérants et le dispositif de l'arrêt de la Chambre des mises en accusation.

XIII

EUPATORIA

8 août 1898.

J'ai dit que Du Paty avait été le guide, le tuteur, le conseiller d'Esterhazy pendant la durée de l'enquête Pellieux et de l'instruction Ravary.

C'est Du Paty qui a inventé l'histoire de la « dame voilée », qu'il avait déjà mise en œuvre dans une précédente affaire dont M. Lozé et le général Davoust connaissent tous les détails.

C'est Du Paty qui a fabriqué les fausses dépêches *Blanche* et *Speranza*.

C'est Du Paty qui a remis au traître le document libérateur.

C'est encore Du Paty qui a inventé l'histoire du capitaine Bro, qu'Esterhazy a servie, d'abord dans son journal, la *Libre Parole*, puis devant le Conseil de guerre.

Voici comment Esterhazy a raconté cette histoire devant le Conseil de guerre le 10 janvier 1898.

II

« Esterhazy. — En voyant le bordereau publié par le *Matin* rapproché des spécimens de mon écriture, j'ai été frappé de la ressemblance de certains mots qui paraissaient décalqués. Cette idée de *décalquage* m'a frappé. Je me suis demandé comment l'auteur de la publication du bordereau avait pu avoir de mon écriture. Mon écriture a, malheureusement, traîné chez bien des gens dont le métier est de prêter de l'argent ; de plus, j'ai été témoin dans un duel (Crémieu-Foa). A ce sujet, j'ai reçu beaucoup de lettres d'officiers auxquels j'ai répondu. J'ai pensé que M. Mathieu Dreyfus avait pu en avoir quelques-unes. Mais cela n'était pas suffisant. Je me suis souvenu qu'au mois de février 1893 j'ai reçu à Rouen, où j'étais alors, une lettre d'un officier attaché à l'État-Major du ministère de la Guerre, me disant qu'il était chargé de faire une étude sur le rôle de la cavalerie légère dans la campagne de Crimée ; qu'il savait que mon père avait commandé une brigade à Eupatoria, et il me demandait de lui envoyer les documents que je pouvais posséder sur cette époque. Je fis un petit travail de sept à huit pages *in-folio* que j'ai envoyé à ce monsieur ; le capitaine Brô, rue de Châteaudun...

Le général de Luxer. — Quel numéro ?

R. Je ne me le rappelle pas. Après avoir envoyé ce travail, j'ai été surpris de n'en pas recevoir de nouvelles. J'ai cherché au ministère de la Guerre ; le capitaine Brô n'y était plus : il était parti sans laisser d'adresse, mais j'ai su qu'il était en garnison à Toulouse. Je lui ai écrit, et il m'a répondu en me disant qu'il ne savait pas ce que je voulais dire. J'ai envoyé une lettre au chef d'État-Major général de l'armée en lui demandant de faire une enquête et de me confronter avec le capitaine Brô. Je n'ai pas eu de nouvelles de cette démarche.

D. Vous n'avez jamais retrouvé le capitaine Brô ?

R. Non, mon général.

D. Vous lui avez écrit une lettre, et il vous a dit qu'il n'avait pas reçu les renseignements ?

R. Il m'a écrit qu'il ne me les avait pas demandés...

D. C'est-à-dire que vous avez fini par retrouver le capitaine Brô, qui vous a déclaré ne vous avoir jamais rien demandé.

R. Parfaitement.

D. D'après les recherches faites, on n'a pas trouvé, rue de Châteaudun, l'adresse du capitaine Brô ; mais l'adresse qui s'en rapprochait le plus est celle de M. Hadamard, beau-père de M. Dreyfus.

R. Parfaitement.

D. Et le capitaine Brô vous a bien déclaré qu'il ne vous avait jamais rien demandé ?

R. Oui, mon général.

D. Le capitaine Brô a écrit, d'autre part, qu'il n'a jamais rien reçu du commandant Esterhazy au sujet de renseignements sur la campagne de Crimée. »

III

Si le général de Luxer avait eu l'habitude des affaires judiciaires, il aurait dit à Esterhazy :

« Vous mentez. Vous racontez d'abord que c'est en voyant le bordereau publié par le *Matin* rapproché des spécimens de votre écriture que vous avez été frappé de la ressemblance de certains mots qui paraissaient décalqués. C'est alors, le 29 *octobre* 1897, que vous auriez écrit au capitaine Bró la lettre que vous avez versée à l'instruction. Or, le fac-similé du bordereau a paru dans le *Matin* du 10 *novembre* 1896, c'est-à-dire un an auparavant, et il n'a été rapproché alors d'aucun spécimen de votre écriture. C'est seulement le 15 *novembre* 1897 que vous avez été dénoncé par Mathieu Dreyfus comme l'auteur du bordereau. C'est le 10 *novembre* 1897 que Mathieu Dreyfus a su votre nom de M. de Castro, qui avait reconnu, dans l'écriture du bordereau, votre propre écriture. Donc, il n'est pas vrai que c'est en voyant le bordereau publié par le *Matin* et rapproché des spécimens de votre écriture que vous avez eu l'idée du décalquage et écrit le 29 octobre au capitaine Bró. Donc, tout votre récit croule par la base. Vous êtes un menteur, un imposteur. »

IV

Ce petit discours aurait eu toute la rigueur d'une démonstration mathématique, par A plus B.

Il n'en restait pas moins que le 29 octobre 1897, bien avant qu'il eût été dénoncé par Mathieu Dreyfus, bien avant que son nom eût été prononcé, Esterhazy avait écrit la lettre suivante au capitaine Bró :

Mon cher camarade,

Permettez-moi de faire appel à vos souvenirs pour un renseignement du plus grand intérêt pour moi. En février 1896, je vous ai envoyé sur votre demande une notice relative au rôle joué en Crimée par le 4ᵉ hussards à Eupatoria, un des régiments qui se trouvaient alors sous les ordres de mon père. Bien que je vous aie envoyé ce petit travail chez un de vos amis, rue de Lafayette ou rue de Châteaudun, si mes souvenirs sont exacts, parce que vous allez partir en permission, je n'ai pas reçu de réponse de vous. J'aurais grand intérêt à savoir, le plus tôt possible, si vous n'auriez pas le souvenir d'avoir à cette époque, ou par la suite, prêté ce petit travail, sans valeur pour eux, à un de vos camarades du ministère de la Guerre.

Veuillez agréer, etc.

Comment, pourquoi Esterhazy avait-il imaginé d'écrire cette lettre au capitaine Bro, qui ne lui avait jamais demandé un travail sur Eupatoria?

Personne, d'ailleurs, n'avait jamais demandé ce travail à Esterhazy. C'était encore une fable inventée de toutes pièces. L'ami qui demeurait rue de Lafayette ou rue de Châteaudun — le beau-père du capitaine Dreyfus demeure rue de Châteaudun — était, lui aussi, une invention scélérate.

V

L'explication est fort simple. Il suffit de se rapporter à l'acte d'accusation de M. Besson d'Ormescheville contre le capitaine Dreyfus. On y lit :

« Tout l'interrogatoire subi devant M. l'officier de police judiciaire est émaillé de dénégations persistantes et aussi de protestations du capitaine Dreyfus contre le crime qui lui est reproché. Au début de cet interrogatoire, le capitaine Dreyfus avait d'abord dit qu'il lui semblait vaguement reconnaître dans le document incriminé l'écriture d'un officier employé dans les bureaux de l'État-Major de l'armée; puis, devant nous, il a déclaré retirer cette allégation qui, d'ailleurs, devait tomber d'elle-même en présence de la dissemblance complète et évidente du type graphique de l'écriture de l'officier visé avec celle du document incriminé. »

L'officier dont l'écriture avait paru au capitaine Dreyfus ressembler vaguement à celle du bordereau, c'était le capitaine Bró.

L'officier de police judiciaire devant lequel il avait prononcé hypothétiquement ce nom, c'était Du Paty de Clam.

Du Paty de Clam s'est souvenu, au bon moment, du nom du capitaine Bró.

C'est Du Paty qui a inventé l'histoire du prétendu manuscrit *Eupatoria*.

C'est Du Paty qui a fait écrire par Esterhazy la lettre du 29 octobre 1897 au capitaine Bró.

C'est Du Paty qui, de compte à demi avec Esterhazy, a réussi à surprendre ainsi la bonne foi des juges du Conseil de guerre, à tromper la justice militaire.

Nous retrouverons cet incident au prochain procès Zola.

Toutes les puissances du monde auront beau se coaliser; la lumière, toute la lumière se fera sur cette ténébreuse affaire.

XIV

LE CONSEIL DES DIX

10 août 1898.

Il y avait, à Venise, un tribunal secret, qui était composé de dix conseillers noirs et qu'on appelait, en conséquence, le *Conseil des Dix*.

Ces dix conseillers noirs, auxquels on ajouta, par la suite, six conseillers rouges, jugeaient à huis clos, sans témoins.

La procédure était mystérieuse, les sentences rendues et exécutées en secret.

Les hommes qui étaient jugés ainsi ignoraient toujours les motifs de l'arrêt qui avait été rendu soit contre eux, soit en leur faveur. Ceux qui étaient condamnés étaient étranglés. Ceux qui étaient acquittés restaient flétris.

Ce conseil, qui avait été institué en 1310, après la fameuse conspiration de Tiepolo, inspirait une horreur universelle. Il pesait sur la délicieuse cité des lagunes comme une chape de plomb. Tous les poètes, tous les philosophes l'avaient maudit.

Il fut aboli, en 1797, par le général Bonaparte, au nom de la République française, Une et Indivisible, au milieu de l'applaudissement du monde civilisé.

Il y a de cela cent et un ans.

Aujourd'hui, en l'an 27 de la troisième République française, et dans le pays qui a proclamé les Droits de l'homme et du citoyen, la Chambre des mises en accusation juge à huis clos, et les arrêts qu'elle rend sont tenus secrets...

XV

PAGE D'HISTOIRE

(Suite.)

11 août 1898.

Je continue le résumé de l'affaire Du Paty de Clam. J'en étais resté à l'ordonnance par laquelle le juge d'instruction Bertulus avait décidé de poursuivre Du Paty avec ses complices, Esterhazy et Marguerite Pays, pour faux et usage de faux.

I

Cette ordonnance fut frappée d'opposition à la fois par le procureur de la République et par le colonel Picquart.

Par le colonel Picquart, parce que M. Bertulus s'était déclaré incompétent en ce qui concerne la fabrication du faux *Blanche*. Le juge reconnaissait la matérialité du faux commis par Du Paty; mais il estimait que, la fille Pays n'y ayant point participé, Du Paty relevait de ce chef de la justice militaire.

Par le procureur de la République, parce qu'il contestait, d'une manière générale, la compétence de la justice civile en ce qui concerne les deux faux *Blanche* et *Speranza*, dont était accusé Du Paty. Cette thèse était contraire au texte formel de l'article 76 du Code militaire, lequel renvoie devant les tribunaux ordinaires les militaires qui, dans la perpétration d'un crime ou d'un délit, ont des complices civils.

La Chambre des mises en accusation fut saisie de cette double opposition. Elle se réunit le 2 août.

On en était là, quand un cousin du commandant Esterhazy raconta à un rédacteur du *Siècle* qu'il avait été, pendant l'hiver 1897-1898, l'intermédiaire entre son parent et Du Paty. Il précisa les nombreux rendez-vous, presque quotidiens, qu'il avait eus avec l'officier d'État-Major qui avait été le principal metteur en œuvre du procès Dreyfus et qui avait par conséquent, un grand intérêt personnel à en empêcher la révision et à sauver le véritable traître, Esterhazy.

D'après ce récit, dont la sincérité frappa les esprits impartiaux, Du Paty avait été le guide, le conseiller, le protecteur infatigable d'Esterhazy. C'était Du Paty qui avait fabriqué ou fait fabriquer les fausses dépêches destinées à compromettre le colonel Picquart, inspiré les articles qu'Esterhazy avait publiés dans la *Libre Parole* sous la signature *Dixi*. C'était lui encore qui avait fait sortir de l'armoire secrète du ministère de la Guerre la pièce qui servit de document libérateur à Esterhazy. La fable de la Dame voilée avait été inventée par Du Paty; ce n'était, d'ailleurs, de sa part, que la réédition d'une comédie qu'il avait jouée dans une autre affaire.

M. Christian Esterhazy avouait, enfin, qu'il avait lui-même, sous la dictée de son cousin, composé les lettres de la *Dame voilée* ou de *Speranza*, destinées à surprendre la bonne foi du général de Pellieux.

Il avait fait, d'ailleurs, toutes ces déclarations, appuyées sur des preuves écrites, devant le juge d'instruction et sous la foi du serment.

Ces révélations produisirent une impression d'autant plus vive que Du Paty ne risqua aucun démenti.

II

Ce fut, dès lors, un étonnement général quand le bruit se répandit, le 5 août, que la Chambre des mises en accusation, siégeant à huis clos, avait décidé que le juge Bertulus n'était pas compétent pour connaître de la plainte du colonel Picquart contre Du Paty et qu'aucune charge ne pouvait être relevée contre le complice d'Esterhazy et de Marguerite Pays. C'était, disait-on, la méconnaissance à la fois de l'évidence et des textes les plus impératifs de la loi.

Une décision si inattendue et d'une telle importance semblait, en tout cas, devoir être rendue publique. Cependant le Parquet refusa de la communiquer à qui que ce fût, même à l'avocat de la partie civile.

M. Trarieux, sénateur, ancien garde des Sceaux, fidèle au beau rôle qu'il avait assumé de ministre de la Justice *in partibus fidelium justitiæ*, avait exposé, dans une lettre à M. Yves Guyot, directeur du *Siècle*, la question de droit. La Chambre des mises en accusation ne pouvait apprécier le fond de l'affaire sans un véritable excès de pouvoir. D'autre part, les arrêts unanimes de la Cour de cassation font résulter le faux de signatures imaginaires, toutes les fois qu'il y a intention de nuire et préjudice possible.

On continua à cacher l'arrêt de la Chambre. C'était,

cette fois, sur le terrain de la justice civile, la suite du combat désespéré de l'Ombre contre la Lumière.

Le prince de Bismarck, qui venait de mourir, avait toujours démenti, avec indignation, qu'il eût tenu le fameux propos : « *La force prime le droit.* »

Ce silence obstiné des magistrats chargés de rendre la justice eut une conséquence qui est unique dans l'histoire du droit : le colonel Picquart se pourvut en cassation contre un arrêt qui ne lui avait pas été signifié. (8 août.)

III

Du Paty se contenta de ce jugement rendu dans les ténèbres et tenu secret à la façon des arrêts du Conseil des Dix.

Le plus fougueux des journalistes bonapartistes, M. Paul de Cassagnac, avait observé, dans un article qui fit grand bruit, que Du Paty, souffleté par les accusations de *Junius*, se devait à lui-même, devait à l'Etat-Major et à l'armée, de poursuivre le *Siècle* devant la Cour d'assises. Du Paty fit annoncer qu'il avait obtenu de son parent et ami, M. Cavaignac, ministre de la Guerre, l'autorisation d'intenter un procès à ceux qu'il appelait « ses calomniateurs ».

Sûr et certain de pouvoir établir la vérité à la grande lumière de la Cour d'assises, le *Siècle* répondit laconiquement à cette menace par ces deux mots : « Allons-y ! »

Du Paty se tut aussitôt. Cet aveu par le silence fut enregistré, non sans scandale, par les journaux. *Junius* renouvelait impitoyablement son défi, tous les matins. Un rédacteur de l'*Aurore*, M. Philippe Dubois, démontra, par des preuves et des arguments irréfutables, que c'était Du Paty qui avait fait paraître, dans l'Éclair du 14 septembre 1896, le fameux article qui avait révélé l'existence de la pièce secrète et donné, pour la première fois, un texte, d'ailleurs inexact, du bordereau. Les amis de Du Paty avaient eu l'audace d'imputer l'inspiration de cet article au colonel Picquart.

Ainsi Du Paty faisait accuser le colonel Picquart de ses machinations, tout comme Esterhazy accusait le capitaine Dreyfus d'être l'auteur du bordereau.

M. Brisson, président du conseil, assistait, impassible et muet, à tous ces faits sans précédent, même en Tartarie. Tous les yeux se tournèrent vers la Cour de cassation...

XVI

LA PEUR DE LA LUMIÈRE

11 août 1898.

Le Parquet avait à signifier hier à M. le colonel Picquart l'ordonnance de M. le juge d'instruction Bertulus relative à la plainte portée par lui contre les auteurs des faux commis à son préjudice par Esterhazy et la fille Pays.

Cette ordonnance n'a pas été signifiée *in extenso* au colonel Picquart.

Trois faux avaient été dénoncés à M. Bertulus :
1° La lettre *Speranza* du 15 décembre 1896 ;
2° La dépêche *Speranza* du 10 novembre 1897 ;
3° La dépêche *Blanche* du même jour.

Le juge d'instruction n'ayant pas reconnu la participation d'Esterhazy et de la fille Pays au premier de ces faux a prononcé à leur profit, de ce chef, un non-lieu.

Les ayant reconnus, au contraire, coupables en ce qui concerne les deux autres faux, il les a renvoyés de ce second et de ce troisième chef, devant la Cour d'assises.

Que fait le Parquet?

Il ne signifie à M. le colonel Picquart que la partie de l'ordonnance qui est relative à la lettre *Speranza*, au non-lieu prononcé de ce chef par le juge.

Mais il supprime de l'ordonnance, qu'il avait le devoir de signifier *in extenso*, toute la partie, considérants et dispositifs, qui est relative aux fausses dépêches et qui motive le renvoi d'Esterhazy et de la fille Pays devant la Cour d'assises.

M⁰ Labori, au nom de M. le colonel Picquart, a immédiatement protesté contre cette extraordinaire mutilation.

Par une sommation à M. le procureur général, il a réclamé la signification de l'ordonnance *in extenso*, selon son droit.

Que disaient donc ces considérants dont on a une crainte si mal dissimulée?

Qu'a voulu le Parquet en ne les notifiant pas?

Si ces considérants avaient lavé de l'accusation portée contre eux Esterhazy et la fille Pays, à qui fera-t-on croire qu'on ne se fût pas empressé de les signifier à M. le colonel Picquart, de les produire au grand jour?

Et comment voulez-vous que tout le monde ne soit pas persuadé que, si ces considérants et ces dispositifs n'ont pas été produits, c'est parce qu'ils accablent de preuves irréfutables le Uhlan et sa maîtresse?

Et cette hypothèse suffit-elle encore? Et comment le Parquet ne s'est-il pas dit que cet acte, qu'il croit sans doute ingénieux et habile, va se retourner de toute sa force non seulement contre Esterhazy et la fille Pays, mais contre celui qui a été, dans ces faux, leur inspirateur et leur instigateur, contre ce Du Paty qu'on ne sait quelle puissance occulte veut sauver à tout prix et qu'on perd, au contraire, plus irrémédiablement encore, devant l'opinion, par cette peur de la lumière.

Et de pareils faits, dont on ne trouverait pas l'analogue sous l'Empire, se produisent au lendemain du jour où le législateur, par le vote de la loi du 8 décembre 1897, a voulu abolir les derniers vestiges de l'instruction secrète !

Est-ce le ministre de la Guerre qui est ministre de la Justice ?

Et cela se passe, Monsieur Brisson, sous un ministère dont vous êtes encore le chef nominal, — et sous un gouvernement qui s'appelle encore la République !

XVII

INSCRIPTION

LE XII AOUT MDCCCXCVIII
FÉLIX FAURE
ÉTANT PRÉSIDENT DE LA RÉPUBLIQUE
HENRI BRISSON
PRÉSIDENT NOMINAL DU CONSEIL DES MINISTRES
LES JUGES CIVILS
APRÈS AVOIR RENDU UN NON-LIEU
EN FAVEUR DU MARQUIS DU PATY DE CLAM
ONT MIS EN LIBERTÉ
FERDINAND WALSIN-ESTERHAZY
COMMANDANT AU ROYAL UHLANS
ET MARGUERITE PAYS
LE CAPITAINE ALFRED DREYFUS
RESTANT A L'ILE DU DIABLE
ET LE COLONEL GEORGES PICQUART
EN PRISON

LES FAUSSAIRES

(2ᶜ Série.)

HENRY

I

LE COUP DE MASSUE DU GÉNÉRAL DE PELLIEUX

18 février 1898.

Des paroles d'une extrême gravité ont été prononcées hier à la Cour d'assises.

Le général de Pellieux et le général Gonse sont venus, l'un après l'autre, déclarer à la barre que, deux ans après la condamnation du capitaine Dreyfus, à la veille de l'interpellation Castelin, une pièce était tombée entre les mains du ministère de la Guerre et que cette pièce démontre d'une façon décisive la culpabilité du condamné.

A la suite de cette déclaration, M° Labori a exigé, au nom de la défense, que ce nouveau document, qu'on venait de jeter dans les débats, fût apporté à l'audience, que le général de Boisdeffre fût appelé à s'en expliquer.

Le général de Boisdeffre n'était pas là ; la Cour, après un bref délibéré, a accepté les conclusions de M° Labori et a remis l'audience à aujourd'hui.

Pour éviter toute confusion au sujet de cet incident,

il est nécessaire de préciser et de classer, une bonne fois, les différentes pièces secrètes qu'on voit émerger successivement dans l'affaire Dreyfus.

Il y a d'abord la pièce que M. le général Mercier a fait communiquer, en dehors de la défense, aux membres du conseil de guerre qui a condamné Dreyfus.

Cette pièce, qui a été révélée pour la première fois par l'*Éclair* du 14 septembre 1896, est une lettre de M. de Schwarzkoppen à M. Panizzardi, lettre qui se termine, d'après l'*Éclair*, par ce *post-scriptum :* « *Cette canaille de D... devient bien exigeant.* »

Ce n'est pas de cette pièce qu'il s'est agi hier. On sait seulement que l'authenticité n'en est pas contestée et que, d'après les déclarations formelles des ambassades intéressées, déclarations qui ont été reçues par M. Hanotaux, elles ne s'appliquent pas au capitaine Dreyfus.

Il y a ensuite une série de plusieurs lettres formant un dossier dont le colonel Sandherr aurait, selon la déposition du lieutenant-colonel Henry, montré à ce dernier, le 14 décembre 1894, deux lettres, en lui faisant jurer de n'en jamais révéler le contenu.

Ce dossier a été ensuite remporté par le colonel Sandherr et on ne l'aurait jamais plus revu.

Il y a lieu de croire que ce dossier se compose de la prétendue correspondance échangée entre Dreyfus et l'empereur d'Allemagne, correspondance dont l'existence a été bruyamment révélée par M. Henri Rochefort, dans l'*Intransigeant* du mois de décembre dernier.

Comme cette révélation a fait l'objet de deux démentis catégoriques du gouvernement actuel et de M. Charles Dupuy, il est manifeste que le ministère de la Guerre lui-même considère actuellement ces lettres comme de simples faux, fabriqués par des personnes intéressées à faire condamner Dreyfus.

Ce n'est pas encore de ces dossiers-là qu'il s'est agi hier.

Vient enfin une troisième pièce dont il avait été fort peu question jusqu'à présent.

On savait seulement, par une indiscrétion du *Cri de Paris*, que le ministère de la Guerre avait en main, depuis environ un an, un nouveau billet du même attaché militaire étranger à son collègue et conçu à peu près en ces termes : « Je pars pour Berlin, tu pars pour
» Rome ; il est bien entendu que, pour nos gouverne-
» ments respectifs, nous n'avons jamais eu affaire avec
» Dreyfus. »

Cette pièce ridicule, *qui pue le faux*, n'avait jamais été sérieusement invoquée dans les polémiques actuelles.

Il était réservé à MM. les généraux Gonse et de Pellieux de donner la mesure de leur esprit critique en la faisant intervenir hier dans les débats, au cri de guerre : « Allons-y ! »

Ils ont donné, en même temps, d'intéressants renseignements sur le contenu exact de la pièce et sur la date précise où elle est parvenue au service des renseignements.

La pièce, ou plutôt les pièces, seraient, d'une part, une carte de visite au nom de l'attaché militaire en question, carte portant au dos une recommandation insignifiante signée d'une initiale conventionnelle.

Puis, un billet conçu à peu près dans les termes qu'avait fait connaître le *Cri de Paris* : « J'apprends
» qu'une interpellation va être faite à la Chambre sur
» l'affaire Dreyfus ; il est bien entendu que nous ne

» connaissons pas ce Juif. » Signé de la même initiale conventionnelle.

Le piquant de l'affaire, c'est que ce document, que n'a point connu le colonel Picquart, serait arrivé néanmoins au ministère avant l'interpellation Castelin.

Or, nous savons aujourd'hui, de source certaine, par la déposition de M. le colonel Picquart, confirmée par celle du général Gonse, que le colonel Picquart avait fait la remise de ses services les 15 et 16 novembre 1896 et qu'il est parti en mission le 16 novembre au soir, « l'avant-veille de l'interpellation Castelin. »

L'interpellation Castelin a eu lieu le 18 novembre 1896.

C'est donc, entre ces deux dates, c'est-à-dire le 17 novembre 1896, seul jour disponible, que l'inepte document : « Ne parlons pas de ce Juif » est tombé, comme par hasard, entre les mains de l'Etat-Major.

Quelle est la dame voilée, quel est le Lemercier-Picard qui a apporté, qui a fabriqué ce faux ridicule ?

Une enquête s'impose à ce sujet. Espérons que ce n'est ni M. le général de Pellieux ni M. le général Gonse qui en seront chargés.

II

LE GÉNÉRAL DE BOISDEFFRE ET LE JURY

21 février 1898.

L'audacieuse déclaration de M. le général de Boisdeffre dans l'audience de samedi a provoqué, dans toute la presse indépendante, un même mouvement d'indignation :

« N'est-il pas insolite, dit le *Temps*, que le chef de l'Etat-Major général vienne poser devant les douze jurés une sorte de question de confiance ? Que devient la liberté des jurés ? »

M. Ranc, dans le *Radical*, s'adresse au ministre de la Guerre :

« L'anarchie, lui dit-il, bat son plein à la rue Saint-Dominique ; tout le monde y commande, y gouverne, y règne, excepté vous. »

Les républicains du Sénat et de la Chambre, ceux qui ne sont pas terrorisés par les menaces de la presse immonde, ceux qui sont dignes encore du nom de républicains, tiennent, dans les couloirs du Palais-Bourbon et du Palais du Luxembourg, le même langage. L'écho en est arrivé jusque dans un autre palais.

Aussi bien, le discours du général de Boisdeffre est-il encore plus grave que l'on ne croit. Les gens peu informés n'y ont vu qu'une menace à l'adresse du jury. Condamnez Zola ou l'État-Major donne sa démission ! En vérité, le discours s'adresse encore bien plus à M. le général Billot qu'au jury. M. de Boisdeffre, qui « branle depuis longtemps dans le manche », a imaginé de se faire imposer par le jury au ministre de la Guerre. D'une pierre, deux coups.

Le général de Boisdeffre a eu, pendant assez longtemps, l'ambition d'être ambassadeur en Russie. A cet effet, il faisait passer dans les journaux, déjà dévoués à la petite coterie de la rue Saint-Dominique, des notes perfides annonçant le prochain départ de M. de Montebello et son remplacement par M. de Boisdeffre.

Avertis de cette campagne, M. Hanotaux, ministre des Affaires Étrangères, et le général Billot, ministre de la Guerre, la firent cesser. Tous les détails de cet incident sont connus; on pourra, si le général de Boisdeffre y tient, les raconter.

Aujourd'hui, M. de Boisdeffre a dû renoncer à toute ambition d'aller jamais représenter la France en Russie. Depuis qu'il est devenu le protégé de M. Rochefort, il n'est jugé nulle part, avec plus de sévérité, qu'en Russie. M. Rochefort passe, en Russie, pour le représentant de la révolution anarchiste, nihiliste et communiste. Être protégé par lui, c'est, aux yeux de la Russie, une tache indélébile. M. de Boisdeffre a lu les journaux russes, les articles qu'y ont publié les plus hauts dignitaires de l'Empire. Il est fixé.

Le général de Boisdeffre se cramponne donc à l'État-

Major. Le syndicat de Mun-Rochefort ne suffit plus. Le père Du Lac s'est trop maladroitement démasqué. De là, l'appel au jury de la Seine.

Le *Siècle* a déjà dit quelle était l'origine de la fausse dépêche qui avait « motivé » l'intervention de M. de Mun dans la séance du 4 décembre. Les journaux de la rue Saint-Dominique racontaient, depuis plusieurs jours, que les partisans de la revision du procès Dreyfus allaient publier une dépêche de M. de Boisdeffre à M. Esterhazy : « Revenez, je vous couvre. » Or, jamais les partisans de la revision n'eurent entre les mains cette dépêche. Cette histoire avait été inventée de toutes pièces par les amis de M. Esterhazy. Ce furent eux qui mirent la dépêche en circulation, l'attribuant au prétendu syndicat. C'est à ce clou forgé par la presse cléricale que le général de Boisdeffre accrocha sa lettre à l'*Agence Havas*, que M. de Mun accrocha son discours.

On sait avec quelle violence l'*Intransigeant* attaque le général Billot, avec quel enthousiasme il célèbre le général de Boisdeffre. D'où provient ce contraste ? Le général de Boisdeffre répondra peut-être qu'il n'écrit ni n'inspire les articles de l'*Intransigeant*. On n'a pas oublié que, le lendemain du jour où il avait dîné avec MM. Rochefort et Laguerre, le général Boulanger avait donné sa parole d'honneur qu'il n'avait pas vu M. Rochefort depuis six mois. Cependant, il suffirait à M. de Boisdeffre de dire un mot pour que l'*Intransigeant* cessât de le célébrer aux dépens du général Billot, outragé et traîné dans toutes les boues. Or, ce mot, M. de Boisdeffre ne le dit pas.

L'*Intransigeant* a raconté cinquante fois que le général Billot avait l'intention de remplacer le général de Boisdeffre à l'État-Major ; il a même nommé son

successeur éventuel, qui est un général républicain.
D'où venait à l'*Intransigeant* cette information ? Quelle
femme voilée lui avait porté cette nouvelle ? Dans
quel intérêt l'annonçait-on ?

Ou nous nous trompons fort ou cette femme voilée
est la même qui renseignait M. Esterhazy.

M. Millevoye a provoqué, l'autre soir, un immense
éclat de rire, dans une réunion tenue à Suresnes, en
racontant qu'il existait des lettres de Dreyfus à l'Empereur d'Allemagne et de l'Empereur d'Allemagne à
Dreyfus. L'*Intransigeant* avait déjà servi ces papiers
Norton, plus bêtes que ceux du nègre, à ses lecteurs.
Deux démentis de l'*Agence Havas* avaient répondu à
ces articles de M. Rochefort. D'où venait cette ineptie ?

Nous aurions entre les mains la preuve matérielle
que cette ineptie a été mise en circulation par M. de
Boisdeffre que nous ne fournirions pas cette preuve.
Notre patriotisme nous le défendrait. Mais le patriotisme de M. le général de Boisdeffre ne lui a pas
interdit de confirmer, devant le Jury de la Seine,
l'authenticité d'une prétendue lettre de M. de
Schwarzkoppen à M. de Panizzardi, au sujet « du juif
Dreyfus », lettre qui n'est pas un faux moins stupide
et moins manifeste que les lettres *à* ou *de* l'empereur
d'Allemagne.

Si le général Billot n'avait pas considéré cette lettre
comme un faux, eût-il hésité à la montrer à M. Scheurer-Kestner ? C'est parce qu'il la considérait, tout
comme la considère le colonel Picquart, comme un
faux ridicule et inepte, que le général Billot s'est contenté d'en menacer l'honorable sénateur. M. de Pellieux
et M. de Boisdeffre n'ont pas eu les mêmes scrupules.
Croient-ils donc aux jurés de la Seine moins d'esprit
critique, moins de clairvoyance, moins d'intelligence

qu'aux électeurs de Suresnes qui ont conspué M. Millevoye?

L'injure que M. le général Billot n'a point voulu faire à M. Scheurer-Kestner en lui présentant un faux grossier et manifeste comme une pièce probante, cette injure, MM. de Pellieux et de Boisdeffre l'ont faite au jury de la Seine[1].

Ces grosses malices sont cousues de fil blanc. L'honneur de l'armée n'est pas en cause. Il n'y a en cause que l'intérêt personnel de ceux que M. Ranc appelle « les gens de la coterie néfaste de la rue Saint-Dominique ». L'honneur de l'armée n'est compromis, menacé, que par leurs manifestations prétoriennes et par l'imbécillité de leurs prétendues révélations.

C'est par respect pour l'honneur vrai de l'armée, avec le souci des véritables intérêts de la défense nationale, que le jury de la Seine devra écarter du débat les vaines menaces d'une coterie de bonapartistes et de cléricaux, pour juger la cause en elle-même, sans haine et sans crainte.

---

1. M. Cavaignac, ministre de la Guerre du cabinet Brisson, porta le 7 juillet à la tribune de la Chambre cette même pièce dont il affirma l'authenticité. Le 30 août, le colonel Henry s'en reconnut l'auteur.

III

HALTE LA !

2 septembre 1898.

Halte là !

M. Cavaignac a refusé de commettre le crime de couvrir celui du colonel Henry. Je ne suis pas des amis de M. le ministre de la Guerre. J'aurais cru cependant lui faire injure en l'en félicitant.

Mais de ce que M. Cavaignac n'a pas voulu se faire le complice du colonel Henry, il y a peut-être quelque exagération à conclure que M. ministre de la Guerre a bien mérité de la patrie, qu'il est le justicier impeccable dont la parole ne saurait faire doute désormais pour personne, et que ceux-là seraient de mauvais citoyens qui ne s'inclineraient pas à l'avenir, sans discussion et sans murmure, devant l'autorité d'un homme tel que lui.

C'est cependant cette campagne qu'engagent, depuis hier, les journaux qui n'avaient pas assez d'injures, il n'y a pas trois jours, pour ceux qui se permettaient de mettre en doute l'inepte document dont le général Billot avait menacé M. Scheurer-Kestner, comme d'un coup de massue, dont les généraux de Boisdeffre, de Pellieux et Gonse, avaient proclamé l'incontestable authenticité devant le jury de la Seine, que M. Cavaignac enfin avait fait afficher solennellement sur toutes les murailles de nos 36,000 communes.

L'audace de cette nouvelle tentative en faveur de M. le ministre de la Guerre n'a d'égale que celle des précédentes entreprises d'apothéose au profit du même personnage.

Les républicains qui s'y prêteraient, après les terribles expériences dont ils viennent d'être les témoins, ne seraient pas que des imbéciles. Ils mériteraient les pires destins.

**

Ils ont, en effet, des comptes, et des plus sérieux, à demander à M. Cavaignac.

Ils ont à lui demander d'abord comment, deux jours à peine après son installation au ministère de la Guerre, il a pu prendre sur lui de venir déclarer à la Chambre et au pays qu'il avait fait du dossier de l'affaire Dreyfus l'étude la plus attentive et que sa conscience lui permettait d'affirmer que l'infortuné capitaine avait été, sinon légalement, du moins justement condamné.

M. Cavaignac n'est pas un politicien quelconque : il a la prétention d'être un historien, presque un intellectuel. Et son sens critique n'a rien trouvé à objecter au plus stupide, au plus manifeste des faux ! « J'ai pesé, disait-il à la Chambre, parlant au nom du gouvernement de la République et au nom de l'armée, j'ai pesé l'authenticité matérielle et l'authenticité morale de ce document. » Comment en avait-il pesé l'authenticité matérielle ? Pour ce qui est de l'authenticité morale, M. le ministre de la Guerre n'éprouvait aucun embarras à croire que l'attaché militaire d'Allemagne avait, et dans quel style ! recommandé à son collègue d'Italie de mentir à son gouvernement, comme il était prêt à mentir au sien.

C'est entre mille documents que M. Cavaignac avait choisi celui-là comme devant emporter les convictions les plus rebelles. Que doivent être, juste ciel ! les 999 autres documents, moins probants, que M. Cavaignac avait eu le temps d'étudier en quarante-huit heures ?

Quand un homme, quand un ministre, et dans quelles circonstances, après quels avertissements ! a commis une pareille erreur ; quand, après s'être laissé aussi grossièrement tromper, il a trompé de la sorte une Chambre novice et tout un grand pays ; quand il a exposé ainsi ce grand pays et cette Chambre à la risée du monde, il a le devoir d'être modeste et, sous peine d'être taxé d'impudence ou d'inconscience, d'imposer silence à des thuriféraires qui ne parlent pas, peut-être, sans y avoir été conviés.

M. le général de Boisdeffre n'avait trompé, après avoir été, lui aussi, trompé comme un enfant, que le jury de la Seine. Il n'a pas cru devoir conserver ses hautes fonctions à l'État-Major. Cette leçon de dignité a été perdue pour M. Cavaignac.

.'.

M. Cavaignac a mis lui-même la main au collet du colonel Henry. Mais dans quelles conditions ?

Comment ! c'est le 13 août que M. le ministre de la Guerre, de son propre aveu, aurait, d'après son propre récit, découvert que le chef du bureau des renseignements avait commis le plus abominable des faux, et c'est le 29 août seulement qu'il se décide à agir !

Que fait-il dans l'intervalle? Ce ministre de la Guerre ne peut laisser à un vice-président le soin de présider le conseil général de la Sarthe. Alors qu'il sait déjà la vérité, il va prononcer des discours, faire émettre des vœux qui sont des outrages au bon sens et à la vérité. Alors qu'il est détrompé, il laisse le pays s'enfoncer un peu plus encore dans le mensonge et dans l'erreur. C'est une conscience d'une nature toute spéciale que celle de M. Cavaignac.

Le colonel Henry a reconnu, dans le cabinet du ministre, qu'il était l'auteur de la fausse lettre de 1896. Mais, enfin, qu'a-t-il avoué? A qui fera-t-on croire que le colonel Henry a commis ce crime pour le plaisir de le commettre? Il était *mtisé*, c'est l'évidence, dans la pensée de rendre *irré*vocable la condamnation du capitaine Dreyfus, d'enfoncer un peu plus un innocent dans le sépulcre. Mais il y en avait un autre qui avait, lui aussi, quelque intérêt à cette infamie. L'a-t-il nommé? Cet autre ne s'est-il douté de rien, n'a-t-il rien vu?

Et, là-dessus, ce n'est pas au Cherche-Midi, comme le voulait la loi, à la prison des militaires accusés d'un crime, que M. Cavaignac fait conduire celui des faussaires qui a avoué. C'est au Mont-Valérien, où les mesures les plus élémentaires de surveillance n'ont pas été prises.

Il y avait un témoin, indispensable, entre tous, à la manifestation de la vérité. Ce témoin est mort.

Et l'on s'étonnera demain, quand de nouvelles légendes viendront obscurcir encore cette ténébreuse affaire, troubler l'esprit populaire et l'affoler !

∴

Et pendant que le colonel Henry se tue d'un coup de rasoir dans la gorge, que devenait l'autre faussaire, celui qui n'est pas un simple roturier, qui est à la fois marquis et cousin de M. le ministre de la Guerre?

Il a été dénoncé, celui-là, comme le machinateur du procès Dreyfus, comme l'auteur des trames les plus odieuses contre le colonel Picquart, comme le collaborateur et le conseiller d'Esterhazy.

Il a été dénoncé comme l'auteur des faux les plus éhontés.

Il a été dénoncé comme étant celui qui a fait sortir du ministère de la guerre le document libérateur, qui en a armé le traître, qui a joué le rôle de la *Dame voilée*, qui a tourné en dérision la justice de son pays, qui a accumulé faux sur faux, mensonges sur mensonges, crimes sur crimes.

Souffleté tous les matins, pendant un long mois, par tant d'accusations infamantes, il est resté coi, insensible. Il a été sommé de poursuivre ceux qu'il appelait ses diffamateurs, de les traduire devant la grande lumière de la Cour d'assises. Il s'est réfugié dans l'ombre, avouant par le silence.

Il est l'un des principaux auteurs de toutes ces ruines, de tous ces désastres, de toutes ces hontes. Sans lui, peut-être, cette page sombre n'aurait pas obscurci notre histoire.

Et, de par la volonté de M. Cavaignac, il reste impuni. Un magistrat se trouve qui a le courage de regarder cet homme en face, de ne pas trembler devant lui : ses arrêts sont brisés.

∴

Il est vrai que le colonel Picquart est toujours en prison. Cet « individu », comme l'a appelé M. Cavaignac, ce « monsieur », comme l'a appelé le général de Pellieux, a commis en effet deux grands crimes.

Il a, sous la République, réclamé la justice égale pour tous, même pour un juif, même pour un Alsacien. Il a démasqué, le premier, les faussaires.

∴

Tels sont les titres de M. Cavaignac.

IV

COMMENT A ÉTÉ FABRIQUÉE LA LETTRE HENRY

3 septembre 1898.

Deux faussaires ont été les auteurs de la condamnation du capitaine Dreyfus : l'un est mort ; l'autre est le parent ou l'ami de M. le ministre de la Guerre.

I

Le lundi 15 octobre 1894, quand le colonel, alors commandant Du Paty de Clam, remit aux mains du commandant, depuis colonel Henry, le capitaine Dreyfus pour le conduire à la prison du Cherche-Midi, l'accusation portée contre Dreyfus reposait sur une seule pièce : le bordereau.

Ce bordereau avait été soumis à un expert honorable et compétent, M. Gobert, qui avait conclu, après examen, qu'il n'était pas de l'écriture du capitaine Dreyfus ; il avait été communiqué ensuite à un maniaque, qui n'était pas expert, et qui avait déclaré aussitôt que le bordereau était l'œuvre du juif.

C'était si bien l'unique chef d'accusation que toute l'enquête dont le colonel Du Paty de Clam fut chargé, comme officier de police judiciaire, par le général Mercier, ne porta que sur cette pièce.

Le 15 octobre, quand le capitaine Dreyfus arriva au ministère de la Guerre, la dictée que lui fit Du Paty était celle d'une lettre où étaient énumérés les documents figurant dans le bordereau. J'ai déjà fait observer que les accusateurs du capitaine Dreyfus n'ont jamais osé produire cette dictée, écrite d'une écriture normale et tranquille, qui, mise en regard du bordereau, suffirait à démontrer l'innocence du condamné.

Toute l'enquête du Cherche-Midi ne porta que sur le bordereau. Avant même que le capitaine Dreyfus en eût connaissance, Du Paty s'acharnait à lui dicter, jusqu'à soixante et quatre-vingts fois, des mots pris dans le texte de cette pièce.

Il les faisait écrire au capitaine Dreyfus assis, debout, couché, la main nue, la main gantée.

Du Paty emportait ensuite ces fragments d'écriture, les faisait photographier et découpait dans la photographie les mots qu'il avait dictés au capitaine Dreyfus.

Il découpait ensuite ces mêmes mots dans une photographie du bordereau.

Puis il revenait au Cherche-Midi. Il mélangeait ces fragments photographiques, ceux du bordereau et ceux qui provenaient de la dictée faite à sa victime, et il faisait prendre au capitaine Dreyfus l'un ou l'autre de ces fragments, lui demandant de dire si le fragment était ou non de son écriture.

Pas une fois le capitaine Dreyfus ne se trompa ; il reconnut toujours ce qui était de son écriture et ce qui n'en était pas.

Toute l'accusation dirigée contre le capitaine Dreyfus reposa cependant sur le bordereau.

On connaît ce passage de l'acte d'accusation du commandant d'Ormescheville : « Au moment de son arres-
» tation, le 15 octobre, lorsqu'on le fouilla, Dreyfus
» dit : « Prenez mes clés, ouvrez tout chez moi ; vous
» ne trouverez rien. » La perquisition qui a été prati-
» quée à son domicile a amené ou à peu de chose près
» le résultat indiqué par lui. Mais il est permis de pen-
» ser que, si aucune lettre, même de sa famille, sauf
» celles des fiançailles adressées à Mme Dreyfus, au-
» cune note, même de fournisseurs, n'ont été trouvées
» dans cette perquisition, c'est que tout ce qui aurait
» pu être en quelque façon compromettant avait été
» caché ou détruit à temps. »

L'acte d'accusation de M. Besson d'Ormescheville débute ainsi : « La base de l'accusation portée contre le
» capitaine Dreyfus est une lettre missive, écrite sur
» du papier pelure, non signée et non datée, qui se
» trouve au dossier. »

Donc, au moment où s'ouvre le procès, une seule pièce : le bordereau.

II

Le procès ne porte que sur cette pièce.

Les commérages d'antichambre, les bas rapports de police, n'ont pas résisté à la discussion. Un incident, toutefois, vaut la peine d'être rapporté.

Le colonel Henry, attaché au bureau des renseignements, avait déposé une première fois, contre le capitaine Dreyfus. L'audience est suspendue. A la reprise, le colonel Henry redemande la parole. Il déclare « qu'une personne honorable lui a affirmé qu'un offi-

» cier du deuxième bureau trahissait. » Dreyfus appartenait à ce bureau.

Dreyfus se dresse à son banc, il somme Henry de nommer cette personne *honorable*, de l'amener à l'audience.

Henry ne trouve que cette réponse : « Ce qui a été » confié à un officier, il ne doit pas même le dire à son » képi. »

Si le colonel Henry n'était pas mort au Mont-Valérien, il pourrait dire aujourd'hui quelle est cette personne *honorable*, qui ne l'était peut-être pas. Il pourrait dire aussi avec qui il avait causé pendant la suspension d'audience. Du Paty était là.

Mais le colonel Henry est mort, parce que M. Cavaignac, qui avait le devoir de l'envoyer au Cherche-Midi, l'a envoyé au Mont-Valérien.

Le procès se poursuit. Il ne reste que le bordereau. Le commandant Brisset, commissaire du gouvernement, le constate à la fin de sa réplique. Il abandonne, en termes formels, tous les éléments *dits* moraux de l'acte d'accusation de M. d'Ormescheville. Il brandit le bordereau. « Il reste cela, dit-il aux juges, et c'est de l'écriture de Dreyfus. »

M. Demange, avocat de Dreyfus, n'a connu que cette seule pièce : le bordereau.

III

Les juges se retirent dans la salle du conseil. Ils vont acquitter Dreyfus. C'est alors que, sur l'ordre du ministre de la Guerre, en violation de la loi, de l'article 101 du code militaire, de toute équité et de toute justice, les pièces secrètes leur sont communiquées.

M. Cavaignac a donné à la Chambre connaissance

de ces pièces : ce sont deux lettres du colonel de Schwarzkoppen au colonel Panizzardi, la lettre fameuse : « Ce canaille de D... »

Quelqu'un affirme sur l'honneur aux juges du conseil de guerre que cette initiale s'applique au capitaine Dreyfus ; les juges, trompés, condamnent.

Ce quelqu'un mentait.

Dans sa lettre du 9 juillet à M. le président du Conseil où il se déclarait prêt à établir devant toute juridiction compétente que la pièce qui porte la date de 1896 est un faux, — c'est la pièce fabriquée par Henry, — le colonel Picquart se déclarait également prêt à établir que les deux pièces qui portent la date de 1894 — ce sont les pièces secrètes — ne sauraient s'appliquer au capitaine Dreyfus.

Le colonel Henry, — qui avait, quelquefois, l'aveu loyal, — a reconnu lui-même devant la Cour d'assises, au procès Zola, que ces deux pièces, que la pièce : « Ce canaille de D... » n'avaient jamais appartenu au dossier Dreyfus.

« Jamais la pièce « Canaille de D... » n'a eu de rap-
» port avec le dossier Dreyfus. Je le répète : jamais.
» Jamais ces deux pièces, le dossier Dreyfus et la pièce
» « Canaille de D... », n'ont eu aucun rapport. »
(Compte rendu sténographique, t. I, p. 378.)

Faut-il rappeler à M. le ministre de la Guerre que les gouvernements allemand et italien ont déclaré, à dix reprises, que, jamais, ni directement ni indirectement, leurs agents n'avaient eu affaire au capitaine Dreyfus ?

Et il serait naïf, surtout, de faire appel au sens critique de M. Cavaignac. Quand on a pesé, comme il l'a fait, « l'authenticité morale » du document dont les plus humbles des intellectuels avaient reconnu tout de suite, dont j'écrivais moi-même, ici, le jour où il fut produit pour la première fois par le général de Pellieux, « qu'il pue le faux »; on perdrait son temps à lire l'admirable article où Jaurès établit, avec la clarté de l'évidence, que « Ce canaille de D… » ne peut désigner un officier d'État-Major. M. Cavaignac ne comprendrait rien aux lumineuses déductions, aux démonstrations irréfutables de Jaurès. Ce qu'il faut pour convaincre M. Cavaignac, c'est des preuves matérielles, des quadrillages de papier qui ne concordent pas.

« Ce canaille de D… m'a porté pour vous, écrit le colonel de Schwarzkoppen au colonel Panizzardi, douze plans directeurs de… » Ici le nom d'une forteresse des Alpes dont l'attaché italien avait évidemment intérêt à connaître les plans directeurs, c'est-à-dire les levés topographiques au 10,000ᵉ. M. Panizzardi, ainsi qu'il résulte de la première pièce lue par M. Cavaignac (mars 1894), avait rompu avec « ce canaille de D… » qui n'était resté qu'au service de M. Schwarzkoppen. « Ce canaille de D… » prie Schwarzkoppen de le faire rentrer en grâce auprès de son collègue italien. (C'est la lettre, interceptée, du 10 avril 1894.) Et, pour décider Panizzardi à le reprendre, « ce canaille de D… » lui fait envoyer par Schwarzkoppen douze plans directeurs de Briançon ou de Nice, par exemple. — Je dis : *par exemple*, mais il y a des gens qui me comprendront.

Et « ce canaille de D… », qui est ainsi aux gages de deux attachés militaires qui dans l'espace d'un mois, de mars au 10 avril 1894, fait, *au moins*, deux visites à l'attaché militaire allemand et une à l'attaché italien, qui *porte lui-même*, chez Schwarzkoppen, un aussi gros paquet que celui des douze plans directeurs de Nice ou de Briançon, qui sollicite avec cette bassesse sa rentrée au service de l'attaché italien par l'intermédiaire de l'attaché allemand, dont ces deux diplomates parlent entre eux avec cette désinvolture méprisante comme d'un laquais, que Panizzardi renvoie et que Schwarzkoppen recommande sans empressement, ce serait un espion aussi rare, aussi précieux, qu'un officier breveté d'État-Major, ce serait le capitaine Alfred Dreyfus !

J'entends bien ; M. Cavaignac peut répondre : « Un officier d'État-Major : pourquoi pas ? Est-ce qu'un officier d'État-Major est incapable de commettre un crime ? Henry ? Du Paty ?... »

O honneur de l'armée !

Et, si je pouvais croire M. Cavaignac capable d'un effort psychologique, je lui répondrais : « Un crime. Oui, certes, hélas ! Mais celui-là, *et de cette façon-là*, non. Entre un officier qui trahit et un valet qui vend, il y a, il y aura toujours, au moins dans la forme, quelque différence. »

Enfin, en ce qui concerne Dreyfus, en ce qui concerne *l'impossibilité* que « ce canaille de D... » désigne Dreyfus, je n'aurais qu'à citer textuellement cette forte page de Jaurès : « Quoi ! ce même Dreyfus que l'acte d'accusation représente comme la prudence et comme la prévoyance mêmes ! C'est ce même Dreyfus qui déguise son écriture par les complications inouïes que lui attribue Bertillon et qui ne garde chez lui aucune pièce compromettante ! C'est ce même Dreyfus dont la police n'a pu su se rappeler aucune démarche suspecte auprès des légations étrangères ! C'est ce même homme qui aurait, dans l'espace d'un mois, franchi trois fois au moins la porte des légations (allemande et italienne) avec de gros paquets de documents sous le bras ! C'est cet homme orgueilleux et riche qui aurait été mendier auprès des attachés une rentrée en grâce, après des scènes bassement violentes! Cela est criant d'invraisemblance et d'absurdité! »

Mais, encore une fois, de cette critique, pourtant élémentaire, des textes, et de cette simple psychologie, il est démontré que M. Cavaignac est incapable. Ce qu'il lui faut, c'est, à la lumière d'une lampe, des quadrillages de papier qui ne s'adaptent pas l'un sur l'autre exactement. Et alors je lui dis :

Cherchez parmi les agents civils, infimes, du ministère de la Guerre en 1894, un D..., à qui son emploi ait pu donner quelque facilité de voler des documents, des pièces topographiques ou autres. Ne faites pas chercher par Du Paty, bien que, je me hâte de le dire, ce n'est évidemment pas son D... qui soit en cause. Non, ce n'est pas Du Paty — et ce n'est même pas Esterhazy. Mais faites chercher par quelqu'un qui ait la volonté de trouver. Il trouvera.

IV

Donc, en 1894, il y avait au ministère de la Guerre deux « preuves » de la culpabilité de Dreyfus : le bordereau, qui est d'Esterhazy, et la pièce « ce canaille de D... » qui ne s'applique ni à Esterhazy ni au capitaine Dreyfus.

Ce dossier était mince, et plus d'un trouvait, en effet, que c'était mince.

Un peu plus tard, le colonel, alors commandant, Picquart, remplace le colonel Sandherr à la tête du bureau des renseignements. Henry reste sous ses ordres.

Le « petit bleu » met le colonel Picquart sur la

piste d'Esterhazy. Avec l'assentiment de ses chefs, du général Billot, du général de Boisdeffre, du général Gonse, il demande des spécimens de son écriture. Le colonel du régiment auquel appartient Esterhazy les lui remet sous forme de lettres ayant trait au service. Dès qu'il a ces lettres entre les mains, il est frappé de l'étonnante ressemblance entre cette écriture et celle du bordereau (*Procès Zola, déposition du colonel Picquart, t. I, p. 285.*)

Le colonel Picquart fait photographier ces lettres d'Esterhazy. Il en montre une à Bertillon qui répond tout de suite : « C'est l'écriture du bordereau. » Et, après réflexion, suivant son idée de maniaque : « Les juifs font depuis un an exercer quelqu'un pour avoir l'écriture du bordereau. Ils y ont parfaitement réussi, c'est évident. »

Il montre un autre échantillon de l'écriture d'Esterhazy, sans nommer celui-ci, à Du Paty. Et aussitôt : « C'est, répond Du Paty, l'écriture de Mathieu Dreyfus. » On sait que Du Paty avait imaginé que, pour écrire le bordereau, le capitaine Dreyfus aurait fait un mélange de son écriture avec celle de son frère.

La preuve était faite.

Seulement, voilà Du Paty averti, et Henry l'est aussi, qui, comme subordonné du colonel Picquart, a été au courant de toute l'affaire du *Petit bleu*. Tous deux savent maintenant que le colonel Picquart est en marche sur le chemin qui conduit à la vérité. Le bordereau attribué à son véritable auteur, c'est l'innocence de Dreyfus. Alors tout le monstrueux échafaudage s'écroule, tout l'infâme procès qui est leur œuvre à tous les deux, à Du Paty et à Henry, qui est « l'honneur du bureau ». Qu'il s'écroule, ce procès maudit, et ce n'est pas seulement Esterhazy, le traître, qui périt sous ses débris; c'est eux aussi, les deux félons qui ont tout machiné, tout conduit, qui ont menti à leurs chefs, menti aux juges, qui ont trompé la justice et qui ont fait condamner un innocent.

A tout prix coûte que coûte, il faut empêcher cela.

Et, de jour en jour, le danger devient plus pressant. Le ministre (c'est le général Billot), le général de Boisdeffre et le général Gonse n'ont pas su arrêter l'enquête du colonel Picquart. A l'objection hideuse que quelqu'un a osé lui faire que ce n'est pas lui qui est à l'île du Diable : « Croyez-vous, a-t-il répondu, que je descendrai avec un pareil secret dans le tombeau ? » Il va, ce colonel de malheur, droit devant lui; il poursuit son enquête, il veut la lumière, il la cherche partout, rien ne l'arrêtera pour arriver à la manifestation de la vérité.

Que faire ?

Il y a deux ans, en 1894, au début de l'affaire Dreyfus, c'est l'opinion publique trompée par la presse, par la *Libre Parole*, par l'*Eclair*, qui ont reçu de l'Etat-Major la nouvelle de l'arrestation de l'officier juif que le général Mercier voulait tenir encore secrète, — c'est l'opinion qui a pesé sur le ministre, qui a emporté ses hésitations, ses honorables scrupules. Il faut recommencer le même coup. Et l'*Eclair* du 14 septembre publie le fameux article sur la pièce secrète « ce canaille de D. », qu'un officier de l'Etat-Major qui a suivi le procès a pu seul lui faire communiquer — Du Paty ou Henry ? — et où l'initiale D..., par un premier faux, est remplacée par le nom de Dreyfus.

Cependant le colonel Picquart ne désarme pas. Il a vu la manœuvre, il la dénonce au général Gonse; il lui écrit le 14 septembre, le jour même où paraît l'article de l'*Eclair* : « Je crois devoir affirmer encore une fois qu'il faut agir sans retard. Si nous attendons encore, nous serons débordés, enfermés dans une situation inextricable, et nous ne trouverons plus les moyens d'établir la vérité vraie. »

La bombe a raté. Il faut trouver autre chose. D'autant plus que la situation s'aggrave. D'autres encore que le colonel Picquart sont sur la voie de la vérité. C'est Mathieu Dreyfus qui poursuit, avec une indomptable obstination, la réhabilitation de son frère. C'est un écrivain courageux, Bernard Lazare, qui annonce la « vérité sur l'affaire Dreyfus ». C'est Demange qui n'abandonne point son malheureux client. C'est M. Paul de Cassagnac lui-même, qui a des doutes et qui ne craint pas de les exprimer dans son journal. Un premier frisson ébranle la conscience publique.

V

Par bonheur, on annonce une interpellation à la Chambre. C'est un antisémite fougueux, boulangiste d'hier, qui va interpeller. Voilà la branche de salut. Le gouvernement s'inquiète. Il n'a pas le goût des interpellations. Celle-ci paraît particulièrement gênante. Les ministres, d'autre part, ont la réputation d'être d'honnêtes gens. Avant de répondre à M. Castelin ils vont, sans doute, avoir la curiosité de savoir, de voir clair dans cette affaire mystérieuse. Déjà, le ministre de la Justice a reçu d'un député, au sujet de la pièce secrète, de l'illégalité révélée par l'*Eclair*, une lettre qui pose une question embarrassante. Que sera-ce quand le général Billot, ministre de la Guerre, interrogé par ses collègues, leur répondra : « Voilà plusieurs mois que le chef du bureau des renseignements, officier du plus rare mérite, a découvert que le capitaine Dreyfus est innocent, que le bordereau est l'œuvre d'un autre ? »

Il faut donc agir sur le général Billot, le convaincre de la culpabilité de Dreyfus, lui persuader que le colonel Picquart est un rêveur, trompé par les apparences, hanté, hypnotisé par une idée fixe, l'amener à écarter cet honnête homme qui a soif, le misérable, de vérité et de justice.

Mais comment ?

Ceci est le secret de M. Méline et de ses collègues, secret qu'ils ne peuvent pas trahir aujourd'hui, j'en conviens, secret cependant qui aura le sort de tous les secrets. Oui ou non, à la veille de l'interpellation Castelin sur l'affaire Dreyfus, le général Billot, ministre de la Guerre, les a-t-il informés de l'enquête du colonel Picquart ? Leur en a-t-il mis les pièces sous les yeux ?

Si le général Billot a fait son devoir en informant ses collègues, je les plains.

Mais le général Billot a-t-il fait son devoir ?

Quoi qu'il en soit, c'est sur lui qu'on a agi. Les gardiens du procès Dreyfus ont connu ses perplexités, ses hésitations. On ne devient pas d'un seul coup ce que le général Billot a été depuis. Il a commencé par encourager le colonel Picquart dans ses recherches. Il faut l'arrêter, l'arrêter net, par un coup de massue.

Et c'est alors, à l'heure dite, qu'arrive au ministère de la Guerre, par une voie qui n'était pas la voie ordinaire de ces sortes de papiers, la prétendue lettre du colonel de Schwarzkoppen au colonel Panizzardi : « J'ai lu qu'un député va interpeller sur Dreyfus. Si..., je dirai que jamais j'avais des relations avec ce juif.

C'est entendu. Si on vous demande, dites comme ça, car il faut qu'on sache jamais personne ce qui est arrivé avec lui. »

Est-ce à son chef direct, au chef du bureau des renseignements, au colonel Picquart, que le colonel Henry remet ce papier qu'il a fabriqué, de son propre aveu, ou fait fabriquer?

Il n'en a garde. Il connaît la clairvoyance du colonel, son esprit de critique. Il sait que celui-là ne croit pas que l'Empereur d'Allemagne puisse écrire lui-même à un espion ni que Schwarzkoppen puisse écrire, de ce style, de pareilles insanités au collègue italien qu'il voit tous les jours. C'est à un autre qu'il l'apporte. A qui? Au général Gonse? Au général de Boisdeffre? Quoi qu'il en soit, le général de Boisdeffre s'est laissé convaincre, tromper. Il porte le faux inepte au ministre de la Guerre. Et le sens critique de M. le général Billot vaut celui de M. Cavaignac.

Le colonel Picquart est encore chef du bureau des renseignements; il le sera encore, nominalement, pendant plusieurs mois. Le ministre de la Guerre, le chef de l'Etat-Major général le font-ils venir? Disent-ils, loyalement, à cet officier d'élite, irréprochable, au plus jeune colonel de l'armée française : « Tenez, voyez, vous vous êtes trompé, voici la preuve de votre erreur. » Hélas! ils n'en ont garde, soit qu'ils se défient de la clairvoyance de Picquart, ce qui serait effroyable, soit qu'ils aient trop de confiance dans la leur. Que de malheurs, s'ils avaient agi loyalement, ils auraient évités à l'armée, à la France et à eux-mêmes!

Non, ils ne montrent pas au colonel Picquart la lettre dont Henry, avant de mourir, s'est reconnu l'auteur responsable. On se contente de lui en parler, d'un ton sans doute narquois, lui refusant d'ailleurs toute explication.

Il y a une pièce notamment, a dit Picquart à la Cour d'assises, qui est arrivée au ministère de la Guerre à un moment bien déterminé, au moment où le commandant Esterhazy avait besoin d'être défendu, où il était devenu nécessaire de bien prouver que l'auteur du bordereau était un autre que lui. Eh bien! elle est arrivée à point. On ne me l'a jamais montrée, mais on m'en a parlé, tout en ne voulant jamais me dire d'où elle venait. Mais je trouve que cette pièce, étant donné le moment où elle apparaissait, étant donnés surtout les termes dans lesquels elle était conçue, termes qui sont absolument invraisemblables, eh bien! cette pièce, il y a lieu de la considérer comme un faux.

Voilà ce que le colonel Picquart aurait dit, dès le mois de novembre 1896, au général Billot, si celui-ci avait, comme il le devait, montré au chef du bureau des renseignements la pièce qui venait de lui arriver.

Il ne la lui montra pas. L'avant-veille même de l'interpellation Castelin, le colonel Picquart reçut l'ordre de partir en mission. Et, le 18 novembre, à la tribune de la Chambre, le général Billot affirmait, pour la première fois, que le capitaine Dreyfus avait été justement et régulièrement condamné.

Ainsi, ce n'était point pour apporter au public une preuve décisive de la culpabilité de Dreyfus que Henry, comme on essaye de le dire, a fabriqué sa fausse pièce. C'était pour tromper le ministre de la Guerre, pour briser l'enquête du colonel Picquart, pour sauver, avec Esterhazy, les artisans de la condamnation de Dreyfus.

Aussi bien la pièce secrète était-elle destinée à rester comme un mystérieux épouvantail. Quand le général de Pellieux la sortit au procès Zola, ce fut à l'insu du gouvernement, du ministre de la Guerre. Ce faux abominable a causé bien des malheurs; je dirai seulement qu'il a failli en causer bien d'autres.

VI

Maintenant, dans le huis clos du cabinet ministériel, qu'a dit au ministre de la Guerre le colonel Henry?

Il a avoué son crime; n'a-t-il dit que sa propre faute? Il n'était pas le seul artisan de la condamnation de Dreyfus. Qui donc a-t-il voulu sauver avec lui? A-t-il, à lui tout seul, inventé cette atroce machination? Il ne paraissait pas, le misérable, avoir l'esprit bien inventif. Ce n'est pas lui qui eût imaginé le roman de la dame voilée, celui du document libérateur, et « Speranza », et la dépêche « Blanche », et toutes les trames, ténébreuses et scélérates par où Du Paty, un an plus tard, a essayé, à son tour, de sauver Esterhazy.

Il y a, comment n'en être pas frappé? une singulière analogie entre le procédé de Du Paty, que j'ai raconté plus haut, pour mêler à l'écriture du bordereau celle du capitaine Dreyfus, et le procédé qui a été employé pour fabriquer la lettre de 1896, le mélange de mots forgés et de mots empruntés à un document authentique.

On ne doit accuser sans preuve personne, pas même les pires scélérats. Ce qui est, d'autre part, l'évidence, c'est que Henry, tel qu'on l'a connu, tel qu'il apparaît, soldat rude et grossier, n'a pu inventer un aussi ingénieux procédé. Ici encore, il n'a été que le bras. Un autre a commandé auquel il a obéi. Et c'est encore l'évidence que les faux matériels, d'une imitation si parfaite, ne sont pas de l'écriture de Henry. Il a fallu à cette besogne un troisième complice, je ne sais quel faussaire de profession, quelque Lemercier Picard.

Il ne faudrait donc pas que M. Cavaignac se flattât d'avoir le droit de garder le secret de ce terrible huis clos. Il était un juge ce jour-là, quand il ordonna l'arrestation du colonel Henry. La mort du faussaire a fait de lui un témoin.

Et, en attendant qu'il soit appelé à répondre sur toutes les circonstances de l'aveu qu'il a recueilli, il n'est pas possible que sa conscience ne lui parle pas. Que reste-t-il du procès de Dreyfus, des prétendues preuves sous lesquelles ce malheureux a été écrasé?

J'ai connu un Cavaignac qui n'eût pas hésité : il eût lui-même, au nom de l'armée, demandé pour son honneur la revision d'une sentence inique. Il y a, chez beaucoup d'hommes d'État, un républicain, mort jeune, auquel ne survit qu'un ministre. Je voudrais croire que le républicain que j'ai connu n'est pas mort tout entier.

V

LE DOSSIER ULTRA-SECRET

5 septembre 1898.

Quand le général de Boisdeffre fut forcé de reconnaître qu'il avait été trompé grossièrement par un faussaire et qu'il avait, à son tour, trompé le jury de la Seine, il eut au moins le mérite de se juger rapidement lui-même, de partir aussitôt, proprement.

Cet exemple a été totalement perdu pour M. Cavaignac. Il a fallu lui arracher sa démission au forceps. Ce rageur blême crie en s'en allant qu'il demeure convaincu de la culpabilité de Dreyfus.

Sur quelles preuves s'appuie cette conviction de M. Cavaignac?

De toutes les prétendues preuves qui avaient été alléguées au procès de 1894, de toutes celles que M. Cavaignac a portées à la tribune de la Chambre, il n'en subsiste plus une seule.

Tout le monde sait que le bordereau est l'œuvre d'Esterhazy. Dans le discours où il présentait le faux inepte et grossier de Henry *comme la preuve décisive* de la culpabilité du capitaine Dreyfus, M. Cavaignac, lui-même, n'a plus osé parler du bordereau, seule base légale cependant de la condamnation.

M. Cavaignac lui-même, dans ce même discours, n'a pas osé affirmer que la pièce « ce canaille de D... », la pièce secrète qui a surpris la bonne foi des juges de 1894, s'appliquât d'une manière certaine à Dreyfus. Il a reculé devant une affirmation formelle qui eût été un mensonge. Il a insinué la chose assez vilainement. Il savait qu'il y a des gens qui savent que D... n'a jamais désigné le capitaine Dreyfus. Je suis certain de ne pas être démenti quand je déclare que, si M. Cavaignac s'était donné la peine de consulter M. Hanotaux, celui-ci l'aurait édifié en cinq minutes. Mais M. Cavaignac a préféré consulter son ami Du Paty.

Enfin, la pièce que M. Cavaignac déclarait souverainement décisive, la pièce Pellieux, la pièce Henry, faut-il dire ce qu'il en reste?

Alors, sur quoi se base la conviction de M. Cavaignac ?

Je l'ai dit hier : sur le dossier ultra-secret, sur les prétendues lettres du capitaine Dreyfus à l'Empereur d'Allemagne et de l'Empereur d'Allemagne au comte de Munster.

Cela paraît absurde, invraisemblable; mais c'est ainsi.

C'est à ces lettres que font allusion les officiers désemparés de l'ancien État-Major, qui vont criant que ces pièces, si elles sont produites au procès de révision, déchaîneront la guerre.

M. Cavaignac avait dit à bon droit, dans son discours du 7 juillet, que nous sommes maîtres chez nous.

Je connais M. Cavaignac : il n'aura pas de cesse qu'il ne se soit infligé un démenti à lui-même, qu'il n'ait juré que les preuves décisives, vraiment décisives, de la culpabilité du capitaine Dreyfus, ne peuvent pas être produites au grand jour.

M. Cavaignac, dont la crédulité dépasse celle de M. Millevoye, a l'ambition de tomber au-dessous de M. Drumont. Je veux le consoler dans sa retraite : cette ambition-là, il la réalisera.

Quel est l'auteur de ces faux ineptes, ridicules, abjects? Tant de faussaires ont travaillé, depuis deux ans, depuis la disgrâce du colonel Picquart, au bureau des renseignements ! Comment choisir entre tant de Du Paty, de Henry et de Lemercier-Picard?

Remarquez, en passant, que le destin de ces deux derniers faussaires a été le même. Lemercier, l'auteur de la pièce Otto, est trouvé pendu à une espagnolette, comme le prince de Condé. Henry se coupe la gorge. Etrange, mystérieuse analogie! Quelle est cette fatalité qui se répète ?

Eh bien, je dis que ces lettres, que ces faux monstrueux, infâmes, il faut qu'on les produise et, quand on les aura produits, qu'on en recherche et qu'on en découvre les auteurs.

M. Rochefort a itérativement affirmé, dans l'*Intransigeant*, qu'*une haute personnalité militaire lui avait montré ces lettres*.

M. Rochefort a-t-il menti? Je ne le crois pas. Mais, s'il n'a pas menti, qu'il la nomme, la haute personnalité, ou qu'il reconnaisse publiquement qu'il a été trompé, lui aussi, comme un simple Cavaignac ou un simple Millevoye.

Car le prétendu danger de guerre qu'invoquent encore certains individus, ce n'est que la dernière arme pourrie des faussaires aux abois, des scélérats qui ont senti passer le vent du glaive — ou du rasoir.

Quand M. Cavaignac a lu à la tribune le faux Henry, il a passé une phrase parce qu'elle eût été trop menaçante pour la paix.

Il y aurait aujourd'hui quelque cruauté à faire ressortir l'effroyable niaiserie de cette précaution oratoire, bien digne, au surplus, de l'homme qui déclarait avoir pesé l'authenticité matérielle et l'authenticité morale de l'inepte document, qui, cinq jours après, le 12 juillet, répondait en ces termes à l'admirable lettre du colonel Picquart : « *La Chambre n'admettra pas plus que le gouvernement qu'on mette en discussion la lettre d'un individu qui a affirmé qu'un document qu'il n'avait jamais vu présente tous les caractères d'un faux.* »

« Individu », monsieur Cavaignac, vous avez dit : « Individu », en parlant du colonel Picquart!

Eh bien! il nous faut la collection complète de tous vos autres faux, aussi niais, aussi stupides, aussi peu dangereux, en raison de leur ineptie, pour la paix du monde, que les papiers Norton ou les autographes du pauvre Chasles, les lettres — en français — de Vercingétorix à César et de Marie-Madeleine à Jésus.

M. le capitaine Cuignet les connaît sans doute, puisqu'il affirme, lui aussi, sa conviction que le capitaine Dreyfus est coupable. Hélas! capitaine, la façon même dont vous avez découvert le faux Henry vous condamne, vous aussi, au silence. Votre sens critique vaut celui de MM. Millevoye et Cavaignac. Cette pièce puait le faux. Vous ne l'avez pas senti. Foin de preuves morales! Il vous a fallu des preuves matérielles, des quadrillages qui ne concordaient pas.

Il est probable que les quadrillages des lettres de l'Empereur d'Allemagne concordent. Et ça, c'est une preuve, puisqu'on n'a point de pièces de comparaison.

La parole est à M. le marquis de Rochefort.

VI

LES FAUX D'HENRY

6 septembre 1898.

M. Cavaignac a écrit à M. Brisson, et M. le capitaine Cuignet a répété à un rédacteur du *Matin*, — à moins au contraire, que ce ne soit M. Cuignet qui ait dit et M. Cavaignac répété — que, la fausse pièce Henry mise à part, tous les autres documents du dossier Dreyfus, passés au crible le plus sévère, avaient été reconnus authentiques et probants.

D'où la foi inébranlable de ces messieurs dans la prétendue culpabilité du capitaine Dreyfus.

Il faudrait pourtant s'entendre.

Quand M. Cavaignac, dans la séance du 7 juillet, a présenté à la Chambre la pièce Henry comme décisive, « IRRÉFUTABLE » — *Journ. off. p. 1958, col. 1.* — de la culpabilité de Dreyfus, il a déclaré avoir « pesé l'authenticité matérielle et l'authenticité morale de ce document ».

De l'authenticité matérielle il est inutile de parler, l'argument invoqué en ce sens par M. Cavaignac ayant précisément mis M. Cuignet sur la voie de la vérité — c'est-à-dire du faux.

Pour l'authenticité morale, M. Cavaignac l'établissait en ces termes qu'il ne faut pas se lasser de mettre sous les yeux du personnage :

« Elle résulte, disait-il, d'une façon *indiscutable*, de
» ce que ce document fait partie d'un échange de cor-
» respondances qui eut lieu en 1896. La première lettre
» est celle que je viens de lire. » — C'est la pièce Henry. — « Une réponse contient deux mots qui ten-
» dent évidemment à rassurer l'auteur de la première
» lettre. *Une troisième lettre* enfin, qui dissipe bien des
» obscurités, indique avec *une précision absolue*, avec
» *une précision telle que je n'en puis pas lire un seul
» mot*, la raison même pour laquelle les correspondants
» s'inquiétaient. »

Ainsi, il y avait là un groupe de trois pièces qui étaient toutes les trois censées arrivées, à l'heure dite, à la veille de l'interpellation Castelin et du départ du colonel Picquart, entre les mains du colonel Henry :

1° La lettre : « J'ai lu qu'un député va interpeller
» sur Dreyfus... Si on vous demande, dites comme ça,
» car il faut pas que on sache jamais personne ce qui
» est arrivé avec lui. »

2° Une réponse contenant deux mots rassurants qu'on aimerait bien à connaître.

3° Une lettre, spécialement rédigée à l'usage des imbéciles, qui dissipe toutes les obscurités avec une précision absolue. (Que je voudrais, moi aussi, lire cette lettre ! Qu'elle doit être probante et belle !)

Or, comme M. Cavaignac faisait résulter l'authenticité de la première lettre de sa liaison étroite avec les deux suivantes, tout le raisonnement se retourne aujourd'hui contre lui.

La première lettre étant reconnue fausse de l'aveu même de M. Cavaignac, les deux autres, qui n'en sont que le corollaire et, en quelque sorte, la sauce, doivent partager le verdict qui frappe la première.

Ce sont des faux, sortis de la même officine, fabriqués par les mêmes individus et dans la même intention.

Le faussaire, — non, les faussaires, **les trois faussaires** — ont craint qu'une pièce isolée ne parût suspecte, même à M. le général de Boisdeffre, même à M. le général Gonse, et trop manifestement forgée *ad hoc*.

Ces trois bandits ont cru rendre leur imposture plus vraisemblable en la délayant en plusieurs morceaux.

Si une lettre isolée pouvait laisser des doutes, toute une correspondance devait emporter la conviction.

C'est d'ailleurs la même méthode qui paraît avoir été suivie pour la confection du dossier ultra-secret, *celui des lettres du capitaine Dreyfus à l'Empereur d'Allemagne et de l'Empereur d'Allemagne au comte de Munster*.

Ici encore, ce n'est pas une lettre isolée, c'est un tout complet, c'est toute une correspondance que les faussaires offrent à la crédulité coupable du ministère de la Guerre.

Ici encore, les faussaires n'avaient, pour trouver des modèles, qu'à puiser dans les cartons secrets dont ils avaient la garde.

Pour les lettres Henry, ils ont démarqué, calqué et copié les billets authentiques des attachés militaires étrangers qui avaient été interceptés en 1894.

Pour les lettres à l'Empereur d'Allemagne, ils n'avalent qu'à s'inspirer de l'écriture du bordereau, qu'ils avaient fait passer pour celle du capitaine Dreyfus et qui est celle d'Esterhazy.

En résumé, la fausseté de la pièce principale, qui a été lue par M. Cavaignac, entraîne, par voie de conséquence, la fausseté des deux pièces accessoires, dont il n'a voulu, par une singulière pudeur, donner qu'une analyse sibylline.

Dès lors, quand M. Cavaignac, même doublé du capitaine Cuignet, vient déclarer aujourd'hui que la pièce qu'il a fait afficher sur tous les murs de France est le seul faux de son dossier, il s'inflige à lui-même un démenti. Il avait juré à la Chambre que le dossier comprenait mille pièces authentiques. En jurant aujourd'hui que le dossier comprend encore 999 pièces authentiques, il se taxe *lui-même* de frivolité ou d'inexactitude volontaire. M. Cavaignac a constaté par lui-même l'existence de *trois faux* AU MOINS; il ne peut plus croire à l'authenticité que de 997 pièces. — Ces autres pièces sont-elles authentiques? Il ne se passera pas beaucoup de jours avant que toute une autre série de faux ne soit dénoncée et reconnue. Il y avait là, dans ce coin sombre du ministère de la Guerre, une fabrique de fausses pièces, une pépinière de faux témoins. — Mais, quoi qu'il en soit, M. Cavaignac s'est, par son discours même, retiré le droit d'affirmer que son dossier ne comprend qu'un seul faux, — puisque, en dix lignes, il en a servi *trois*, — et cette nouvelle assertion, qui ne trompera pas le pays, mérite exactement la même créance que celle qui a trompé la Chambre.

Lancée avec la même coupable légèreté, du même ton tranchant, avec le même simulacre de précision mensongère qui est l'inverse du véritable esprit critique, avec cette même infatuation que M. Thiers définissait si bien : « la suffisance de l'insuffisance », elle est aussi violemment contraire à la vérité, aussi détestablement fausse.

VII

MES PETITES LETTRES

8 septembre 1898.

A M. Charles Maurras, rédacteur à la *Gazette de France*.

Monsieur,

Puisque vous m'avez mis en cause dans l'article que vous dédiez « à la mémoire du lieutenant-colonel Henry », vous souffrirez que je vous réponde par la voie du journal. Vous y gagnerez au surplus que je tire votre article des oubliettes de la *Gazette* et qu'il soit connu du public.

Et qui saurait sans moi que Cottin a prêché ?

Il serait dommage, en effet, qu'un aussi rare morceau ne régalât que quelques douairières antisémites. Et il convient aussi qu'on sache de quelle morale, sinon de quelle littérature, car vous écrivez avec agrément, se nourrissent certains royalistes d'aujourd'hui.

Le principe de l'ancienne monarchie était l'Honneur. Du moins avec François Ier et Henri IV. Et vous me direz sans doute que le frère de la délicieuse Marguerite sentait un peu le fagot, que le Béarnais se ressentait de son éducation huguenote. Cela, monsieur, je vous l'accorde. Cependant, n'étant pas sectaire, et comme je tâche toujours à être juste, j'ose affirmer que votre panégyrique d'un faussaire n'eût pas été du goût de quelques royalistes, strictement catholiques, d'autrefois.

C'était des gens d'honneur et qui exigeaient davantage d'un soldat qui porte l'uniforme, d'un officier qui porte l'épée, que d'un notaire ou d'un tabellion quelconque. J'ai fort connu M. Cazenove de Pradines, qui me témoignait quelque amitié; de la main qui lui restait (il avait perdu l'autre dans les combats sur la Loire), il aurait froissé votre article avec colère et l'aurait rejeté. Il est vrai qu'il avait été un ennemi intraitable du boulangisme. Mais cette génération est morte. Une autre lui a succédé, qui a été élevée dans les maisons que nous devons à la loi Falloux. Si vous êtes, comme votre journal le laisse entendre, son interprète, il en résulterait que ses principes seraient la fraude, l'imposture et le mensonge.

Je me refuse à le croire, je suis trop bon Français pour faire cette injure à un aussi grand nombre de Français. J'attends que M. le comte de Mun vous désavoue.

I.

Vous commencez, monsieur, par nous raconter que « beaucoup de *patriotes* ont découpé dans les journaux » le portrait du lieutenant-colonel Henry et ont placé

» cette image, d'un dessin hâtif et grossier, d'un sens
» sacré, dans l'endroit le plus apparent du lieu qu'ils
» habitent ».

Si j'avais tenu l'anecdote d'un autre que de vous, je n'y aurais ajouté aucune créance et l'aurais traitée de calomnie. Ce qui a distingué jusqu'à présent le « Syndicat », comme vous dites, c'est qu'il a scrupuleusement et toujours dit la vérité, qu'il n'a rien affirmé qu'il ne pût prouver et que l'événement n'ait justifié. « Comment! me serais-je écrié, le voilà, avec la victoire, qui commence à emprunter leurs armes à ses adversaires, à mentir! » Mais c'est vous qui me révélez ce trait de vos amis.

Me permettez-vous de vous savoir ouvertement gré de nous l'avoir révélé, de n'en avoir pas frustré l'histoire qui le recueillera? Il n'en est pas de plus caractéristique du parti qui, depuis de longs mois, trompe et terrorise notre pays. Il eût été fâcheux qu'il eût été ignoré. Grâce à vous, et je vous y aiderai, il ne le sera pas.

Vous précisez d'ailleurs votre information et votre pensée avec une belle franchise. « En attendant, dites-
» vous, que la Justice rende à Henry les honneurs pu-
» blics qu'il a bien mérités, les Français ont voué un
» culte domestique à ce bon citoyen, à ce brave soldat,
» à ce serviteur héroïque des grands intérêts de l'État. »
Je cite textuellement. (*Gazette de France*, 6 septembre, *page 1, col. 3.*) Un tel langage ne sera pas sans étonner quelques personnes. C'est qu'elles ont oublié que les jésuites glorifièrent Ravaillac et que les ligueurs placèrent sur les autels, entre deux cierges, l'image de saint Jacques Clément, dominicain, que la duchesse de Montpensier avait décidé à assassiner Henri III en se montrant à lui toute nue. Voilà, Monsieur, votre

parti dans le passé. Certainement ces ligueurs et ces jésuites, vous les considérez, eux aussi, comme des patriotes. Il ne s'agit que de définir les mots qu'on emploie.

Un peu plus loin, vous appelez le colonel Henry « UN GRAND HOMME D'HONNEUR ». Le colonel Henry s'est reconnu coupable d'avoir forgé un faux document, d'avoir trompé ses chefs, d'avoir menti à la justice de son pays. Il sera prochainement démontré qu'il a été, au procès Zola, un faux témoin ; qu'après avoir juré, devant le Christ, de dire toute la vérité, rien que la vérité, il a porté contre le colonel Picquart une accusation calomnieuse, qu'il a prêté ainsi un faux serment, qu'il a voulu perdre Picquart comme il avait aidé à perdre Dreyfus. Il sera démontré encore qu'il a été l'un des principaux machinateurs du plus abominable des procès. Demain, quand tout cela sera prouvé, « homme d'honneur » vous paraîtra sans doute une épithète insuffisante.

Mais je suis sans inquiétude : votre vocabulaire est riche ; vous en trouverez facilement une qui sera plus sonore.

II

Il ne vous suffit pas, monsieur, de célébrer un faussaire ; vous vous appliquez encore à justifier son crime par une longue et savante argumentation. Je ne dois point vous épargner la honte ou la gloire de la faire connaître. Il est bon, il est nécessaire que l'armée sache ce que vous et vos amis vous entendez par son honneur. Quand elle le saura, elle aimera peut-être mieux l'idée que nous nous en faisons, nous qui ne séparons pas de la cause de la justice et de la vérité la cause de l'armée de France.

M. Cavaignac, ayant à établir « *l'authenticité morale* » du faux document qu'il a présenté à la Chambre comme la preuve décisive, « *irréfutable* », de la culpabilité du capitaine Dreyfus, la déduisait de ce qu'il faisait partie d'un échange de correspondances qui aurait eu lieu, en 1896, entre deux attachés militaires étrangers. C'est l'évidence que toute la correspondance a été fabriquée au moment que la première lettre l'a été. Ces trois lettres, la première dont le ministre de la Guerre a donné lecture, la deuxième qui contient deux mots rassurants, la troisième, si grave, si inepte, qui dissipe toutes les obscurités, ce sont trois faux. Ils ont été fabriqués par les mêmes individus, sortent de la même officine. La réponse à une lettre forgée ne peut être qu'un faux.

Cette évidence ne vous a point frappé, à moins que vous n'ayez pas voulu la voir. Pascal, dans sa seizième Lettre, s'adressant aux R.R. P.P. Jésuites, s'exprime ainsi : « *Rien n'est trop hardi pour des calomniateurs de profession.* » Vous n'êtes, je le proclame spontanément, ni jésuite, ni « calomniateur de profession ». Cependant, rien non plus n'est trop hardi pour vous.

Votre argumentation en est un éclatant témoignage. Pour que Dreyfus reste suspect à vos lecteurs, vous décidez que les réponses A et B à la lettre fausse ne sont pas des faux ; seulement on n'en pourrait pas livrer un mot, non pas même de celle qui n'en comprend que deux. M. Cavaignac a déclaré que nous sommes maîtres chez nous ; seriez-vous d'un autre avis ? Dès lors, l'opération du colonel Henry aurait consisté, tout simplement, à fabriquer la missive à laquelle répondaient les deux autres pièces. « C'est cette missive, dites-vous graduant les mots avec une science parfaite, que le lieutenant-colonel Henry résolut de forger ou, pour mieux dire, d'inférer, de rétablir, de suppléer et de restituer d'après les termes de *sa réponse*. » Vous écrivez vous-même : *de SA réponse*. La vérité vous échappe ainsi. La missive était bien la missive d'Henry ; la réponse était bien *sa* réponse. Lui et ses complices avaient tout fabriqué.

Vous reprenez alors une expression de M. Judet qui vous paraît fort expressive : « Un billet de banque, d'une valeur fiduciaire, représentant des pièces d'une authenticité absolue, tel est le caractère du faux Henry. » Et votre admiration ne connaît plus de bornes. Elle présente toutefois une particularité qui doit être signalée. Vous vous attachez à protester que le colonel Henry n'a point eu de complices pour le faux héroïque qu'il a commis. Vous tenez à ce qu'il n'en partage la gloire avec personne. Il m'est bien difficile de croire que cette idée ne vous ait point été suggérée par quelqu'un qui a quelque intérêt à l'accréditer.

« Henry, dites-vous, ne s'en ouvrit à personne... Il consentait bien à se risquer, mais seul. Dans sa besogne de police internationale, notre énergique plébéien n'avait que faire de choquer les délicatesses des gentilshommes de l'État-Major. » Ce délicat gentilhomme de l'État-Major ne serait-il pas M. le marquis Du Paty de Clam ? J'entends : ne serait-ce pas M. le marquis Du Paty de Clam, l'autre faussaire, qui vous a suggestionné ?

Une autre de vos phrases appelle l'attention : « Henry se résigna, la mort dans l'âme, à tromper, pour le bien public, des chefs qu'il aimait et dont il avait la complète confiance, M. de Boisdeffre, M. Gonse, d'autres peut-être. » Du moment qu'il s'agissait *du bien public*, on s'expliquera mal que le colonel Henry n'ait point voulu associer à son œuvre « les chefs qu'il aimait ». Le bien public, c'était de maintenir un innocent au bagne, d'éloigner du ministère de la Guerre, d'envoyer sur la route d'où n'est pas revenu Morès l'officier qui avait découvert le crime judiciaire de 1894.

« Il était difficile, ajoutez-vous enfin, il était difficile, en un pareil objet, de pousser plus loin le scrupule intellectuel et moral. »

Toutes vos autres phrases, Monsieur, pâlissent à côté de celle-là. Cet autre paragraphe que voici est bien beau : « N'a-t-il senti aucun trouble de conscience ? Je crois bien qu'il dut hésiter. S'il passa outre, ce fut que, suivant sa propre parole, sa conscience ne lui reprochait rien. *Elle n'avait rien à lui reprocher.* » Et aussi le passage où, vous adressant à ceux des journaux qui n'ont pas osé admirer l'acte d'Henry et dont vous attendiez mieux, vous les montrez « retenus par les scrupules de notre mauvaise éducation demi-protestante ». Et encore ce fragment de panégyrique où perce, peut-être une menace : « Il a joué son rôle à la Cour d'assises *en comédien*, en politique consommé, et les médecins nous assurent que peu d'hommes eussent été capables de se trancher la carotide aussi proprement qu'il l'a fait. *Ce sont là beaucoup de talents.* » Pourtant, je continue à préférer : « Il était difficile de pousser plus loin le scrupule intellectuel et moral. » Cette phrase-là, c'est toute une politique, toute une morale, tout un système.

III

Il est curieux, Monsieur, qu'il me suffirait, pour continuer cette lettre, de copier simplement la seizième Provinciale : « N'attendez pas que je vous réponde là-dessus, mes Pères. Si vous n'avez point de sens commun, je ne puis vous en donner. Tous ceux qui en ont se moqueront de vous... » Relisez donc aussi la quinzième Lettre : « Que les jésuites ôtent la calomnie du nombre des crimes et qu'ils n'en font point de scrupule de s'en servir pour décrier leurs ennemis. » Le faux, c'est le superlatif de la calomnie. C'est bien là le scrupule intellectuel et moral dont vous avez si bien parlé, et qui n'est pas celui « de notre mauvaise éducation demi protestante ».

Cette quinzième Lettre est vraiment extraordinaire ; on la croirait écrite de ce matin. « Je ne ferai pas voir seulement — c'est Pascal qui parle — que vos écrits sont remplis de calomnies ; je veux passer plus avant. On peut bien dire des choses fausses en les croyant véritables, mais la qualité de menteur enferme l'intention de mentir. Je ferai donc voir, mes Pères, que votre intention est de mentir et de calomnier, et que c'est avec connaissance et avec dessein que vous imposez à vos ennemis des crimes dont vous savez qu'ils sont innocents, parce que vous croyez pouvoir le faire sans déchoir de l'état de grâce... Car c'est une doctrine commune dans vos écoles, que vous l'avez soutenue non seulement dans vos livres, mais encore dans vos thèses publiques, ce qui est de la dernière hardiesse : comme entre autres dans vos thèses de Louvain de l'année 1648, en ces termes : *Ce n'est qu'un péché véniel de calomnier et d'imposer de faux crimes pour ruiner de créance ceux qui parlent mal de nous.* Et cette doctrine est si constante parmi vous, que quiconque l'ose attaquer, vous le traitez d'ignorant et de téméraire [1]. »

---

1. P. 70 et 71 de l'édition Faugère, dans la *Collection des grands écrivains*.

Voilà, Monsieur, toute l'affaire Dreyfus.

Et Pascal cite les textes. « Il est constant, dit Caramuel, nº 1151, que c'est une opinion probable qu'il n'y a point de péché mortel à calomnier faussement pour conserver son honneur, car elle est soutenue par plus de vingt auteurs graves, par Gaspard Hurtado et Discastillas, jésuites, etc., de sorte que, si cette doctrine n'était pas probable, à peine y en aurait-il aucune qui le fût en toute la théologie. » Cette doctrine de Caramuel, Monsieur, c'est tout votre article, tout votre panégyrique du faux.

« O théologie abominable ! » s'écrie Pascal. Mais Pascal était évidemment du Syndicat.

N'a-t-il pas encore répondu d'avance à ce faux témoignage du colonel Henry qu'une personne honorable, dont il ne pouvait même pas dire le nom à son képi, lui avait affirmé qu'un officier du 2ᵉ bureau, celui de Dreyfus, trahissait ?

« Toutes vos fables pouvaient peut-être vous servir avant qu'on sût vos principes ; mais, à présent que tout est découvert, quand vous penserez dire à l'oreille : *qu'un homme d'honneur qui désire cacher son nom vous a appris de terribles choses de ces gens-là* [1], on vous fera souvenir incontinent du *mentiris impudentissime* du bon père capucin. Il n'y a que trop longtemps que vous trompez le monde et que vous abusez de la créance qu'on avait en vos impostures. Il est temps de rendre la réputation à tant de personnes calomniées... »

---

1. C'est Pascal qui souligne. Ed. Faugère, p. 91.

IV

Maintenant, monsieur, que vous me cribliez de vos épigrammes en compagnie de Trarieux et de Jaurès, ce dont je me sens fort honoré, cela ne tire pas à conséquence. Nous sommes, selon vous, de « malheureux intellectuels ». Il n'en reste pas moins que « ces malheureux intellectuels » ont dénoncé comme un faux, dès qu'il a été produit à la Cour d'assises par le général de Pellieux, le document fabriqué par Henry. J'écrivais que cette pièce « puait le faux » alors que vous y voyiez avec le général de Boisdeffre et le général Gonse, plus tard avec M. Cavaignac, la preuve décisive de la culpabilité d'un innocent. Qui donc l'événement a-t-il justifié ?

Or, il en sera de même pour tout le reste. Nous n'avons pas été dupes de votre preuve décisive. Nous ne le sommes pas davantage de la version qui fait du colonel Henry le bouc émissaire de l'État-Major. Nous sommes certains que ce misérable n'a pas gardé pour lui seul « la gloire » de cet acte infâme, qu'il a eu des complices. Ni la mort étrange de Lemercier-Picard, qui a été probablement l'auteur même du faux, ni celle du colonel Henry, ne sauveront ces scélérats. À côté de ces scélérats, qu'attend le bagne, au-dessus d'eux, il y a des dupes, plus ou moins volontaires, dont la responsabilité devra être établie. Le destin, qui n'est que la logique, selon le mot du poète, les tient. Ils ne lui échapperont pas. On n'échappe pas au destin, on n'échappe pas à la logique. Il y a eu, au ministère de la Guerre, depuis plusieurs années un nid de faussaires et de faux témoins. Ce nid sera exterminé. Deux ou trois bandits galonnés, qui ont sali leur uniforme, accumulé les crimes, menti à leurs chefs, trompé la justice, trompé le pays, failli conduire la France à un Sedan moral, ne sont que l'écume de l'armée. Ces « malheureux intellectuels » n'ont pas combattu seulement pour la vérité et pour le droit éternel. C'est la cause sacrée de l'armée qu'ils ont défendue.

Il ne vous restera bientôt, monsieur, que le remords d'avoir crié : « Vive Esterhazy ! » et d'avoir glorifié des faussaires. Très sincèrement, je vous plains.

VIII

AUTRES FAUX

10 septembre 1898.

Mon cher Junius,

Il n'y a pas, aux dossiers secrets et archi-secrets de l'affaire Dreyfus, que des faux du genre de celui que M. Cavaignac a produit à la tribune de la Chambre, que le général de Boisdeffre a laissé produire devant la Cour d'assises de la Seine malgré l'engagement d'honneur qui avait été pris par M. Hanotaux.

Il y a encore, *notamment*, des faux que j'appellerai des *faux concertés* et qui dénoncent chez les misérables qui les ont commandés une scélératesse qui n'a d'égale que la naïveté des ministres et des hauts dignitaires qui en ont été les dupes.

Vous ne serez point surpris si je vous dis qu'il y a, dans l'armée allemande, comme, hélas! dans l'armée française, comme dans les armées les plus vaillantes et les plus disciplinées, des espions et des traîtres, — des Esterhazy qui vendent, pour douze deniers, les secrets qu'ils ont pu surprendre.

Ce ne sera pas une révélation pour vous, qui connaissez la politique et l'histoire ; ce ne sera pas une révélation pour l'Empereur d'Allemagne.

Eh bien, il s'est trouvé un jour où les hommes qui avaient intérêt à faire maintenir la condamnation du capitaine Dreyfus, à étouffer la vérité et à tromper la justice, ont fait faire par leurs espions prussiens des lettres qui accusaient l'héroïque martyr de l'Ile du Diable.

Il a suffi à ces bandits de promettre un pourboire supplémentaire aux bandits prussiens qui étaient leurs agents et qui se firent leurs complices, qui étaient à leurs gages, qui étaient à leur merci, qu'une indiscrétion calculée aurait perdus.

Ils n'ont eu qu'à dire : « Vous m'enverrez demain tel rapport ou vous serez dénoncés. » Et ils ont été obéis.

Ainsi, autrefois, les brigands de grande route : « La bourse ou la vie ! »

Et voici le modèle de l'un ou de l'autre de ces rapports ÉCRITS PAR ORDRE :

A M. le Chef
du bureau des renseignements,
rue Saint-Dominique,

Paris.

Excellence,

J'ai reçu votre honorée du... et la promesse d'une augmentation de cinq cents marks par mois.

Je m'empresse, selon votre désir, de vous confirmer que le nommé Alfred Dreyfus était un espion à la solde du gouvernement impérial.

Notre Empereur a donné sa parole de gentilhomme et

de soldat chrétien que son gouvernement n'avait jamais entretenu, directement ou indirectement, aucun rapport avec Dreyfus.

M. le comte de Munster, ambassadeur d'Allemagne à Paris, M. le comte de Bulow, ministre des Affaires Étrangères, et M. le colonel de Schwarzkoppen ont fait, sur l'honneur, la même affirmation.

Entre les attestations solennelles d'un souverain, d'un diplomate, d'un ministre et d'un officier, et la mienne, celle d'un homme qui trahit son pays, celle d'un espion à gages, du rebut de l'espèce humaine, aucune hésitation ne sera possible le jour où vous produirez le présent rapport.

Les Rochefort et les Drumont, les Millevoye et les Judet, récuseront, comme venant de l'étranger, la parole de l'Empereur, de son ambassadeur, de son ministre.

Mais mon attestation, commandée et payée, celle d'un traître et d'un espion, ils la proclameront une preuve irréfutable et sacrée.

Je suis, Excellence, votre très humble et très obéissant valet.

K.

Ne croyez pas, Junius, que je plaisante. Tel est bien le modèle des faux suprêmes avec lesquels les complices du colonel Henry tâchent à entraver l'œuvre de justice et de vérité.

Voilà ce qui est écrit sur et entre les lignes de ces abominables papiers.

Voilà les dernières cartouches de la bande de faussaires et de scélérats que l'armée française vomit avec horreur, que, pour son honneur et pour l'honneur de la République, il faut frapper impitoyablement, sans souci des criailleries, des menaces vaines et des hideuses tentatives de chantage des auteurs de ces crimes et de leurs complices.

Et j'entends bien que les Drumont et les Rochefort diront demain : « Vous avez beau jeu à demander la révision, la révision au grand jour, en pleine lumière, le huis clos du Champ de Mars. Car ces preuves irréfragables, ces lettres ineptes, ces rapports infâmes, comment les produire sans risquer de déchaîner la guerre ? »

Non, cent fois non, cet ignoble appel à la lâcheté, à ce qu'il y a de plus vil et de plus bas dans l'âme humaine, à la couardise des uns et à la niaiserie des autres, non, cet appel ne sera pas entendu.

Faut-il vous rappeler, Junius, faut-il rappeler à ces effrayeurs ce que M. Cavaignac disait si bien, — oui, si bien, car il faut être juste même pour M. Cavaignac, — le 7 juillet dernier, à la tribune de la Chambre des députés ?

Je cite textuellement le *Journal officiel*, page 1957, colonne 2:

M. LE MINISTRE DE LA GUERRE. — Nous sommes maîtres de traiter nos affaires chez nous comme nous l'entendons.
M. LE COMTE D'ELVA. — A la bonne heure ! Voilà ce qui s'appelle parler carrément.
M. AUGÉ. — Ce sont là des paroles qui réconfortent !
M. COUYBA. — C'est le langage d'un vrai Français !
M. PAUL DÉROULÈDE. — Merci pour la France, monsieur le ministre !

Aujourd'hui qu'il s'agit de passer de la parole à l'action, est-ce que M. Cavaignac et les cinq cent cinquante députés qui l'applaudissaient, et M. le comte d'Elva, et M. Augé, et les chansonniers Couyba et Déroulède, auraient, par hasard, changé d'avis ?

N'auraient-ils poussé que pour la galerie ces cris de fierté patriotique qui furent enregistrés par le *Journal officiel*?

Je me refuse, quant à moi, à porter contre eux une pareille accusation.

Non, aujourd'hui comme hier, la France est maîtresse chez elle, maîtresse de traiter ses affaires comme elle l'entend.

Et il n'y a point de pilori assez haut pour y clouer ceux qui font à la France, à l'armée française, une aussi sanglante et imméritée injure que de lui dénier le droit d'ouvrir ses fenêtres et de juger en pleine lumière.

La peur est un mot qui n'est pas français. Croyez-moi, Junius, ce n'est pas pour la France que tremblent un Du Paty, un Millevoye, un Drumont, et ce Rochefort apportant, une fois de plus, à l'heure du danger, le même dévotement qu'en 1870, au bruit lointain des canons allemands.

Et puis il y a une autre raison, plus pratique, plus modeste, que je dois vous faire connaître.

La *Gazette de Cologne* a dit déjà des lettres de l'Empereur d'Allemagne que le gouvernement français pouvait, sans crainte aucune de complication diplomatique, publier ces faux ridicules, que son souverain s'en amuserait et ne s'en fâcherait pas.

Et je ne pardonnerai jamais, quant à moi, à la répugnante lâcheté des antisémites et des patriotes de café-concert; je ne leur pardonnerai jamais de nous avoir attiré cette permission dédaigneuse de l'officieuse *Gazette*, cette humiliation, cette honte.

Mais, en ce qui concerne les rapports, écrits par ordre, des espions prussiens, il est inutile de solliciter de nouveau, par d'ignobles articles éperdus, la permission de l'Allemagne.

On peut les produire impunément et sans danger devant la commission spéciale du ministère de la Justice, devant la Chambre criminelle de la Cour de cassation, devant le Conseil de guerre. On peut les y produire et en reproduire les fac-similés dans tous les journaux, par cette raison, toute simple, qu'ils ne sont signés, comme toutes les lettres d'espions, que d'initiales conventionnelles, ou qu'ils ne sont pas signés du tout.

Est-ce qu'Esterhazy a signé le bordereau? Pourquoi les Esterhazy prussiens seraient-ils plus bêtes que le Uhlan national, le « cher commandant » de M. de Pellieux, le « brave commandant » de M. de Rochefort?

Qu'on n'allègue donc pas que ces pièces ineptes et infâmes ne peuvent pas être produites, parce que les produire, ce serait déchaîner la guerre et brûler nos agents.

On peut les produire sans danger, sauf pour les misérables qui les ont fait fabriquer. Dire le contraire, c'est mentir, mentir sciemment.

Au surplus, ces documents puent tellement le faux que ni M. de Pellieux ni M. Cavaignac lui-même n'ont osé les produire publiquement.

Ils n'ont produit que la pièce Henry, jugeant, avec raison, qu'elle puait moins fort. L'air en est cependant encore empesté.

Ai-je besoin d'ajouter que cet autre dossier ultrasecret a été probablement forgé, avec des anti-dates, à l'époque où le colonel Henry était chef du bureau des renseignements?

Tels sont, Junius, les derniers faux de l'Etat-Major.

Historicus.

LES
ÉTAPES DE LA VICTOIRE

I

CEUX QUI ONT PEUR

12 septembre 1898.

... Ils ont senti passer le vent du glaive, — du rasoir. La revision du procès Dreyfus, ce n'est pas seulement la réhabilitation d'un innocent. C'est encore, dans les ténèbres savamment accumulées depuis quatre ans, dans une accumulation eschyllienne de crimes, un jet invincible de lumière. A qui fera-t-on croire que Henry, ce Lemercier-Picard galonné, et Lemercier-Picard, ce Henry civil, aient commis leurs faux pour le plaisir?

Le général de Miribel disait de Henry : « C'est l'obéissance faite homme ; je lui ordonnerais de se jeter par la fenêtre : il ne me demanderait pas pourquoi, il se précipiterait. » Henry, Lemercier, ont agi par ordre. Par ordre de qui ? Voilà pourquoi M. Zurlinden, après M. Cavaignac, déclare qu'il est impossible de faire la revision. L'on saurait qui a commandé à Henry de se jeter, non pas par la fenêtre, mais dans le crime.

Il y a quelqu'un dont les nuits sont atroces ; il y entend sonner le terrible éclat de rire de Henry quand M. Cavaignac a donné l'ordre d'arrêter cet infâme héros de l'obéissance passive. « Mais qu'ai-je fait ? Pourquoi m'arrête-t-on ? » Les scribes officiels eux-mêmes ont noté ces paroles du misérable, pendant que le fourgon funèbre d'artillerie l'emmenait, au triple galop, au Mont-Valérien, à la mort. Et l'on a mis aussi une hâte par trop indécente à annoncer qu'il avait déclaré n'avoir pas de complices pour que cela soit vrai.

S'il n'avait pas eu de complices, si l'on était certain qu'il n'en a pas eu, il y a longtemps que l'enquête serait ouverte, publiquement, au grand jour. C'est l'évidence qu'il en a eu — et la preuve qu'il en a eu, une preuve matérielle qui ne saurait échapper au capitaine Cuignet ni à M. Cavaignac lui-même, *c'est qu'aucune enquête n'est ouverte sur ce drame et qu'on proclame que la révision est impossible.*

Car c'est là la nouvelle formule. La chose jugée, l'honneur de l'armée, on n'en parle plus. Non, la révision est impossible. Pourquoi ? Elle est impossible, vous dis-je. Ce peuple angoissé, qui veut savoir ce qu'on a fait de son armée et s'il y a encore une justice, doit se contenter de cette réponse.

Il ne s'en contentera pas.

Impossible : pourquoi ? Parce que M. le général Zurlinden aurait, en compulsant les dossiers, acquis la conviction que le capitaine Dreyfus est coupable. Mais, alors même que les collaborateurs de M. le général Zurlinden dans cet examen n'auraient pas été précisément les hommes à qui le plus élémentaire bon sens devait lui défendre de s'adresser, les incapables qui s'étaient solennellement portés garants du faux Henry, et, qui sait? le lampiste Gribelin et peut-être Du Paty lui-même, alors même M. le ministre de la Guerre n'aurait aucune qualité pour prononcer. Je suis prêt, très sincèrement et sans marchander, à reconnaître à M. le général Zurlinden toutes les qualités, toutes les vertus que l'on voudra. Mais il y a quelque chose qui est au-dessus de M. le général Zurlinden, comme au-dessus de M. Zola, ainsi que le rappelait M. Périvier : c'est la loi.

A qui la loi donne-t-elle qualité pour se prononcer sur les pourvois en revision? S'il n'y a plus de loi sous la République, dites-le. Si le Code Napoléon a été déchiré à coups de sabre, dites-le. Mais tant que vous ne l'aurez pas dit, tant que les lois n'auront pas été jetées à l'égout, je suis bien forcé de vous rappeler que la Cour de cassation, seule, a qualité pour se prononcer sur les pourvois en revision. Oui, elle seule. Et tout le reste est abus de pouvoir, déni de justice, usurpation, tyrannie et anarchie.

Oui ou non, vivons-nous sous le régime de la loi ou sous celui de l'arbitraire? Sommes-nous la République française ou le Turkestan? Vous n'avez qu'un droit, qui est pour vous le plus impérieux des devoirs : c'est de saisir la Cour de cassation.

Je ne sais ni ce que dit ni ce que pense M. le général Zurlinden, seulement ce qu'on lui fait dire. Et lui fait-on dire que Dreyfus est coupable? Il n'est pas qualifié pour le dire. Et, s'il le dit, où sont ses preuves? Le bordereau, seule base légale de la condamnation de Dreyfus? Il est d'Esterhazy. — La lettre : « Ce canaille de D... »? Le colonel Picquart s'est fait fort de démontrer devant toute juridiction qu'elle ne s'applique pas à Dreyfus. L'avez-vous entendu? Il y aurait cependant quelque droit, étant celui qui vous a dénoncé comme un faux la pièce dont le général de Pellieux, et le général Gonse, et le général de Boisdeffre, et M. Cavaignac attestaient l'absolue authenticité. — Alors, quoi? Les lettres à l'Empereur d'Allemagne, qui furent montrées par une haute personnalité militaire à M. Rochefort? La *Gazette de Cologne* vous a octroyé la permission de les produire au grand jour, pour le divertissement du monde entier. — Les rapports de vos espions? Ce sont des faux encore plus inéptes et plus monstrueux encore. S'ils existaient de son temps, M. le général Mercier les eût montrés au Président de la République pour calmer ses scrupules; il n'a pas eu l'audace de les soumettre à M. Casimir-Périer. N'ont-ils pas été fabriqués depuis? — A la Cour de cassation, vous dis-je, à la Cour de cassation.

Non, tout ce que l'on fait dire à M. le général Zurlinden, c'est que la revision est impossible. Pourquoi? C'est bien simple. A cause des responsabilités qu'elle mettrait en jeu, des crimes qu'elle découvrirait. Et qui prête ce langage ou cette pensée à M. le ministre de la Guerre? Ceux qui dans la presse, ont été, depuis quatre ans, les auxiliaires, les collaborateurs, les complices peut-être de ceux qui ont commis ces crimes et qu'on voudrait sauver.

On ne les sauvera pas.

II

LA MARCHE DE LA LUMIÈRE

14 septembre 1898.

Le progrès de la Vérité est pareil à celui de la Lumière. A son foyer, elle n'éclaire qu'un petit coin de ciel. Puis, plus les ondes lumineuses s'avancent, plus vaste est l'espace qu'elles illuminent et qui va s'élargissant. Les ténèbres se dissipent; tout sort de l'ombre.

La folie de ceux qui croient pouvoir arrêter la marche de la Vérité est tout entière dans l'ignorance de ce phénomène, le même dans le monde moral que dans le monde physique. Ils s'obstinent en vain, blasphèment en vain; le cône de lumière grandit, se développe, s'étend à droite, à gauche.

C'était, à l'origine, une petite source lumineuse que celle qui avait été découverte, dans l'été de 1896, par le colonel Picquart. Elle n'éclairait que la trahison d'Esterhazy. On a refusé de la voir, mais ses rayons ont continué d'avancer. Tous les jours, quelque crime nouveau a surgi de l'ombre, quelque complicité ou quelque complaisance criminelle, hier, les crimes de Du Paty et d'Henry, les fautes lourdes, terribles, d'un Billot, d'un Gonse, d'un Boisdeffre. Qu'est-ce qui va sortir demain des ténèbres?

Insensés ceux qui croient encore qu'ils pourront éteindre ce soleil, arrêter cette gerbe croissante de rayons! Plus insensés que le roi Kanut, car la marée, qui se riait de la ligne que ce fol avait tracée sur le sable de la grève, a cependant une limite prochaine. Où est-elle, la lointaine limite de la marée lumineuse?

.·.

Il n'y a donc pas moyen de ne pas faire toute la justice, d'échapper à la justice qui jaillit de la vérité comme la chaleur de la lumière. Vers la justice par la vérité. Il n'y a pas d'heure où par la force incompressible qui est en elle, la vérité ne progresse. Les obstacles, loin de l'arrêter, aident au contraire à sa diffusion. Et les soldats de l'ombre travaillent eux-mêmes à cette œuvre sacrée. Ils reculent tous les jours et, tous les jours, sèment la route de quelque nouvel aveu. Que d'aveux déjà! Qui crierait aujourd'hui : « Vive Esterhazy ! » C'est Cavaignac lui-même qui a rejeté Gonse et Boisdeffre, condamné Henry au suicide. C'est Zurlinden qui exécute Du Paty. Est-ce qu'il ne vaudrait pas mieux en finir tout de suite, vite, d'un seul coup?

Combien de coupables, au début? Rien que les instigateurs de l'abominable procès, ceux qui ont fait condamner, à tout prix, en violation de la loi et de l'équité, l'innocent qui avait le malheur d'être juif. (Je ne parle pas des juges, ils ont été indignement trompés; j'ai toujours proclamé leur bonne foi, aussi complète que leur erreur.) Que sont devenus ces hommes? La folie a pris Sandherr, la mort Henry, le déshonneur Du Paty. Un ou deux autres, tremblant que leur nom ne sorte, vivent, si cela peut s'appeler vivre, dans la terreur torturante du châtiment qu'ils sentent sur leur tête, de l'infamie qui monte autour d'eux. Et que sont les nuits du général Mercier?

.⁂.

Mais, tous les jours, le nombre des coupables s'augmente de celui des complices, de ceux qui avaient le devoir d'ouvrir les yeux et qui les ont fermés, de ceux qui, par peur, par ambition, par camaraderie, par manque d'humanité, par dédain de la justice, ont couvert le crime et tenté de sauver les coupables. Et je distingue entre eux, entre ceux qui sont des scélérats et ceux qui ne sont que des incapables ou des lâches. Cependant ce pays, aux promptes et trop faciles généralisations, ne distinguera pas toujours. Il est temps encore de séparer l'ivraie du bon grain. Rejetez l'ivraie, rejetez-la sans plus tarder, sans pitié, dans l'intérêt suprême de l'armée.

Ne voyez-vous pas le terrible travail qui se fait dans l'âme populaire, dans cette âme qui a cru à toutes vos solennelles affirmations jusqu'à méconnaître pendant de longs mois ses traditions séculaires de bonté et de pitié, — devant qui, brusquement, tout à coup, tout s'est effondré dans une atroce tragédie, et qui sera sans doute excusable, après tant d'invraisemblables horreurs qui sont, hélas! des faits, de prendre tous ses cauchemars pour des réalités?

Vous lui avez fait prendre pour l'honneur de l'armée l'intérêt de quelques bandits à cacher la vérité. Ces bandits sont démasqués. Qu'en conclura-t-elle, cette pauvre âme troublée, si vos temporisations et vos demi-mesures l'amènent à croire que ce qui vous préoccupe n'est pas la vérité, qu'il s'agit pour vous, une fois de plus, de sacrifier un innocent à des coupables? Il vous est facile encore de faire la part du feu. Que feriez-vous donc si vous vouliez étendre l'incendie à toute la maison?

.˙.

Je suis de ceux qui ont toujours refusé de faire à l'armée cette injure de distinguer sa cause de celle de la justice. Ce n'est donc pas aujourd'hui le seul intérêt de la justice qui doit vous solliciter, mais celui de l'armée. D'heure en heure, ils sont plus étroitement liés. Ce que vous ferez pour la justice, vous le ferez pour l'armée. Et chaque minute de retard que vous apportez à l'œuvre de la justice, c'est une blessure de plus que vous faites à cette armée qui, vraiment, ne l'a point mérité.

Si vous aviez cru, dès le premier jour, à la loyale parole du colonel Picquart, quelle gloire, presque unique au monde, que celle de cette armée qui eût d'elle-même reconnu son erreur, rouvert joyeusement ses bras au fils qui avait été calomnié, qui n'avait pas cessé d'être un bon soldat, un bon Français! Un politicien galonné, entouré d'intrigants et d'imbéciles, dupe de quelques faussaires de bas étage, l'a privée de ce grand titre d'honneur. Avez-vous pesé, Monsieur le Président de la République, le mal que cette vilenie a fait à cette armée dont la Constitution vous a fait le chef suprême ? L'aveu sincère, spontané, d'une erreur, non seulement n'eût pas fait de mal, même aux juges qui s'étaient trompés, qui étaient de bonne foi, qui n'avaient pas la prétention d'être infaillibles. Il les eût honorés. Veuillez récapituler quelles ont été les conséquences de ce refus obstiné, détestable, de reconnaître une erreur, de la réparer. Peu de défaites, sur les champs de bataille, ont accumulé plus de ruines, plus de hontes. N'en avez-vous pas assez ? Vous en faut-il plus ? Pourquoi ?

Vous savez bien que Dreyfus a été illégalement condamné, puisque vous l'avez dit vous-même, au lendemain de sa condamnation, à un témoin qui n'a jamais dit que la vérité, et qu'il est innocent, puisque c'est l'évidence pour tout le monde civilisé et que vous avez lu ses lettres qui doivent vous hanter parfois au milieu des fêtes et des apothéoses, et que la revision de ce procès infâme est inévitable, et que ce grand foyer de lumière qui a été allumé par les hommes justes ne peut plus être éteint. Alors pourquoi dit-on que l'obstacle à cet acte de réparation, que la France réclame, que le monde attend, c'est vous ? C'est déjà trop qu'on le dise à tort. Quand donc confondrez-vous ceux qui vous diffament ? Quels sont ceux qui ont intérêt à ce que cette agitation se continue, à ce discrédit des pouvoirs publics, à tant de laides compromissions de la justice, à cette méconnaissance des principes de la Révolution, à toutes les hontes qui sortent de ce crime comme les vers d'un cadavre, parce que d'un crime patent, tant qu'il n'a pas été réparé, il ne peut sortir que de la honte ?

Dans l'intérêt de cette armée que vous allez passer en revue, dont les drapeaux frissonnent au vent, qui est l'armée de la justice puisqu'elle est l'armée de la France, il n'y a pas une minute à perdre pour faire la revision.

Et, encore une fois, à ce tournant tragique de l'histoire, il n'y a plus une faute à commettre.

III

L'ÉCLATANTE VÉRITÉ

25 septembre 1898.

Le *Figaro* a reçu, hier, de Berlin, la dépêche suivante :

La « Gazette de Cologne » et le « Berliner Tagblatt », qui viennent de paraître, déclarent savoir, de source autorisée, que le « petit bleu » dont on a publié le texte n'est pas un faux. Il n'a pas été écrit par le colonel de Schwarzkoppen, mais par l'agent secret de l'ambassade d'Allemagne, qui servait d'intermédiaire à l'attaché militaire allemand dans ses rapports avec les espions[1].

Autre déclaration non moins commentée :

La *Gazette nationale* (*Nationale Zeitung*) écrit, au sujet de ces mêmes incidents :

« On n'a jamais contesté, en Allemagne, que le colonel de Schwarzkoppen ait eu des rapports avec Esterhazy. C'est

---

[1]. Cette partie de la note allemande était inexacte : c'est le colonel de Schwarzkoppen lui-même qui a écrit le *petit bleu*.

la mission des attachés militaires d'accepter les renseignements offerts par des officiers comme Esterhazy.

Le colonel de Schwarzkoppen a eu en réalité, avec Esterhazy, les rapports que comportait sa mission. »

Cette déclaration de la *Gazette nationale* passe, dans la presse de Berlin, comme étant une déclaration officieuse.

Les scélérats qui ont accusé le colonel Picquart d'un crime inepte, qui ont surpris la bonne foi complaisante du général Zurlinden et la signature du général Chanoine, n'avaient point prévu cette conséquence de leur vilenie : c'est que l'auteur du *petit bleu*, attaché militaire ou agent secret, ne laisserait pas attribuer à un autre, à un innocent, la dépêche qu'il avait écrite.

Ces misérables, amis et collaborateurs d'Esterhazy, avaient pris l'auteur du *petit bleu* pour un Esterhazy !

La réponse ne s'est point fait attendre. Le gouvernement allemand fait déclarer, par ses journaux officieux, que le *petit bleu* n'est pas un faux, qu'il émane bien de l'ambassade allemande à Paris, que l'attaché militaire allemand avait bien à ses gages M. le commandant Walsin-Esterhazy, toujours chevalier de la Légion d'honneur, aujourd'hui en fuite.

Il restait à ces bandits un dernier crime à commettre, une dernière humiliation à infliger à l'armée, à la France. C'est fait. Le monde entier connaît à cette heure le démenti allemand, l'aveu prussien.

Ici, comme en toutes circonstances, Picquart a dit la vérité, rien que la vérité. Il a dit que les fragments du *petit bleu* venaient du même lieu que le bordereau. C'est reconnu par l'Allemagne. Il n'a pas voulu, dans sa probité scrupuleuse, attribuer, sans preuve, l'écriture du *petit bleu* à telle ou à telle personnalité. C'est l'Allemagne elle-même qui nomme l'auteur du *petit bleu*, lequel n'est point le colonel de Schwarzkoppen, qui ne s'abaissait pas à écrire à un Esterhazy, mais l'agent secret qui lui servait d'intermédiaire dans ses rapports avec les espions.

Ainsi, sur les ruines de tant d'autres échafaudages de mensonges et de calomnies, s'écroule un nouvel édifice de calomnies et de mensonges. Quand Schwarzkoppen vient dire : « J'ai dicté le *petit bleu* à celui des agents qui avait pour besogne d'écrire à Esterhazy ! » il paraîtra assez difficile, même à Gribelin, à Boisdeffre et à Cavaignac, de répondre : « Non, non, vous ne l'avez pas dicté ; ce n'est pas un de vos agents qui l'a écrit ; c'est Picquart qui l'a fabriqué ! » Et qui pourrait douter, en effet, de la clairvoyance de gens qui ont pris le faux d'Henry pour un document d'une authenticité morale et matérielle si incontestable qu'ils l'ont fait afficher sur toutes les murailles de France, et la dépêche reconnue par Schwarzkoppen pour un faux, et Esterhazy pour un preux, et Dreyfus pour un traître !

Il n'y a plus, dans cette dernière machination, qu'un point qu'il importe d'éclairer : c'est le procédé par lequel on a démontré, dans le dossier de quarante-huit pages que M. Cavaignac a légué au général Zurlinden, que le *petit bleu* avait été fabriqué par le colonel Picquart. Cela, il faut le connaître. Il faut savoir de quels faux se compose ce dossier, quels sont les faux témoins et les fourbes qui l'ont établi. La défense nationale, l'intérêt sacré que ces brigands de nuit allaient invoquer demain pour un nouveau huis clos, n'aura rien à voir à ce nouveau procès. La pudeur nationale tout au plus. Il ne s'agit plus, là, que de faux, serments et de faux. Et, au-dessus de la pudeur nationale, il y a la justice.

Et son heure, l'heure de la justice, sonnera demain ; elle sonne déjà.

22.

Quelque étude approfondie que l'on ait faite de l'histoire, on ne fait jamais, dans le calcul des choses humaines, une part assez grande à la bêtise. Elle était stupide autant qu'infâme, la manœuvre qui a été tentée contre Picquart; elle a soulevé la colère de tous les bons citoyens, le dégoût du monde civilisé; il n'y aura pas de flétrissure assez atroce pour ceux qui l'ont préparée et perpétrée. Elle a porté cependant, puisqu'à l'heure même où l'impeccable véracité de Picquart recevait une nouvelle consécration, la commission consultative, unanime l'avant-veille, se divisait en deux fractions égales sur la revision du procès Dreyfus. Ô faiblesse lamentable de l'esprit humain! Il suffit de quelques drôles qui jettent un peu de leur boue sur un héros pour que celui-ci devienne suspect à trois hommes sur six. Hier, son témoignage triomphait de tous les doutes; aujourd'hui il ne compte plus. Que n'avez-vous attendu, pour prononcer, vingt-quatre heures de plus? Que reste-t-il aujourd'hui de cette boue, après la dépêche du *Figaro*?

Que l'anonymat qui couvre ces trois hommes leur soit léger!

Par bonheur, pour le repos de la conscience de ces trois hommes, la loi, cette fois, a été sage. Leur avis n'est que consultatif. Déjà, dans l'affaire Jamet-Léger, ils avaient été les mêmes, trois contre trois. Le ministre de la justice a passé outre. S'il n'avait point passé outre, deux innocents, que la Cour d'assises a acquittés presque sans débat, à qui la société, coupable d'une douloureuse erreur, sera à jamais impuissante à payer toute sa dette, seraient encore au bagne. Vous penserez à ce précédent, monsieur le garde des Sceaux; il est impossible que vous n'y ayez pas déjà pensé.

Ce que je sais, c'est que le ministère républicain est

résolu invinciblement à faire son devoir ; qu'il ne chargera pas sa conscience d'une forfaiture, par peur d'une glorieuse responsabilité ; qu'il marche, d'un pas allègre et ferme, vers la justice ; que rien ne l'arrêtera plus, — et que celui qui est le chef de l'armée n'est pas moins ardent à réclamer la revision que ces républicains, jeunes ou vieux, qui s'appellent Brisson, Bourgeois, Delcassé, dont l'âpre fatalité des luttes politiques a fait tantôt des amis, tantôt des adversaires pour les uns ou pour les autres, mais qui sont d'honnêtes gens et qu'attend demain, après un dernier effort, avec la haine honorable des scélérats, l'applaudissement immense de toute la France, de la vieille France de l'Encyclopédie et de la Révolution.

O Brisson ! la gloire est devant vous, une gloire si belle et si pure que vous n'en avez jamais pu rêver de telle dans vos plus ardentes ambitions : quelque chose de la gloire de Voltaire, vengeur et défenseur de Calas ! Elle est là, cette gloire. Vous n'avez qu'à tendre la main pour la saisir. Et vous ne tendriez pas la main ! Vous ajourneriez la sainte réparation, l'inévitable réparation que rien au monde n'empêchera plus de sortir du Droit !

Je vous ai souvent combattu, monsieur le président du conseil, et, certes, il m'arrivera encore de ne point partager toutes vos idées, de ne pas m'associer à toute votre politique. Mais je n'ai pas un doute aujourd'hui sur ce que vous déciderez demain. Vous saisirez la Gloire et vous ferez Justice.

IV

LES AVEUX DU UHLAN

26 septembre 1898.

Le bandit a parlé, il a continué à parler. Devant le conseil d'enquête qui le chassa de l'armée, il n'avait avoué que les crimes, quelques-uns des crimes, de ses amis, d'Henry et de Du Paty. Ayant mis la mer entre la justice et lui, il avoue maintenant son propre crime à un journaliste anglais[1]. Esterhazy reconnaît qu'il est l'auteur du bordereau.

Il y a plus de deux ans que le colonel Picquart avait découvert que le bordereau est de l'écriture d'Esterhazy. Il y aura bientôt un an que Scheurer-Kestner l'a révélé à Méline. Billot, Boisdeffre et Gonse le savaient depuis 1896. Trois experts, en 1894, ont affirmé que le bordereau est de l'écriture de Dreyfus. Trois experts, en 1898, ont affirmé qu'il n'est pas de la main d'Esterhazy. Ces trois experts ont fait condamner Zola à trente mille francs de dommages-inté-

---

1. *Observer* du 25 septembre.

rêts pour les avoir accusés, sinon de fraude, du moins de cécité. Ils doivent toucher aujourd'hui même ces trente deniers. Varinard, Couard et Belhomme peuvent donner la main à Bertillon et à Teyssonnières, qui la peuvent donner à Méline, à Billot, à Boisdeffre et à Gonse. Avec Cavaignac, le cousin Du Paty et Lauth, la société sera complète.

Pourquoi le misérable a-t-il fait cet aveu? Ses amis d'hier, qui l'estiment à leur propre valeur, mais qui ne connaissent point sa psychologie, diront qu'il a été payé. Qu'ils disent donc par qui, les drôles! Il y a encore des Cours d'assises en France. La vérité est beaucoup plus simple : Esterhazy s'est vengé, il tient jusqu'au bout la promesse qu'il s'était faite à lui-même, qu'il avait faite à Mme de Boulancy, — c'est la seule qu'il ait tenue, — de ne pas partir « sans jouer à toutes ces canailles » — à la France, à ses chefs militaires, — « une plaisanterie de sa façon ».

Le tour a été monstrueux, digne de cet atroce forban. Il y a longtemps que je l'ai dénoncé ici, à cette place. Il a fait mieux que d'embraser Paris aux quatre coins, d'y périr, en capitaine de uhlans, dans un rouge soleil de bataille, dans le massacre de cent mille Français. Il a embrasé la France tout entière et a failli la déshonorer dans un noir crépuscule de guerre civile. Il a laissé condamner un innocent qui expie, depuis quatre ans, dans un affreux martyre, le forfait qu'il avait commis lui-même. Pour lui, des ministres et des généraux se sont couverts d'infamie, ont maintenu un soldat irréprochable au bagne, envoyé un héros en prison, préféré entasser mensonges sur mensonges, faux sur faux, crimes sur crimes, que de reconnaître loyalement une erreur. Pour lui, à cause de lui, la patrie de l'Encyclopédie et de la Révolution a subi le joug ignoble de l'antisémitisme. Pour lui, les plus abominables passions se sont déchaînées, des haines fratricides, des fureurs inconnues des antiques Érynnies. Pour lui, toute une presse s'est vautrée dans la fange. Pour lui, à cause de lui, le Parlement s'est fait le complice imbécile de ministres scélérats ou stupides. Pour lui, à cause de lui, le pays a été trompé. Pour lui, à cause de lui, il y a une immense tache de boue sur des uniformes qui devaient rester purs et sur des consciences qui devaient rester droites. Pour lui, à cause de lui, le pays de Voltaire et de Danton a risqué de compromettre, devant le monde et devant l'histoire, son vieux renom glorieux de soldat du Droit. Et un petit-fils de Henri IV l'a embrassé, et, dans Paris, a retenti le cri de « Vive Esterhazy » !

Et, quand la coupe immonde a été vidée ainsi jusqu'à la lie ; quand — pour qu'il n'y ait plus une erreur à commettre — la commission du ministère de la Justice eut refusé de se prononcer en faveur de la revision d'un inique procès ; quand, Picquart étant accusé de faux, il n'y avait plus une ignominie à perpétrer, et quand, Schwarzkoppen ayant parlé, il n'y avait plus une honte à boire : alors, tranquillement, goguenardant entre ses moustaches en croc, le Uhlan dit à un Anglais : « C'est moi qui ai écrit le bordereau. »

Eschyle, et Dante, et Shakespeare sont-ils descendus jamais plus loin dans l'horrible ? Y a-t-il un cercle d'enfer au-dessous de celui-ci ? Combien peu de chose, auprès de la réalité vivante, la plus tragique imagination des poètes !

Et, pour qu'il y ait eu, au moins une fois, au monde, un scélérat complot, M. le commandant Walsin-Esterhazy, toujours chevalier de la Légion d'honneur, charge son infâme aveu d'infamies nouvelles. Il continue à accuser de trahison l'infortuné qui agonise là-bas. Son bordereau, il l'a écrit par ordre. Il continue à salir ses chefs, ses camarades. Il réalise ce qui eût paru l'impossible : calomnier Henry. C'est Henry et Sandherr qui lui ont fait écrire le bordereau. Henry est mort, Sandherr est mort : le faussaire ni le fou ne sortiront du tombeau pour lui cracher leur démenti à la face. Il est tranquille.

Je ne m'abaisserai pas à discuter, pour « l'honneur » de Sandherr et d'Henry, cet inepte roman. Quoi! Sandherr et Henry auraient choisi Esterhazy pour écrire le bordereau parce que son écriture ressemblait vaguement à celle de Dreyfus! Et tout le procès, qui n'a porté que sur le bordereau, ne serait qu'une sinistre comédie! Et Mercier n'aurait rien su, ni Gonse, ni Boisdeffre, ni Billot, ni Zurlinden, ni M. Charles Dupuy, ni le Teyssonnières! Alors, comment se fait-il, brigand, que la trahison a continué après la condamnation de Dreyfus, pendant deux ans, et que des centaines de documents, tous de la même source, sont à Berlin, venant de Paris, ayant été payés au même espion par le même colonel prussien? Alors, pourquoi, bandit, quand le fac-similé du bordereau a paru dans un journal, cette course folle, échevelée, à travers la pluie et l'orage, sous le premier vent du glaive? Alors, pourquoi, bandit, cette démarche sinistre auprès de Schwarzkoppen, il y a un an, le revolver au poing, pour le supplier de faire le plus hideux des mensonges à la femme du martyr, de lui déclarer que son mari est coupable?...

C'est trop de honte, c'est trop d'abjection! Et cette ordure a porté l'uniforme français, et la croix est encore sur cette poitrine, et c'est à cause de ça que tant de Français se sont salis, que tant de larmes ont été versées!

Peut-être la commission du ministère de la Justice eût-elle mieux fait d'attendre, avant de prononcer, *ce fait nouveau*, après lequel il ne reste plus rien du verdict de 1894, puisqu'Esterhazy avoue le bordereau, seule base légale de la condamnation, que « ce canaille de D... » n'est point Dreyfus, mais un complice du Uhlan, que le reste du dossier n'est composé que de faux.

« Il faut que cela cesse! » comme disait M. Méline de notre combat acharné pour la Vérité et pour la Justice. Oh! oui, il faut que ce cauchemar cesse. Vite, vite!

V

LA REVISION

27 septembre 1898.

Le Conseil des ministres a pris la décision que la conscience française attendait, qui refait de la République une réalité, que le monde civilisé va accueillir d'un immense applaudissement. L'air va redevenir respirable. Tant qu'une obstination féroce maintenait cette iniquité, ce n'était pas seulement les hommes qu'on prenait en haine ; la nature elle-même, l'impassible et divine nature, en semblait décolorée. Et pas seulement en France, mais jusqu'aux rivages les plus lointains, partout où la sainte pitié n'est pas morte, où il y a encore des cœurs sous les poitrines et des larmes dans les yeux. Ce drame était devenu l'affaire de l'humanité tout entière. Des millions et des millions de regards étaient fixés sur la scène où il se débattait. Il obsédait toutes les pensées, hantait tous les rêves. Des événements qui, en d'autres temps, auraient passionné tous les esprits, ne les occupaient que pendant de courts instants. Le vieil Ibsen, comme autrefois le vieux

Kant, changeait l'heure de sa promenade pour avoir plus tôt des nouvelles de Paris. Les poètes en oubliaient leurs vers et les jeunes filles leurs songes. Et les peuples, étonnés, se demandaient quand finirait cette éclipse de la France. Aujourd'hui, les derniers nuages se dissipent. Merci, Brisson.

De tous ceux qui accueilleront comme une délivrance la résolution qui honore si grandement le gouvernement, c'est l'armée qui la recevra avec le plus de joie. Le silence de la grande muette avait été exploité indignement par une poignée d'hommes qui prétendaient parler en son nom et exploitaient son honneur pour couvrir leurs crimes. C'est de cette exploitation cynique, d'où pouvait sortir un irréparable malentendu, que les vrais patriotes ont le plus cruellement souffert. Faire de la cause d'un Esterhazy, d'un Henry, et d'un Du Paty, la cause de l'armée, était un inexpiable sacrilège. Ceux qui connaissent nos officiers, les vrais soldats qui travaillent, qui vivent dans les régiments et dans les camps, dont les épées et les sabres ne traînent pas dans les antichambres et les salons, savent qu'ils en ont pleuré de rage. Quoi! cette armée qui, depuis plus d'un quart de siècle, ne vit que dans la pensée de l'immanente Justice, elle ne serait pas l'armée du Droit! La voilà, la véritable injure à l'armée, l'injure pour laquelle il n'y a de châtiment que dans l'histoire. Cette injure en se prolongeant devenait meurtrière, autant et peut-être plus encore pour l'armée, qui est la nation sous les drapeaux, que pour le peuple, qui est l'immense armée de demain. Le ministre de la Guerre l'a compris, a dit nettement que cela devait cesser. C'est cette injure qui a été réprimée hier. Merci, Brisson.

Et comme il faut que, dans ce drame extraordinaire,

dont le cinquième acte commence, tout soit étrange, il n'y a que deux hommes aujourd'hui qui ignorent encore que l'heure de la justice a sonné, celui qui a été la victime de l'abominable erreur et celui qui a tout sacrifié pour la réparer : Dreyfus au bagne, où il est interdit à ses gardiens de lui parler ; Picquart dans sa prison, au secret. Il n'y a que ces deux soldats irréprochables, ces deux fils de la terre sacrée d'Alsace, le martyr et le héros, qui ne savent pas. Et ils sauront demain, et celui dont la joie alors sera la plus pleine, ce ne sera peut-être pas celui qui est attaché, là-bas, sur son rocher, depuis quatre années éternelles, devant qui vont se rouvrir tout à coup la vie et la patrie, mais celui qui a donné à la Vérité tout ce que peut donner un homme, le triomphateur enchaîné. Il y a encore, Brisson, une grande réparation glorieuse à accomplir.

VI

UNE VOIX D'OUTRE-TOMBE

26 octobre 1898.

Le 2 juillet 1872, M. Jules Grévy saisissait l'Assemblée nationale d'une lettre du général de Cissey, ministre de la Guerre, qui demandait, pour les magistrats militaires chargés de l'instruction de la capitulation de Metz, l'autorisation de prendre connaissance des documents qu'avait recueillis sur ce sujet la commission d'enquête sur les actes du gouvernement de la Défense nationale.

La commission par l'organe de M. Delsol, conclut, dans la séance du 9 juillet, à l'adoption de la demande du ministre de la Guerre.

M. Thiers, président de la République, insista pour la discussion immédiate.

Les conclusions de la commission, appuyées par M. Delsol et par son président, M. Saint-Marc-Girardin, furent combattues par deux anciens magistrats bonapartistes, MM. de Gavardie et Piou.

MM. de Gavardie et Piou soutenaient que les juges

militaires chargés de l'instruction du procès Bazaine n'avaient pas le droit de prendre connaissance des pièces et documents qui avaient été recueillis par la commission d'enquête.

M. de Gavardie, dans une séance précédente, avait déjà protesté contre le procès qui était intenté au traître de Metz; il invoquait déjà, en faveur de Bazaine, « la question de l'intérêt, de la dignité de l'armée elle-même ». M. Piou, plus habilement, prétendait que des enquêtes parlementaires ne doivent pas venir en aide à la justice ordinaire.

M. Dufaure, garde des Sceaux et ministre de la Justice, se révolta contre cette obstruction. Bien que la demande de communication n'émanât pas de lui, mais du ministre de la Guerre, il prit la parole et fonça sur les anciens magistrats bonapartistes. Voici, d'après le compte rendu sténographique, le principal passage de son discours :

La justice, messieurs, quel est son droit? Son droit aurait été — et je m'empresse de dire qu'elle s'est arrêtée respectueusement au seuil de cette assemblée. — **son droit aurait été de rechercher partout les documents que votre commission a recueillis...** (*Assentiment sur divers bancs. — Réclamations sur quelques autres.*)

PLUSIEURS MEMBRES. — Oh! non !

M. LE GARDE DES SCEAUX. — Comment ! Oh ! non ! Ah ! messieurs, je vous en conjure : dans des interruptions peu réfléchies que nous ne pouvons pas discuter ici, ne risquez pas de porter atteinte aux droits de la justice de votre pays. (*Très bien ! sur divers bancs.*)

Oui, si la justice avait su qu'il y eût quelque pièce de nature à donner des éclaircissements nécessaires sur les faits qui s'étaient passés à Metz, elle avait le droit de la demander. (*Oui ! oui ! — Très bien ! au centre et à gauche.*)

Elle ne serait pas la justice sans cela.

Un membre à droite. — L'Assemblée n'est pas un bureau de police!

M. le garde des sceaux. — Elle avait le droit de les demander, mais j'ai eu soin de vous le dire d'abord pour prévenir toute interruption inspirée par l'idée de la souveraineté de cette Assemblée, elle s'est arrêtée, respectueuse, — vous ai-je dit, mais vous ne m'avez pas entendu? — devant les portes de votre Assemblée; elle est venue elle-même demander à cette Assemblée, — car le ministre de la Guerre parlait au nom de la justice, elle est venue demander à l'Assemblée elle-même de vouloir bien ordonner, non pas même que les pièces lui fussent remises, mais qu'elles lui fussent communiquées; elle a voulu connaître la vérité, elle en a cherché le moyen; elle aurait pu peut-être aller plus loin, mais non, elle s'arrête là, elle vous demande de permettre qu'elle en prenne connaissance. **Je vous demande, au nom du ciel, dans quel intérêt vous voudriez dissimuler à la justice cette vérité, qu'elle a besoin de connaître?** (*Très bien! très bien! à gauche.— Bruit sur quelques bancs à droite.*) Et quant aux dépositions de témoins, l'honorable M. Piou prétend qu'elles ne peuvent pas constituer une enquête judiciaire parce qu'elles n'ont pas été reçues dans les formes solennelles de la justice.

Les témoins n'ont pas prêté serment, l'accusé n'était pas présent. Tout cela est vrai, cent fois vrai. Est-ce qu'il est entré dans l'idée de personne de prendre les 400 dépositions recueillies par la commission, ainsi que le disait son honorable président M. Saint-Marc-Girardin, de les produire devant le Conseil de guerre, de s'en faire une arme, de s'en servir contre l'accusé?

Un membre. — Alors pourquoi?

M. le garde des sceaux. — On me demande pourquoi. Vous le voyez immédiatement: c'est parce que le rapporteur de l'affaire a voulu avoir connaissance de tous les faits qui, de près ou de loin, touchaient à l'information qu'il avait à faire. Et que diriez-vous si, après une décision rendue... (*Interruption à droite.*)

M. Princeteau. — Je demande la parole.

M. le garde des sceaux... si, dis-je, après une décision rendue, sévère ou indulgente, — nous ne pouvons le prévoir encore, — les dépositions recueillies par la commission chargée d'examiner les actes du gouvernement de la Défense nationale, si les dépositions recueillies par cette commission étant publiées, comme l'ont été les dépositions recueillies par la commission des marchés, comme l'ont été les dépositions recueillies par la commission chargée d'examiner les événements du 18 mars, il résultait des faits qui seraient alors mis au jour que le maréchal qui aurait été condamné ne devait pas l'être, ou que le maréchal qui aurait été acquitté, aurait dû être condamné? (*Très bien!* à gauche. *Bruit à droite.*)

Un membre. — Ce n'est pas la question !

M. le garde des sceaux. — J'avoue que je ne comprends pas l'interruption.

Comment? lorsqu'il y a là une constatation des faits, dont on peut prendre immédiatement connaissance, vous opposeriez un refus à la justice?

L'Assemblée nationale, par 454 voix contre 131, donna raison à M. Dufaure, décida que toutes les pièces seraient communiquées.

Il n'y a de changé, aujourd'hui, que le nom du traître : Esterhazy au lieu de Bazaine. La question reste la même ; il s'agit toujours de savoir si une commission ou une administration quelconque a le droit de refuser à la justice, militaire ou civile, les pièces et documents qui lui sont nécessaires pour faire la lumière, pour arriver à la vérité. En 1872, la demande émanait de la justice militaire : il y fut fait droit. Elle émane aujourd'hui de la justice civile : le droit reste le même.

« Je vous demande, au nom du ciel, dans quel inté-
» rêt vous voudriez dissimuler à la justice cette vérité
» qu'elle a besoin de connaître? » Oui, dans quel intérêt ?

VII

LA LIBERTÉ

28 octobre 1898.

« Lorsque, dit Montesquieu, dans la même personne, ou dans le même corps de magistrature, la puissance législative est réunie à la puissance exécutrice, il n'y a point de liberté, parce qu'on peut craindre que le même monarque, ou le même sénat, ne fasse des lois tyranniques pour les exercer tyranniquement. — Il n'y a point encore de liberté si la puissance de juger n'est pas séparée de la puissance législative et de l'exécutrice. Si elle était jointe à la puissance législative, le pouvoir sur la vie et la liberté des citoyens serait arbitraire, car le juge serait législateur. Si elle était jointe à la puissance exécutrice, le juge pourrait avoir la force d'un oppresseur. — Tout serait perdu si le même homme, ou le même corps des principaux, ou des nobles, ou du peuple, exerçaient ces trois pouvoirs : celui de faire des lois, celui d'exécuter les résolutions publiques, et celui de juger les crimes ou les différends des particuliers. » (*Esprit des Lois, livre XI, chap.* IV.)

La liberté, c'est donc, essentiellement, le principe de la séparation des pouvoirs.

La plupart des maux dont souffre, depuis plusieurs années, et, plus particulièrement depuis un an, l'État républicain, n'ont pas d'autre cause que la méconnaissance de ce principe tutélaire, fondamental.

« L'affaire Dreyfus, disait M. Méline, n'est qu'une affaire judiciaire. » Rien de plus vrai. Mais quand, aussitôt après, M. Méline déclarait que Dreyfus avait été justement et légalement condamné, alors que la question soumise aux juges était précisément de savoir si Dreyfus avait été légalement et justement condamné, il disait, lui, chef du pouvoir exécutif, ce qu'il n'avait pas le droit de dire : il empiétait sur le domaine du pouvoir judiciaire ; il pesait sur la conscience des juges ; il violait le principe de la séparation des pouvoirs. De là l'enquête Pellieux, l'instruction Ravary, l'acquittement d'Esterhazy, cette révolte de la conscience que fut la lettre de Zola, un an de trouble, de désordre, de discordes civiles, de hontes et d'humiliations de toute espèce.

De même M. Brisson. Il disait avant-hier : « La décision par laquelle la demande de revision a été transmise à la Cour de cassation a précisément pour objet d'enlever à la politique un débat qui aurait dû toujours demeurer sur le terrain juridique. » Rien de plus vrai, et ce sera, malgré les fautes qui lui sont reprochées, le grand mérite de M. Brisson, d'avoir rendu à l'affaire Dreyfus son caractère judiciaire. Mais M. Brisson avait commencé par permettre au premier de ses ministres de la Guerre de porter devant la Chambre des pièces dont elle n'avait pas à connaître, d'en faire un tribunal. De là, au ministère de la Guerre, cette succession lamentable de crises, parce que les ministres successifs de la Guerre se sont arrogé le droit de juger une cause qui n'appartenait qu'à la Cour de cassation ; de là cette crise, douloureuse entre toutes, où la suprématie du pouvoir civil a pu paraître menacée, où l'image de la justice a été voilée, où la République elle-même s'est sentie en danger.

Et les hommes n'ont pas été seuls à méconnaître ce principe de la séparation des pouvoirs sans lequel il n'y a pas de liberté : les lois elles-mêmes le méconnaissent. Quand le Code d'instruction criminelle, dans son article 441, donne au seul ministre de la Justice le droit de saisir la Cour de cassation d'une demande tendant à l'annulation d'un jugement illégal, il donne au pouvoir exécutif un droit qui ne devrait appartenir qu'au pouvoir judiciaire, au Procureur général près la Cour suprême. — Quand le même Code, dans son article 444, donne au seul ministre de la Justice le droit de saisir la Chambre criminelle d'une demande de révision dans le cas d'un fait nouveau, il donne encore au pouvoir exécutif un droit qui, lui aussi, ne devrait appartenir qu'au pouvoir judiciaire, au même Procureur général près la Cour de cassation. Si ces deux articles de loi avaient été édictés et rédigés conformément au principe, au principe strict dont il est impossible de s'écarter sans tomber dans les pires aventures, il y a longtemps que la Cour de cassation aurait été saisie, qu'elle eût prononcé, qu'il n'y aurait plus d'affaire Dreyfus. Jamais le gouvernement, jamais le pouvoir exécutif n'eût été appelé à se prononcer. La représentation nationale n'eût point été compromise. L'idée de justice n'eût point été obscurcie. Il y aurait eu une affaire Dreyfus devant la Cour suprême : il n'y aurait pas eu d'Affaire.

Il en eût été ainsi en Belgique, en Hollande, en Amérique, dans tous les pays étrangers où la grande vérité française qui a été formulée, sinon découverte, par Montesquieu, domine la législation et la politique.

Il faut donc revenir à la vérité, au scrupuleux respect du principe de la séparation des pouvoirs. Et c'est le seul avantage de la crise qui a été ouverte par le vote de la Chambre que ce qui avait été rendu hier si difficile, dans la fièvre qui s'était emparée du pays, par tant de fautes accumulées, sera demain tout simple et tout facile. L'obstacle qu'il fallait franchir pour rentrer dans les principes, le ministère Brisson l'a franchi ; l'obstacle est franchi, c'est fait. Le ministère de demain, qui n'aura pas l'honneur de ce grand acte, n'en aura pas non plus la responsabilité. La voie est libre devant lui, et libre devant la Chambre, qui est sortie, pendant les vacances, du marais où Cavaignac, après Billot, l'avait enlisée. Y a-t-il quelque part un républicain qui l'y veuille ramener ? Il n'y aurait d'excuses ni devant le pays, ni devant l'histoire, à une aussi criminelle folie.

Ainsi, par le retour aux principes, tout redevient aisé. L'horrible tempête n'est née que de la confusion des pouvoirs. Elle s'apaisera, tombera d'elle-même, dès que cessera cette confusion. La tyrannie, c'est le fait, par le pouvoir exécutif ou par le pouvoir législatif, de se vouloir substituer au pouvoir judiciaire. Qui donc veut rétablir la tyrannie, et dans quel intérêt ? La carrière est ouverte à la Justice. Ce n'est plus seulement la Vérité, c'est la Justice qui est en marche. Honte et malheur à qui la voudrait arrêter !

UNE CONSCIENCE

LE COLONEL PICQUART

I

UN HÉROS

28 août 1898, avant-veille de l'arrestation d'Henry.

Ces gens-là ont une pierre à la place du cœur, détestent la vérité comme une ennemie personnelle, bousculent la justice comme une fille d'auberge et se soucient du verdict de l'histoire comme un bon citoyen des injures d'un pamphlétaire. Cependant, ce qui les caractérise, c'est leur ignorance de l'âme humaine.

De tout temps, en tous pays, ç'a été une beauté de l'âme humaine, de l'âme des foules, qu'elle va d'instinct vers ceux qui souffrent, qui sont persécutés. La foule ne distingue pas facilement entre la vérité et le mensonge. Mais, quand elle voit des hommes qui pourraient rester tranquillement chez eux à cultiver leur jardin descendre, de propos délibéré, dans la plus rude des batailles, et, pour une cause, quelle qu'elle soit, affronter les périls, les humiliations et les iniquités, les subir sans broncher et, la tête haute, défier le destin, ayant fait le sacrifice de tout ce qui paraît enviable dans la vie, hors l'honneur, — alors le doute lui vient, et c'est vers les vaincus qu'elle se tourne. Vous pouvez traiter ces hommes par le dédain; vous leur répondez par l'injustice, par la force. Merci.

Voici un soldat, un fils de l'Alsace captive, devant qui s'ouvrait le plus radieux avenir. Il n'avait qu'à se taire pour être demain le plus jeune général, comme il était hier le plus jeune colonel de l'armée française. Il a refusé de prostituer sa conscience; il a parlé. Alors, tout s'est effondré autour de lui, sa carrière a été brisée, son épée lui a été enlevée, tous les pouvoirs publics se sont coalisés pour protéger les malfaiteurs qui avaient conspiré sa perte; il a été jeté en prison; les accusations les plus hideuses sont sorties pour l'accabler du texte torturé des lois; toutes les juridictions partent en guerre pour le frapper encore à coups redoublés. Le voilà bien à bas, n'est-ce pas? Non, c'est lui qui est debout. Il n'était qu'un soldat loyal, un honnête homme. Le voici un héros, un martyr, le héros du Droit, le martyr de la vérité. Merci.

Et vous croyez que le peuple ne commence pas à voir cela? Car ils croient vraiment qu'étant les maîtres de la gendarmerie et de tous les garde-chiourme, ils le sont aussi de l'âme française. Elle dort, disent-ils, on peut tout oser. Tout juste, elle s'éveille. Mais qui la réveille? Ce n'est pas nous, c'est vous. Merci. Continuez. Allons! encore quelques dénis de justice, encore quelques coups de force, encore quelques-uns de ces actes violents, arbitraires, cyniques, qui sont passés de mode en Tartarie.

Ce que j'en dis, ce n'est pas pour diminuer le mérite de ceux qui luttent pour la Vérité. Il leur arrive parfois, à ces lutteurs, aux heures où le ciel est le plus sombre, où les cris de la populace sont le plus furieux et les railleries de l'étranger le plus amères, il leur arrive de douter de ce pays. Non, cent fois non, il n'en faut pas douter, et aujourd'hui moins que jamais. Il est d'autres pays, de par le monde, où des erreurs, des crimes judiciaires ont été commis. Mais où est le pays qui, d'une telle crise, aurait fait une crise nationale ? Dans quel autre pays, sous quel autre régime, eût-on seulement compris l'anxiété qui nous étreint depuis de longs mois ? « C'est un grand bonheur pour la France, disait Tolstoï l'autre jour, qu'un pareil problème se pose devant sa conscience. » Et, depuis la Réforme, la conscience humaine n'aura pas franchi de plus grande étape que celle qu'elle franchit aujourd'hui. Donc, il faut s'incliner devant une pareille entreprise de faire pénétrer la morale dans la politique.

Mais ceux qui lui assurent la victoire, c'est ceux qui la lui disputent. Leurs moyens jugent leur œuvre. Ce n'est pas ainsi, par de pareilles armes, empoisonnées ou brutales, qu'on défend une cause qui serait bonne. Ils crient eux-mêmes ainsi que leur cause est mauvaise, détestable, irrévocablement perdue. Si vous détenez la vérité, montrez-la. Ils ne la montrent pas. Le crime, c'est de demander qu'on la montre, c'est d'en avoir soulevé le voile.

Et devant tant de vilenies, d'hypocrisies et de lâchetés, la lumière ne se ferait pas, elle ne jaillirait pas de cette nuit ? Allons donc ! On dirait que ces gens-là n'ont jamais étudié l'histoire d'aucune des grandes révolutions qui ont fait avancer l'humanité dans la voie du progrès. Ils font exactement tout ce qu'ont fait tous leurs prédécesseurs dans la défense du mensonge et de l'arbitraire. Mêmes discours, mêmes actes. Ils oppriment comme eux. Comme eux, ils faussent tous les ressorts de la justice. Il leur suffit, comme à eux, d'être la force.

Cela suffisait aussi à de plus grands qu'eux, à de plus puissants. Qu'en reste-t-il ?

II

UNE CONSCIENCE

20 septembre 1898.

On prête ce propos à l'un des officiers qui avaient le plus d'intérêt à maintenir le capitaine Dreyfus au bagne et Esterhazy dans l'armée : « Ah ! Picquart, quel misérable !... C'est lui, tout de même, qui sera généralissime ! »

Je ne sais pas si le colonel Picquart sera généralissime. Mais, ce dont je suis certain, c'est qu'au siècle prochain, dans deux ans, son exemple sera cité dans tous les manuels d'enseignement civique, qu'il sera l'orgueil de l'armée comme il en est déjà l'honneur — et que ceux-là qui se seront associés aux infamies dont cet admirable soldat a été victime ne se le pardonneront jamais.

**

Dans cette histoire, si complexe et si embrouillée en apparence, si simple en réalité, simple comme une tragédie antique, rien de plus simple que l'acte du colonel Picquart.

Un jour, des fragments d'une lettre ramassée dans une ambassade étrangère, le fameux *petit bleu*, mettent le chef du bureau des renseignements sur la piste d'un traître. Cette pièce, à elle seule, n'est pas une preuve; elle n'est qu'une indication. Le colonel Picquart suit la piste. Il y acquiert, au bout de quelques pas, la certitude que le bordereau, sur lequel Dreyfus a été condamné, n'est pas l'œuvre de l'infortuné qui est enterré vivant à l'Ile du Diable, mais d'un espion, d'un traître depuis longtemps aux gages de la Prusse, d'Esterhazy.

Si les chefs du colonel Picquart avaient fait, eux aussi, leur devoir; si, loyalement, ils avaient ouvert une instruction loyale contre Esterhazy; plus tard, à la suite de cette instruction, s'ils avaient demandé d'eux-mêmes la revision du procès Dreyfus : le héros, qui est en Picquart, attendrait encore, sans peut-être se soupçonner lui-même, l'occasion de se révéler. On dirait de lui, dans un petit cercle d'officiers et d'hommes informés, qu'il a fait preuve, dans une circonstance grave, de clairvoyance, d'intelligence et de décision. La gloire même de la revision, de la réparation spontanément accordée à la victime de la plus lamentable des erreurs judiciaires, appartiendrait à un autre. C'est cette gloire dont M. Billot n'a pas voulu.

.·.

Jusqu'ici Picquart n'a été qu'un officier perspicace, doué de sens critique. Il va trouver l'un de ses chefs qui lui dit : « Mais après tout, ce n'est pas vous qui êtes à l'Ile du Diable! » Picquart répond : « Croyez-vous que je descendrai dans le tombeau avec un pareil secret ? »

C'est le même chef, je crois, à moins, hélas! que ce ne soit un autre, qui avait dit : « Il y a peu de chose dans le dossier Dreyfus. » C'est le dossier qui contient aujourd'hui mille pièces. Picquart laissa tomber cette parole; Henry la ramassa.

Ici, à cette minute précise, quand Picquart invoque sa conscience devant le chef qui a deux ou trois galons de plus que lui, naît le héros. Il naît, encore comme dans la tragédie, du conflit des devoirs. D'une part, le devoir professionnel, de l'autre, le devoir moral.

Le problème est redoutable entre tous ; comment le résoudre ? De ces deux devoirs qui s'opposent, qui sont en lutte, quel est le plus haut, le plus impérieux ?

« Je dois plus à l'humanité qu'à ma patrie, a dit Fénelon, à ma patrie qu'à ma famille, à ma famille qu'à mes amis, à mes amis qu'à moi-même. »

Il faut sacrifier ceci à cela. Que va sacrifier Picquart ? Il ne sacrifiera que lui-même.

Et, ainsi, ne sacrifiant que lui-même, il conciliera ses deux grands devoirs, son devoir d'homme, son devoir de soldat, en apparence inconciliables, — inconciliables, en effet, dans les régions basses ou médiocres, mais qui se confondent dans les sphères élevées où il n'y a qu'un devoir, le devoir kantien : « Agis d'après une maxime telle que tu puisses vouloir qu'elle soit une loi universelle. »

Il s'épuise d'abord à convaincre ses chefs de la vérité, à les convertir à la justice. Il se heurte à un mur d'iniquité. Il descend jusqu'à leur prouver que la justice, c'est leur intérêt, le plus vulgaire de leurs intérêts, l'intérêt personnel. Il se heurte à un mur d'imbécillité. Il ne se décourage pas : il parle, plaide, conjure sans se lasser.

A la veille du jour où le général Billot va faire à la tribune de la Chambre son premier parjure, le voisinage de cette conscience l'inquiète. « L'œil était dans la tombe... » Il faut éloigner ce gêneur. Alors commence cette longue mission, mensongère d'abord, bientôt meurtrière, à je ne sais quelle frontière, puis, en Afrique, au désert, sur la route où périt Morès, la mission que le roi David confia à Uri.

Picquart obéit. Un grand effondrement s'est fait en lui. Les voilà donc, ces chefs empanachés devant qui s'inclinent les drapeaux, qui commandent à l'armée de France, au signe de qui des milliers et des milliers d'hommes mourront demain, joyeusement, — et qui savent qu'un innocent expie dans un horrible martyre le crime d'un autre, et qui l'y laissent. Il leur obéit cependant — et il se tait.

Ses amis s'étonnent de ce départ subit, inexplicable. Il ne leur en pourrait donner la raison qu'en déshonorant ses chefs. Il dévore cette amertume et se tait encore.

De loin, sur un autre continent, de l'autre côté de la Méditerranée, sa pensée trouble toujours ceux qui l'ont fait partir. Il faut chercher à mettre la pédale sourde à sa conscience. Sa carrière militaire a été belle, brillante, rapide. On la lui fera plus belle, plus brillante, plus rapide encore. On le fait le plus jeune colonel de l'armée française. Sa conscience reste intacte.

Alors, après la tentative de corruption, la menace, l'injure. C'est l'infernal réseau de machinations scélérates où Du Paty essaie de le perdre. Henry, plus grossier, plus rude, lui adresse une sommation comminatoire, l'accuse, l'insulte, lève, pour l'intimider, un coin du voile qui cache les crimes que prépare, dans l'ombre, l'usine dont ce faussaire est devenu le chef.

Et que fait Picquart? Simplement, seulement ceci : il prend respectueusement conseil de quelques personnalités militaires, puis, devant le danger croissant, charge de sa défense un avocat qui est son ami d'enfance. Il lui montre la lettre d'Henry, lui confie que, s'il est en butte à de telles menaces, c'est qu'il a découvert que le bordereau n'est point de Dreyfus, mais d'Esterhazy. Il ne lui en dit pas plus, ne lui confie même pas le texte, d'ailleurs si inoffensif, du *petit bleu*.

Voilà son crime; cet acte de défense personnelle, si discret, si naturel, c'est cela que M. Cavaignac, torturant jusqu'au faux le texte de la loi, a dénoncé comme un crime, un acte d'espionnage.

.'.

Est-il besoin de dire que ce n'est pas là le crime de Picquart? Le voici :

Quand Scheurer-Kestner eut pris en main la cause de la revision, quand Mathieu Dreyfus eut dénoncé Esterhazy, une instruction fut ouverte; le colonel Picquart fut appelé comme témoin.

Il est interrogé par le général de Pellieux : il dit la vérité. Par Ravary : il dit la vérité. Par le général de Luxer : il dit la vérité. Par le président Delegorgue : il dit la vérité.

Et toujours, partout, le misérable dit la vérité, rien que la vérité.

Il n'y a pas d'injures, d'outrages, de calomnies hideuses que ne déverse sur ce soldat la presse qui exploite l'honneur de l'armée et en trafique. Il n'y a point d'affronts, de vilenies, d'injustices dont il ne soit l'objet de la part des hommes qui détiennent le ministère de la Guerre. Ses camarades d'hier, qui l'estiment, qui l'admirent, reçoivent l'ordre de se détourner de lui. Il est chassé de l'armée, il est jeté en prison. Et, toujours calme, impassible, il dit la vérité, rien que la vérité.

Il a découvert un espion, un traître à gages : l'exil.

Il affirme l'innocence d'un martyr : la mise en réforme.

Il s'offre à prouver que le gouvernement de la République a été trompé par toute une bande de faussaires : la prison.

Et comme toutes ces humiliations, toutes ces souffrances, il les subit pour la cause sainte de la Vérité, elles lui sont douces. Rien ne vient troubler sa sérénité. Il a fait tout son devoir de soldat, il fera tout son devoir de citoyen, et de la même manière tranquille. Un seul regret, mais pas pour lui-même. Que de hontes, que de douleurs eussent été épargnées à l'armée, à la patrie, si ceux qui avaient des yeux pour voir ne les avaient pas volontairement fermés !

.

Demain, il va être jugé.

S'il était possible à un républicain de ne pas aimer la République, qui est la France, par dessus tout, je lui souhaiterais une nouvelle condamnation qui le grandirait encore.

Être condamné pour la Vérité quand elle est abattue, pour la Justice quand elle est foulée aux pieds, cela est logique. Mais quoi ! la Vérité éclate comme un soleil, la Justice triomphe, et il serait frappé encore !

Il y a des crimes qu'on ne peut commettre que dans la nuit. Or, l'aube se lève et voici le jour…

III

MANŒUVRE INFAME

22 septembre 1898.

J'ignore qui a inspiré cette manœuvre infâme, quels sont les scélérats qui ont trompé la bonne foi du ministre de la Guerre. Je sais seulement qu'ils seront connus un jour, bientôt, et que, ce jour-là, il n'y aura pas de pilori assez haut, de bagne assez noir pour ces misérables que l'Armée vomira avec dégoût.

J'ai dit déjà quel était le crime de Picquart. Il a découvert dans les rangs de l'armée un traître à gages. Il a démontré l'innocence d'un martyr. Il a offert de prouver au gouvernement de la République qu'il avait été trompé par une bande de faussaires. Pour avoir été ainsi l'homme de la Vérité, le héros de la Justice et du Droit, il a été envoyé en exil, dans une mission meurtrière, traîné dans toutes les boues par une presse immonde à la solde de quelques bandits galonnés, chassé de l'armée, jeté en prison, accusé d'espionnage, lui, le soldat sans reproche, par un Cavaignac!

Or, comme tous ces crimes ne suffisaient pas à arrêter la vérité en marche, comme, tout au contraire, plus haut s'élevait la montagne des forfaits accumulés, plus claire s'épanouissait la lumière, voici ce que les brigands, pris à la gorge par la justice, ont inventé : ils ont fait accuser le colonel Picquart d'avoir fabriqué le *petit bleu* qui le mit sur la piste d'Esterhazy.

Ah! le colonel Henry a été convaincu d'avoir fabriqué un faux! Alors, les complices d'Henry accusent le colonel Picquart d'avoir commis le même crime. Et, dans leur sombre pensée, ce sera coup double : contre Picquart, témoin principal de la vérité à la barre de la justice et de l'histoire, qui sera déshonoré, souillé, brisé; contre Dreyfus qui se lèverait d'entre les morts, et sur qui retomberait, plus lourde, éternelle, la pierre du sépulcre.

Tel leur plan, conçu dans l'ombre, préparé, je l'affirme, à l'insu de Brisson, par Cavaignac, poursuivi, toujours à l'insu de Brisson, je l'affirme encore, par les coquins que Cavaignac avait laissés dans la place; et qui tout à coup a éclaté hier matin, d'abord dans cette presse qui sert de dépotoir à cette sentine, l'ancien bureau des renseignements; puis au tribunal, à la minute précise où allait crouler, sous des preuves vengeresses, l'autre accusation, moins hideuse, mais non moins inepte, et que cette nouvelle vilenie devait renforcer.

Et, certes, le plan n'était pas mal combiné, bien digne de tous ceux qui, depuis des années, entassent les faux sur les parjures, les calomnies sur les guet-apens. La crédulité d'un ministre mal informé n'y avait rien vu; la faiblesse des hommes politiques qui proclamaient, hier encore, si solennellement, la suprématie du pouvoir civil, n'avait pas su arrêter cette manœuvre tramée à leur insu, contre eux, avec on ne sait quelle complicité. Seulement, ces drôles, dans leurs calculs, n'avaient pas tenu compte de cette force plus puissante que toute leur scélératesse : la force de la Vérité, la force de l'Innocence.

Ç'a été un grand, un inoubliable spectacle que celui qu'a vu hier le public enfiévré qui se pressait dans l'enceinte du tribunal correctionnel. Après que Labori, de sa vibrante parole, eut dénoncé le nouveau, le dernier complot des malfaiteurs aux abois, Picquart s'est levé. Calme, la tête haute, indomptable dans cette bataille pour la cause sacrée de la Justice et du Droit, il a, d'un mot, balayé la sale calomnie, si sale que Billot n'avait pas osé la ramasser, que Lauth lui-même n'avait qu'insinuée. Toutes les juridictions, fort de sa conscience intacte, il les affrontera. Mais, qu'on le sache bien : si, dans la nouvelle prison qui l'attend, on le trouve un matin pendu à quelque espagnolette ou la gorge coupée d'un coup de rasoir, non, il ne se sera pas tué, il aura été assassiné.

Et sur cette parole tragique, antique, de ce grand honnête homme, non seulement l'honneur de l'armée et de la France, mais l'un de ceux qui permettent aux penseurs de ne pas prendre l'humanité tout entière en un trop amer dégoût, l'effondrement de l'atroce machination a commencé. Les juges, tout de suite, vaincus par cette explosion de lumière, ont ajourné *sine die* un procès qui n'avait plus de sens, qui se jugera ailleurs, devant la Cour suprême, où se vérifieront jusqu'aux moindres paroles de cet admirable soldat. Et les ministres eux-mêmes ont eu honte : la monstrueuse accusation qu'ils ont laissé porter contre Picquart, ils la désavouent. S'ils ne l'ont pas arrêtée au passage, renvoyée à l'égout, c'est pour permettre à Picquart de détruire, en pleine lumière, la calomnie, de confondre les calomniateurs. Soit ! ne discutons pas ce repentir, acceptons cet honorable mensonge.

Soyez tranquilles, braves gens qui, depuis de longs mois, luttez et peinez avec nous : ce n'est pas cette dernière convulsion du monstre qui empêchera la victoire de la Vérité. Picquart sera plus grand demain, et, demain aussi, la Vérité sera plus radieuse, plus éclatante la lumière dont elle inondera le ciel. Hier, quelques-uns des scélérats eussent pu échapper, terrés dans leurs repaires, tapis dans l'ombre. Ils se sont livrés aujourd'hui ; aucun d'eux n'échappera demain. La main de fer du Destin est sur eux, et sa poigne est pareille à celle du Commandeur : elle ne lâche prise que dans l'abîme.

———

IV

LES ÉTAPES DE LA PERSÉCUTION

23 septembre 1898.

Le plus grand crime que puisse commettre, en cette fin du dix-neuvième siècle, sous la République, un officier français, le voici : c'est de dire la vérité, de vouloir la justice.

Un tel crime est inexpiable, malheur à celui qui le commet ! Aucune vilenie, aucune indignité ne lui sera épargnée.

Voici les faits, *nuda facta*, les faits nus :

Un officier du plus rare mérite, le commandant Picquart, est nommé chef du bureau des renseignements. Sur la recommandation de qui ? Du colonel Sandherr qui, lui-même, l'a désigné comme son successeur. Un jour, un papier, sans valeur par lui-même, probant seulement par le lieu d'où il vient, le met sur la piste d'un traître. L'homme que ce papier dénonce est-il vraiment un traître, un espion à gages ? Il n'y a plus un doute. On sait le salaire qu'il recevait : deux mille francs par mois. Il pouvait poursuivre en dénonciation calomnieuse ceux qui l'ont accusé. Il ne l'a pas fait. Plus de la moitié de la France, le monde civilisé tout entier, lui ont craché sa trahison à la face. Il a courbé la tête. Aujourd'hui il est en fuite. Cette fuite est l'irrémédiable aveu. Donc, sur ce premier point, Picquart avait eu raison.

S'il n'avait découvert que ce côté de la vérité, on l'eût laissé faire ; on le laissa faire, en effet, tant qu'il ne se trouva personne alors, au bureau des renseignements, pas même Henry ou Lauth, pour suspecter l'authenticité du *petit bleu*.

Par malheur, entre cent et quelques trahisons, Esterhazy en avait commis une pour laquelle un innocent avait été condamné. Picquart découvrit aussi cela, qui sera demain la vérité légale. Ce jour-là, il fut condamné.

Ceux qui avaient commis le premier crime songèrent qu'ils ne pouvaient échapper au châtiment que par un second crime. Tel le héros du roman russe qui, entré dans une maison pour y commettre un vol, en sort assassin, ayant tué les deux femmes qui l'avaient surpris. Après Dreyfus, Picquart.

Il n'a dit d'abord la vérité qu'à ses chefs. Ceux-ci l'invitent au silence. Sa conscience refuse de se taire. Ils l'envoient en exil, sur les routes du désert où rôdent les assassins au voile noir, les Touaregs. C'est la première étape de la persécution et de la gloire.

Il tient bon, impassible. La corruption glisse sur lui comme l'eau sur le marbre. Alors, la menace éclate, par la bouche d'un faussaire qui est l'ami du traître et le porte-parole des grands chefs. La conscience haute ne fléchit pas.

La vérité, comme le feu souterrain, a trouvé une autre fissure par où elle s'échappe. Scheurer réclame le témoignage de Picquart. Il faut déconsidérer devant l'opinion, qui vient d'apprendre son nom, ce témoin, ce soldat. Et Pellieux, à la demande du traître, ordonne une perquisition, d'ailleurs illégale, chez Picquart. Et la presse immonde reçoit le mot d'ordre : outrage et calomnie à jet continu.

Picquart a juré de dire la vérité : il la dit, il la dit à Pellieux, à Ravary, à Luxer. C'est trop. L'État-Major enjoint au ministre, son domestique, d'envoyer au Mont-Valérien, aux arrêts de forteresse cet étrange officier qui refuse d'être un faux témoin.

Il est traduit devant un conseil d'enquête; il y dit encore la vérité. Alors, comme Picquart est témoin au procès Zola, Billot garde secrète la décision du conseil. C'est dire nettement : « Tu tiens entre tes mains ta carrière d'officier, cette carrière si belle, que tu aimes, que tu honores. » Picquart a compris; il reste encore fidèle au serment qu'il a prêté, et, aussitôt, il est chassé de l'armée.

Deux faussaires, le Uhlan, Du Paty, avaient fabriqué d'abominables dépêches qui faisaient de Picquart le chef d'on ne sait quel absurde et ténébreux complot. Picquart croit obstinément à la justice, porte plainte et, par miracle, trouve un juge. Ce juge prononce selon sa conscience; sa sentence est brisée. Comment? par quels moyens? L'histoire le saura.

Dans cette extraordinaire bataille de la vérité contre le mensonge, pas une défaite de la vérité qui n'aide à son progrès. Maintenant, c'est un autre ministre de la Guerre qui porte à la tribune de la Chambre un faux stupide avec deux pièces dont il affirme qu'elles s'appliquent à Dreyfus. Picquart offre de prouver que ces pièces ne s'appliquent pas à Dreyfus, que la troisième pièce est un faux. Le ministre de la Guerre est le gardien des crimes de l'État-Major, il ne souffre pas qu'on osé y toucher. Picquart a eu cette audace : Cavaignac le jette en prison.

A peine Picquart est-il en prison que la lumière fait explosion. Le faussaire avoue son faux et se coupe la gorge; le traître prend la fuite, avouant ses trahisons. En même temps, tout l'échafaudage des accusations portées contre Picquart s'est écroulé, il n'en reste rien. Tout ce qu'il a énoncé, l'évènement l'a démontré : les faux d'Henry et de Du Paty, la trahison d'Esterhazy, l'innocence de Dreyfus.

Voilà Picquart sauvé : non, il est perdu. A cette imprudence qu'il avait eue de dire à Brisson, spontanément, sans qu'il fût interrogé, la vérité, Cavaignac n'avait répondu que par une accusation d'espionnage. Cette fois-ci, comme le scandale a été incomparablement plus grand, comme c'est Brisson lui-même qui a interrogé Picquart dans sa prison, voici la réponse du Sabre, à la fois à Brisson qui a voulu savoir la vérité, et à Picquart qui l'a dite : une accusation de faux devant la justice militaire, c'est-à-dire, après la prison, le bagne.

Demain, quand la revision sera ordonnée, de quoi l'accuserez-vous ? Il est Alsacien, deux fois Français; ne pourriez-vous l'accuser de trahison ?

C'est à ce prix que s'achète la plus pure gloire, en l'an 1898, sous le règne de M. Félix Faure...

V

AU CHERCHE-MIDI

21 septembre 1898.

Je ne suis allé qu'une fois à la prison du Cherche-Midi, pour déposer devant Ravary. — J'ai noté, le soir même, le récit de cette conversation ; je le publierai peut-être. On y verra ce que peut devenir, entre certaines mains, cette chose sacrée : la Justice. C'est horrible. — Ravary occupait, pour y faire sa besogne, l'une des meilleures chambres de l'immeuble. Elle était basse, sale, étroite, lugubre. Je parle de la chambre. Toute la maison est sombre, à la fois moisie et sinistre. C'est bien celle de cette antinomie moyen-âgeuse, la justice militaire. Quand on en sort, oppressé, pour descendre dans la rue, — même par une soirée brumeuse de décembre, on respire à pleins poumons, « tout le grand ciel bleu » vous rentre dans le cœur. C'est dans une cellule de cette prison que le colonel Picquart a été écroué. Il n'y a pas été incarcéré seul. Avec lui ont été livrés la liberté, le droit, ce qui reste de l'idéal républicain.

*
* *

Aussitôt livré, il a été mis au secret. Pour combien de jours? Trois semaines, un mois? L'autorité militaire en décidera selon son bon plaisir. Pendant tout ce temps, il ne verra pas une personne amie, ni sa sœur, ni aucun de ceux qui, aujourd'hui plus que jamais, seraient heureux de presser cette main loyale, ni son avocat. Le greffe lira toutes ses lettres. Il sera seul, toujours seul. Il faut qu'il souffre, moralement, sous le coup d'une infâme accusation, matériellement. Il a voulu la vérité, la justice. Un pareil crime ne saurait être expié par un châtiment ordinaire. Injures, outrages, calomnies, humiliations, rigueurs physiques, rien ne lui doit être épargné.

J'entends d'ici les pharisiens: « Qu'est-ce que ces petits désagréments matériels? » Ce sont les mêmes gens qui se rient des duels sans résultat et qui trembleraient, de tous leurs membres, devant une épée nue. Je les engage à s'adresser à Ranc, que, lui aussi, en son temps, les persécutions, la prison, la déportation, ont trouvé invincible dans sa foi républicaine. Il leur dira ce que sont ces « petites misères » de la captivité.

La journée est longue, les nuits aussi. Vous allez à vos affaires, à vos plaisirs. M. le Président de la République chasse avec des seigneurs de vieille et de fraîche date. Il n'a pas été surpris, lui, comme l'a été Brisson, par cette abominable machination, par cette main-mise de l'autorité militaire sur la justice civile, si odieuse, si invraisemblable que ceux-là mêmes qui connaissent le mieux l'audace de l'État-Major ont refusé d'abord d'y croire. Entre deux coups de fusil ou de fourchette, M. le Président de la République daignera-t-il élever sa pensée jusqu'au colonel Picquart, jusqu'à la cellule où il a été enfermé ? Je voudrais le croire, je ne le crois pas. L'Ile du Diable où agonise, depuis quatre ans, un homme qu'il sait innocent, dont il a dit qu'il avait été condamné en violation de la loi, a-t-elle jamais hanté ses nuits ? Il faut une certaine noblesse d'âme pour être accessible au remords. Et ce serait peine perdue que de lui dire la strophe, éternellement vengeresse, du poète :

> Les plus frappés sont les plus dignes,
> Ou l'exil, ou l'Afrique en feu !
> Prince, Compiègne est plein de cygnes ;
> Cours dans les bois, cours dans les vignes,
> Vénus rayonne au plafond bleu...

Que lui importe que les plus frappés soient les plus dignes ! Lui aussi, comme l'autre, il se sera bien amusé.

*
* *

Ce n'est pas qu'il faille l'envier. La marque des âmes basses ou simplement médiocres est l'indifférence au jugement de l'histoire. Cependant, on y vit, dans l'histoire, et d'une vie autrement longue que celle d'ici-bas. Qui ne voit, déjà, la place qu'y occupera Picquart ? Elle était belle hier : combien plus belle elle sera demain ! Combien de cachots déjà qui sont des lieux sacrés de pèlerinage, d'où le visiteur le plus banal sort lui-même avec une conscience plus haute ! Cette longue liste s'est allongée d'une cellule de plus.

Et tous ceux qui connaissent Picquart, hors les scélérats qui tremblent avec raison devant ce prisonnier comme devant un impeccable témoin, savent où va sa pensée. Aujourd'hui comme hier, il ne pense pas à lui-même, mais à l'autre innocent qui expie là-bas, sur son rocher, le crime d'un autre. Il n'était pas son ami; il l'avait eu simplement, pendant quelque temps, sous ses ordres; il avait été le spectateur, presque impassible, du drame affreux où il avait sombré, du moins jusqu'à la parade d'exécution où le cri strident du malheureux, cette déchirante et lamentable protestation, ce grand sanglot, cet appel suprême à la France, avait éveillé dans son cœur, comme dans celui du général qui présidait au supplice, la première angoisse. Puis, un jour, il découvrit que ce maudit est innocent, entièrement, absolument innocent. Alors il lui sacrifia, parce que cette misérable ruine d'homme incarne la justice, la plus brillante et la plus heureuse carrière. Aujourd'hui encore, tranquille et doux, sans un regret, il lui offre sa misère et ses peines.

Le jour où il fut emprisonné pour la première fois, en sortant de l'hospitalière demeure de Trarieux, une noble femme, quelques heures avant son arrestation, lui disait toute sa douloureuse sympathie. « Il ne faut pas me plaindre, répondit-il; après tout, j'ai bien fait quelque chose : j'ai écrit ma lettre au Président du Conseil pour lui dénoncer les faux qui ont été portés à la tribune de la Chambre. C'est l'autre qu'il faut plaindre, celui qui est écrasé sous un forfait qui n'est pas le sien, qui n'a rien fait, rien, rien. » Et les larmes montaient aux yeux de celle qui lui parlait; il gardait, lui, son impassible sérénité.

.'.

Il y a dans les choses une logique plus forte que

toutes les forces brutales coalisées, même avec les plus savantes fourberies. Or, cette logique souveraine combat pour la justice. Aveugle qui ne verrait pas les victoires qu'elle a remportées depuis un an ! Tout était ténèbres il y a quelques mois : aujourd'hui, la lumière déborde de toutes parts. Éclatante celle qui est sortie du procès Zola, terrible celle qui est sortie du suicide d'Henry, décisive celle qui est sortie de la fuite du Uhlan. Celle qui sortira de cette arrestation Picquart, illégale autant que frauduleuse, de cette accusation portée contre lui, plus stupide encore qu'infâme, cette lumière sera plus vive encore. C'est elle qui dissipera les derniers nuages, qui plongera aussi au plus profond de l'abîme où tant de crimes contre le droit, contre l'armée, ont été perpétrés. Je la vois déjà, et le peuple la voit aussi. Il se dit, dans son bon sens simpliste, que l'homme qu'on arrête ainsi, dans l'ombre, par une signature escamotée, ne peut pas être un coupable. Il n'y a que les justiciers, les vengeurs, qu'on arrête ainsi.

Notre génération, si elle a assisté à d'inoubliables tristesses et aux pires ignominies, avait déjà eu ses grands hommes, qui étaient son orgueil et sa joie : poètes, penseurs, citoyens, savants. Il lui manquait un héros. Elle l'a.

VI

CEUX QU'IL FAUT PLAINDRE

2 octobre 1898.

... Et le colonel Picquart est toujours en prison, au secret.

Je ne plains pas le colonel Picquart. Il faut opter en ce monde. Il a obéi à la voix de sa conscience, choisi le devoir, l'honneur, la gloire. Une si belle médaille a son revers : l'iniquité, la persécution, la calomnie. Sur tout héros, a dit le poète, sur tout grand homme, « un ver, le mensonge, se traîne ». Le mensonge traîne sur lui. Le *petit bleu*, un faux ! Il faut, pour le croire, être aussi dépourvu de sens commun, être aussi aveuglé par la passion que pour avoir cru à l'authenticité des faux Henry. C'est l'éternelle histoire du voleur qui crie au voleur. C'est les faussaires qui crient au faux. Ce sont les mêmes, la même bande qui continue d'ailleurs son ignoble métier. Le dossier qui a fait la conviction du général Zurlinden n'est pas moins rempli de faux que les dossiers où Billot et Cavaignac se sont laissé prendre, dont le chef-d'œuvre est encore affiché sur toutes les murailles de France. Il y a, dans ce dossier, un faux *petit bleu*, avec un grattage encore tout frais. Il y a, dans ce dossier, de fausses lettres de Mathieu Dreyfus. Le même génie diabolique qui a présidé au procès Dreyfus a préparé ce nouveau crime, le procès Picquart. Par bonheur, il y a des traîtres parmi les faussaires. Ils ont parlé, tout comme Esterhazy devant le conseil d'enquête où le uhlan dénonça Henry et Du Paty. Marguerite Pays, dite Margot Quatre-Doigts, s'est écriée un jour fièrement, en femme qui connaît les hommes : « Je ne suis pas un officier d'État-Major, moi ; je ne mange pas le morceau. » Ils ont mangé le morceau.

Non, je ne plains pas le colonel Picquart. S'il a été outragé, diffamé, chassé de cette armée dont il reste l'honneur, c'est pour la Vérité, pour la Justice. Ce serait faire injure à la Justice et à la Vérité que de plaindre qui combat pour elles. Ç'a été, dans le passé, le lot de tous ceux qui ont livré la même bataille que d'être persécutés et torturés. Ce sera encore, dans l'avenir, le lot de tous ceux qui livreront cette bataille. Pourquoi Picquart est-il au Cherche-Midi, au secret, dénoncé et traité comme un malfaiteur ? La machination est aussi simple qu'atroce. Il s'agit de troubler un peu plus l'opinion, de l'affoler, de jeter le soupçon et le discrédit sur le principal témoin de la Révision, sur le vengeur de tant de forfaits, d'attentats contre le Droit. Et cela à l'heure même où la Vérité s'élance dans le ciel comme un soleil, où le bandit se livre lui-même après avoir dénoncé ses complices ! Ne voient-ils donc pas, ces scélérats imbéciles, que plus ils accumuleront d'indignités, plus Picquart sortira grandi de cette suprême épreuve ; que plus noires seront les calomnies dont ils l'accableront, plus éclatant sera le jour où ce héros de la conscience, si simple dans sa grandeur, rendra enfin tout leur lustre à ces belles expressions « d'honneur militaire » et de « parole de soldat », si souvent prostituées, hélas ! depuis de longs mois par une presse immonde et jusque dans l'enceinte des tribunaux, sous l'image du Christ indigné de tant de faux serments prêtés en son nom ?

Mais je plains, et du plus profond de mon cœur, le gouvernement de la République. Je ne le plaindrais pas s'il n'avait fait un premier pas dans la voie de la justice. Mais il l'a fait, ce premier pas, il l'a fait à l'applaudissement de tous ceux qui ont encore un cœur sous la poitrine, du monde civilisé tout entier. Et, comme si une fatalité détestable voulait que chaque effort vers la Vérité fût suivi aussitôt d'un plongeon vers l'abîme, ce même gouvernement demeure l'impassible et impuissant témoin d'une iniquité pour le moins aussi odieuse que celle dont il a noblement entrepris la réparation. Quoi ! ces honteuses poursuites ont été engagées contre la volonté du gouvernement, à son insu, par une signature surprise ! C'est malgré le gouvernement que Picquart est en prison ! Et le gouvernement laisse faire, quand l'arsenal des lois lui offre cent moyens de désavouer cette vilenie, d'y mettre un terme !

Ah ! s'il ne s'agissait que de Picquart, comme je dirais : « Allez-y ! Que tous les faux, toutes les machinations, tous les crimes qui sont enfouis dans ce dossier paraissent au grand jour ! Que l'expiation soit complète ! » Mais je pense à la République ; il ne m'est pas encore interdit par M. Déroulède de penser à la France. Et je voudrais, dans mon angoisse, sachant ce que le gouvernement doit savoir, que de nouvelles humiliations, aussi imméritées que cruelles, nous soient épargnées ! Quoi ! il ne vous suffit pas pour éclairer ces ténèbres de la lumière purement française qui les inonde déjà ! Et c'est vous, de vos propres mains, qui allez allumer la lumière de l'étranger !

C'est à pleurer de douleur et de honte. Devant qui tremblez-vous ? Des généraux espagnols vous menaçaient d'on ne sait quel *pronunciamiento*, si l'on touchait à M. de Boisdeffre. Il s'est jugé lui-même. Et l'armée n'a poussé qu'un grand soupir de satisfaction. Les pavés devaient se soulever si la Revision était ordonnée. Elle a été ordonnée, et ils sont restés bien tranquilles. Alors pourquoi, devant ce nouvel acte de justice et de réparation qui s'impose, ces hésitations pitoyables et ces craintes ? En avez-vous déjà assez de cet honneur qui s'attachait à vos noms ? Cette place que vous aviez conquise dans l'histoire, vous y trouvez-vous déjà mal à l'aise ? Est-elle trop haute pour vous ? Les chaînes de Colomb n'ont pas fini de peser sur l'Espagne, ni celles de Galilée sur Rome. Quoi ! tous ces enseignements, toutes ces leçons, et tant d'avertissements auraient été vains !

Vous êtes encore à temps, messieurs les ministres de la République, pour faire votre devoir. Mais il n'est que temps. Pensez à la France, ne pensez qu'à elle !

VII

LA JUSTICE

4 octobre 1898.

Rien n'irrite davantage les âmes simples et loyales que le sentiment de l'injustice. Il les exaspère, les pousse à la révolte ; les pédagogues vous le diront des enfants et les historiens des peuples.

Il s'est produit, depuis de longs mois, trop d'iniquités impunies, trop de dénis de justice. Les gouvernements successifs, les autorités qui étaient hier encore les plus respectées, juges ou généraux, en sont les complices ou semblent l'être. L'âme populaire s'en émeut. Cela devient grave. Jouer ainsi avec la justice, c'est jouer avec le feu. On entend de lointains grondements souterrains. Le Vésuve, avant d'éclater en torrents de lave, épaissit son nuage de fumée. C'est ce nuage qui monte au ciel.

Il est entendu que la manifestation de l'avenue Wagram était inopportune. Le ministère, du moment qu'il prévoyait qu'elle risquait d'être tumultueuse, aurait dû, purement et simplement, la loi en main, faisant son devoir et prenant sa responsabilité, interdire la réunion. Il a paru préférable de faire dénoncer par les propriétaires de la salle le contrat qu'ils avaient signé. Ces moyens obliques passent pour habiles ; ils sont toujours maladroits. Les organisateurs du meeting auraient été plus politiques (ce conseil leur a été donné) de se contenter d'une protestation dans la presse. On leur a tendu le piège que les coquins tendent toujours aux braves, qu'ils ne peuvent tendre qu'aux braves. Ils n'ont pas voulu paraître reculer devant M. Déroulède. Ils avaient cependant, les uns et les autres, et Vaughan, et Morhardt, et Pressensé, donné assez de preuves de leur vaillance pour avoir le droit de hausser les épaules devant les défis de la canaille. Avoir peur d'avoir l'air d'avoir peur, ce courage spécial, a déjà semé l'histoire d'héroïques sottises. C'est ainsi que Ledru-Rollin est allé autrefois aux Arts-et-Métiers. Dans cette bataille pour la Justice, pour la Vérité, pour le Droit, nous ne devons donner à des adversaires capables de tout aucun prétexte. Ils font à l'armée cette injure de la confondre avec une poignée de scélérats : il doit leur être interdit de se poser en défenseurs de l'armée. Ils provoquent et organisent le Désordre ; il ne faut pas qu'ils se puissent poser en défenseurs de l'Ordre. La manifestation ne pouvait conduire qu'à une bagarre où de bas policiers se distingueraient en frappant sur des hommes coupables de crier, sous la République : « Vive la République ! » Cela dit, je tiens, aujourd'hui plus que jamais, parce que d'ignobles injures pleuvent sur lui, à serrer la main de Pressensé. Il est de ceux qui ont le plus contribué à réveiller des milliers d'âmes de leur torpeur.

Mais plus long a été le sommeil du peuple, plus redoutable est son réveil. Il a vraiment été le témoin de trop d'infamies. Dans cette soif nouvelle de justice qui le dévore, comment veut-on que le respect des juges subsiste chez lui, quand Picquart est en prison pour avoir dit la vérité, pour avoir proclamé l'innocence de Dreyfus qui est toujours à l'île du Diable, quand des complaisances criminelles ont laissé partir Esterhazy, quand Du Paty est encore libre? Cette revision, si péniblement arrachée, dans quelles conditions se poursuit-elle? Il court des bruits fâcheux sur la lettre par laquelle M. Sarrien a saisi la Cour suprême. Est-il exact que M. Sarrien ait cherché à enfermer la Cour de cassation dans les limites d'un seul fait nouveau? Ce serait une sottise, parce que la Cour de cassation est souveraine et qu'un garde des Sceaux devrait le savoir. Ce serait surtout d'une insigne déloyauté. Je veux croire que cet acte, qui couvrirait son auteur d'opprobre, n'a pas été commis. On dit pourtant qu'il a été commis. La presse immonde s'en félicite. Le gouvernement n'a-t-il pas mille moyens de démentir une pareille calomnie?

Si jamais l'occasion a été offerte à un républicain d'être un grand ministre de la Justice, c'est celle-ci. Pourquoi M. Sarrien semble-t-il ne vouloir être qu'un garde des Sceaux, qu'un gardien des iniquités? On ne l'accuse pas seulement d'avoir essayé de tricher avec la Cour de cassation. Et, encore une fois, je réclame un démenti. On l'accuse aussi d'être naguère intervenu, personnellement, auprès des membres de la Chambre des mises en accusation pour leur faire rendre, dans l'affaire Du Paty, l'arrêt que la Cour suprême a flétri. Et, ici encore, un démenti est nécessaire, indispensable, car, si les faits étaient vrais, M. Sarrien aurait commis le crime de forfaiture. Un ministre de la Justice se doit à lui-même, il doit à la fonction qu'il occupe, de repousser publiquement un pareil soupçon. Esterhazy a déclaré à un rédacteur de son journal la *Libre Parole* « qu'on l'avait tiré d'affaire parce qu'il avait fini par faire comprendre les graves conséquences que pourrait avoir sa condamnation ». Quelles conséquences et contre qui? Si Esterhazy a dit la vérité, il faut que M. Sarrien explique comment, pourquoi, dans quelles conditions M. le procureur de la République a adressé à la Chambre des mises en accusation des réquisitions contraires aux conclusions de M. Bertulus. Quel est ce nouveau chantage? Et comment, enfin, un mandat d'amener n'est-il pas lancé contre Esterhazy, à la fois escroc et traître, espion et voleur? Pourquoi, dans quel inavouable intérêt, une demande d'extradition n'est-elle pas adressée, depuis longtemps, au gouvernement anglais? Craint-on donc qu'il parle, qu'il avoue, qu'il nomme ses complices?

Et que fait M. le ministre de la Guerre, qui est le chef de la justice militaire comme M. Sarrien est le chef de la justice civile? M. le général Zurlinden n'est pas que gouverneur de Paris : il tient, auprès du ministre de la Guerre, sous ses ordres, la place de Procureur général pour les affaires militaires. Comment M. le général Zurlinden n'a-t-il pas encore reçu l'ordre d'ouvrir une instruction contre Du Paty? L'arrêt de la Cour de cassation qui a brisé celui de la Chambre des mises a confirmé l'ordonnance de M. Bertulus contre ce faussaire. Qu'attend-on pour instruire le procès de cet homme? Esterhazy a avoué être l'auteur du bordereau. Par ordre ou non, peu importe. Il a avoué. Qu'attend-on pour rouvrir le procès de ce misérable? Et Picquart est toujours en prison. La signature de M. le ministre de la Guerre a été surpris. C'est fort bien. Mais M. le ministre de la Guerre sait aujourd'hui, comme le sait M. Brisson, comme le sait M. Delcassé, que l'accusation portée contre Picquart est une abominable calomnie. Chef de l'armée française et gardien de son honneur, attend-il que le colonel de Schwarzkoppen parle autrement que par la voie des journaux, qu'il dise lui-même dans quelles conditions il a écrit le *petit bleu*, comment et par qui le *petit bleu* lui a été volé, et ce que c'est que ce concierge qui a volé le *petit bleu* comme il avait volé le bordereau. Cette humiliation imminente, plus menaçante tous les jours, ne lui fait-elle pas horreur? Qu'attend M. le général Chanoine pour donner à son procureur général, M. Zurlinden, l'ordre de mettre en liberté M. le colonel Picquart?

C'est ces choses que voit le peuple. Des faux, des parjures, des trahisons partout, et des juges nulle part. Là où devrait régner l'impartiale Justice, il voit ou croit voir, ce qui revient au même, des compromissions inexplicables, des complaisances qui ne le sont pas, des services, que la Cour suprême brise comme verre, des demi-mesures qui semblent dictées par des arrière-pensées honteuses, des manœuvres louches, des coups de Jarnac qui se préparent dans les ténèbres et des dés pipés qui sautent. Alors, ce peuple s'inquiète, s'agite. Ce n'est aujourd'hui qu'un trouble profond. Que sera-ce demain? Et tout cela, pourquoi? Parce que ceux qui ont le devoir de faire la Lumière travaillent à refaire l'Ombre. Cette idée que la justice n'est qu'un mot est la plus intolérable de toutes. Le penseur ni le peuple ne peuvent vivre avec cette pensée. Relisez l'histoire, rappelez-vous, hâtez-vous.

VIII

LE CRIME CONTINUE...

18 octobre 1898.

S'il est un gouvernement que les républicains qui ont encore un idéal républicain, que les hommes de droit, seraient heureux de soutenir, c'est celui qui a ordonné — tardivement, sans l'orgueil et la fierté qui auraient convenu, — mais, enfin, qui a ordonné la révision. Mais quoi ! Picquart est toujours au Cherche-Midi, au secret, en violation de la loi, sous le coup de l'accusation la plus monstrueuse et la plus stupide. Alors, on ne peut pas.

> Je n'ai pas sur moi-même un assez grand empire
> Pour avancer la main quand le cœur se retire.

Le poète a toujours raison. Comment avancer la main ?

Dans une lettre que je reçois ce matin, dont l'auteur est l'une des âmes les plus nobles de ce temps, je lis cette phrase : « J'ai physiquement mal à Picquart. » En effet, cette iniquité pèse sur tout, obscurcit la joie de la victoire remportée, passe comme un nuage sur le soleil. Ce crime qu'on prépare, dont j'espère encore pour la République, pour la France, qu'on ne l'accomplira pas, est plus atroce que le crime même dont Dreyfus a été victime. Il y a eu, en 1894, à côté de scélérats sans excuse, des hommes qui ont été de bonne foi, qui ont été surpris par une ressemblance superficielle d'écriture, par de faux rapports, dont l'erreur est explicable. Aujourd'hui, point de circonstances atténuantes. Les limites de l'absurde n'ont jamais été reculées plus loin que par cette abominable accusation. Tout ce mystérieux dossier n'est, manifestement, qu'un amas de faux. De quand date-t-il ? Il n'existait pas du temps de Billot, qui envoyait Picquart sur la route où rôdent les assassins du désert, mais qui avait fait de lui, au préalable, le plus jeune colonel de l'armée française, l'accablait, par la plume de Gonse, de protestations flatteuses et d'offres tentatrices. C'est sous le règne de Cavaignac que, tout à coup, les « preuves » ont surgi sous la baguette magique d'Henry. Le faussaire mort, tué, les faux sont restés. Picquart a fabriqué le *petit bleu* ; il était le complice de Dreyfus, l'agent du Syndicat, que sais-je encore ? On avait des photographies le montrant à Carlsruhe, en conversation, au mois d'avril dernier, avec Schwarzkoppen. Quand il a été démontré que Picquart n'avait point quitté Paris un seul jour, et quand le « truc » de ces photographies a été dénoncé, on les a rengainées. Mais les plaques en existent encore quelque part. On s'est remis au travail. On a gratté l'adresse du *petit bleu*. On a forgé des lettres de Mathieu Dreyfus. Et c'est là-dessus qu'on instruit depuis quinze jours. Le ridicule ne tue plus. Et quand Labori demande à voir Picquart, on lui répond que

Picquart est encore au secret pour plusieurs semaines. Est-ce pour donner aux successeurs d'Henry le temps de retoucher ses faux, d'en faire de nouveaux? Je ne veux pas le croire. C'est, en tout cas, pour que, le jour où la Cour de cassation voudra entendre Picquart, ce grand témoin de la Vérité paraisse devant elle en état de prévention, les menottes aux mains. Imbéciles qui ne voyez pas que ces chaînes doubleront, aux yeux de véritables juges, la valeur du témoignage de ce héros !

Ainsi, le crime continue. Telle est la fatalité qui pèse sur cette tragique affaire que cette aube de la justice, qui pourrait être si belle, si glorieuse pour la France, il faut qu'une iniquité nouvelle, plus odieuse encore, la salisse et l'attriste. Et de quoi demain sera fait, si l'on ne se hâte pas, de quelle douloureuse humiliation, sous le rire méchant de ceux qui ne nous aiment pas, dans la grande pitié de ceux qui nous aiment encore, nous ne le savons que trop. Et toute la France républicaine ne se lèverait pas pour protester !

Il y a, parmi les républicains, des hommes qui, pour des causes diverses, qu'on peut d'ailleurs apprécier différemment, ne sont pas encore descendus dans l'arène, dans cette bataille pour la Justice, pour la Vérité, pour les principes de la Révolution et de toute civilisation.

Ils ont commis, selon l'admirable parole du poète anglais, « le péché de la lampe qui n'a pas été allumée et du rein qui n'a pas été ceint » :

<blockquote>The sin of the unlit lamp and the ungirt loin.</blockquote>

Quelle plus belle occasion de ceindre leurs reins et d'allumer leur lampe ! Un scrupule aurait pu les retenir d'être les ouvriers de la onzième heure, de la victoire. C'est avec raison, pour vaincre ces scrupules, que la profonde psychologie de l'Évangile promet la plus belle récompense à ces ouvriers en retard. Qu'ils n'hésitent pas. Il y a, d'ailleurs, encore des coups à recevoir, beaucoup de coups.

De quoi s'agit-il ? D'une faveur ? Quel est l'ami du colonel Picquart qui lui ferait cette injure ? On ne réclame pour lui que l'égalité devant la loi. Oui, puisqu'il a été accusé, qu'il soit jugé ; il faut que l'atroce calomnie soit déchirée, brisée, réduite en boue, au grand jour d'une audience publique, aussi publique que l'accusation. Mais le ministre de la Guerre, chef de la justice militaire, a le droit, que dis-je ; le droit ? le devoir d'enjoindre à son Procureur général de mettre un terme à une mise au secret barbare, qui est une véritable torture, que rien n'excuse, qui est une violation flagrante de la loi. La postérité se chargera d'élever des statues à Picquart. Il ne s'agit aujourd'hui que de ne pas lui refuser la mise en liberté provisoire qui a été accordée à Esterhazy. Oui, nous en sommes là, il ne s'agit que de cela ; de traiter sur le même pied, — je rougis d'écrire ces deux noms l'un à côté de l'autre ; il le faut, hélas ! — Esterhazy et Picquart, le traître et le justicier.

IX

LE POUVOIR CIVIL

18 octobre 1898.

Depuis près de trente années que fonctionne le régime parlementaire, on a cessé d'accorder de l'importance aux déclarations initiales des ministères successifs. Jupiter se rit des serments des amoureux ; le peuple rit des promesses ministérielles. Le peuple a le plus grand tort. On doit toujours lire avec attention les déclarations des ministres. Les gouvernements font toujours le contraire de ce qu'ils ont promis de faire. Une fatalité inéluctable le veut ainsi. M. Méline avait promis la paix sociale : il a déchaîné dans les esprits, sinon dans la rue, la guerre civile. M. Brisson avait promis la suprématie du pouvoir civil ; voilà pourquoi le général Zurlinden, malgré la volonté formelle du gouvernement, s'est emparé du colonel Picquart ; et pourquoi Picquart, en violation de la loi, est toujours au secret ; et pourquoi le procureur général, quand Labori s'adresse à lui, bredouille quelque chose d'inintelligible ;

et pourquoi Sarrien n'ose rien dire ; et pourquoi la toge s'incline devant le sabre.

Les libéraux, sous l'Empire, se contentaient de demander la liberté comme en Autriche. Les républicains, sous la République, en sont réduits à ce degré d'humiliation qu'ils doivent rappeler à un ministère radical les paroles, sinon les actes, de Napoléon. C'était cependant un despote comme le monde n'en avait pas vu depuis Timour ou Mahomet II. On accordera que le principe d'autorité ne lui était pas inconnu. Il avait aussi, M. Félix Faure en conviendra, quelque souci de l'honneur de l'armée, de ses droits et même de ses privilèges. Il a fait fusiller le duc d'Enghien, mais il n'aurait pas laissé sur la poitrine d'un traître la croix de la Légion d'honneur. Or, voici ce que Napoléon disait, dans la séance du 14 floréal an X, au Conseil d'État :

« Dans tous les pays, la force cède aux qualités ci-
» viles. J'ai prédit à des militaires qui avaient quel-
» ques scrupules que, jamais, le gouvernement militaire
» ne prendrait en France, *à moins que la nation ne fût
» abrutie par cinquante ans d'ignorance.* Toutes les ten-
» tatives échoueront, et leurs auteurs en seront victi-
» mes. » Il prédisait sa propre chute. « Ce n'est pas
» comme général que je gouverne, mais parce que la
» nation croit que j'ai les qualités civiles propres au
» gouvernement. Si elle n'avait pas cette opinion, le
» gouvernement ne se soutiendrait pas. *Je savais ce
» que je faisais lorsque, général d'armée, je prenais la
» qualité de membre de l'Institut ; j'étais sûr d'être com-
» pris par le dernier tambour.*

» Il ne faut pas raisonner des siècles de barbarie
» aux temps actuels. Nous sommes trente millions
» d'hommes réunis par les lumières, la propriété et le
» commerce; *trois ou quatre cent mille militaires ne sont*

» rien auprès de cette masse. Outre que le général ne
» commande que par les *qualités civiles*, lorsqu'il n'est
» plus en fonctions il rentre dans l'ordre civil. Les sol-
» dats eux-mêmes ne sont que les enfants des citoyens.
» *L'armée, c'est la nation*. Si l'on considérait le mili-
» taire, abstraction faite de tous ses rapports, on se
» convaincrait qu'il ne connaît point d'autre loi que la
» force, *qu'il rapporte tout à lui, qu'il ne voit que lui.*
» L'homme civil, au contraire, ne voit que le bien gé-
» néral. *Le propre des militaires est de tout vouloir des-*
» *potiquement ; celui de l'homme civil est de tout soumet-*
» *tre à la discussion, à la vérité, à la raison.* Elles ont
» leurs prismes divers qui sont souvent trompeurs ;
» cependant la discussion produit la lumière. Si l'on
» distinguait les hommes en militaires et en civils, on
» établirait deux ordres, tandis qu'il n'y a qu'une na-
» tion. »

Ainsi parlait Napoléon. Il n'a point su conformer ses actes à ses paroles. La folie carlovingienne s'est emparée de lui. Sa prophétie s'est aussitôt accomplie. Il est tombé d'une chute de Titan, entraînant la France dans sa perte. Mais ces admirables paroles n'en restent pas moins. Avant de devenir fou, matériellement fou, selon le témoignage de son ministre Decrès, il voulait que la suprématie appartînt au pouvoir civil. Il ne prenait pas le mot d'*intellectuel* pour une injure ; il revendiquait, après Rivoli et les Pyramides, la qualité de membre de l'Institut. Il était sûr, ce faisant, « d'être compris par le dernier tambour ».

Ah ! ce dernier tambour de la Révolution, si fier de voir son général échanger ses épaulettes d'or pour les palmes vertes de l'Institut et l'épée de Marengo pour l'épée à poignée d'ivoire, qui nous le rendra pour qu'on en fasse tout de suite le chef suprême de l'armée, d'autant plus vraiment soldat qu'il est plus respectueux du pouvoir civil et des lois? Qui nous le rendra, ce dernier tambour qui battit, au pont d'Arcole, la charge dont l'écho n'a pas fini de résonner, mais qui n'eût point permis qu'on confondît sa cause avec celle de quelques *ci-devant* galonnés, protecteurs d'un traître et de deux faussaires?

Mais quoi? Il n'est point mort, ce petit tambour, il est toujours vivant, il est toujours l'armée de la République et de la France, et, s'il souffre, c'est de cette injure qu'on lui fait de le croire capable de battre la charge contre la Loi et de prendre pour des ennemis les défenseurs de la Justice et du Droit. Il sait, lui, où mènent « ces opérations de police un peu rudes » qu'on célébrait, l'autre jour, en pleine Académie, avec un majestueux cynisme, comme si la nation était déjà suffisamment abrutie, selon la parole de Napoléon, par cinquante ans d'ignorance, depuis la loi Falloux. Il n'a point, lui, oublié Sedan. Et c'est pour ne point retourner là-bas, dans ce lieu « le plus affreux de notre histoire », qu'il veut, lui aussi, le premier intéressé, que ce soit la toge qui soit souveraine.

La suprématie du pouvoir civil, Monsieur le président du Conseil, c'est le premier intérêt de l'armée. Elle a assez des mots, des vains mots qu'emporte le vent : il lui faut la chose. Il faut que la Charte soit une vérité. Or, Picquart est-il libre? Non.

LA
VICTOIRE DU DROIT

LA VICTOIRE DU DROIT

20 octobre 1898.

Ceux qui ont été humiliés et offensés sont déjà trop vengés; hélas! ils le seront encore plus. Depuis deux jours, la France et le monde lisent, avec un sentiment d'horreur, le long procès-verbal des crimes qui ont précédé et suivi le plus effroyable des crimes judiciaires.

Ce procès-verbal est lumineux comme l'évidence, implacable comme un théorème de géométrie. Aucun doute, aucune contestation ne sont possibles. Ce sont les faits qui parlent, et les documents. La réalité dépasse de cent coudées la lettre de Zola au Président de la République. Le poète avait vu la vérité, mais à travers un brouillard qui s'estompait. Le brouillard s'est déchiré. Il n'est pas encore dissipé tout entier. Or, il sera dissipé tout entier. Henry a été dix fois parjure avant d'avouer son crime, qui n'était pas le premier. Il y a d'autres parjures, il y a d'autres complicités; il y a eu d'autres crimes. Et tout sera connu, tout. Tous les mensonges craqueront, tomberont en poussière. Esterhazy n'a pas fini de trahir : après la France, ses protecteurs ; demain, ses complices. Il y a d'autres hommes que les Furies poursuivent de leurs aboiements, qui ne dorment plus, dont le visage se contracte en une atroce grimace. Il faudra bien qu'ils parlent. Et les pierres elles-mêmes parleront.

On voudrait être tout entier à la joie de la victoire, de la justice reconquise, de l'éblouissante lumière, de la réparation qui commence pour le martyr de l'île du Diable, de la gloire qui auréole le nom de Picquart. On ne peut pas. Cette série de crimes, de faux, de lâchetés, de complaisances et de bassesses de toute sortes, de trahisons, de mensonges et de forfaitures, elle est trop longue, trop affreuse ! Quoi ! tout ce qui semblait invraisemblable est vrai, au-dessous de la vérité ! Quoi ! toutes ces infamies ont été commises en France, sous la République, plus d'un siècle après la Révolution, par des hommes qui portent l'uniforme de notre armée ! Et il s'est trouvé des ministres pour couvrir ces criminels, et des juges pour mériter jusqu'au mépris d'Esterhazy !

Et nous ne sommes pas à la fin ! Et les forfaits qui sont dans l'ombre, qui en sortent à peine, sont plus hideux encore que tous ceux qui ont été révélés ! C'est à pleurer de douleur et de honte, c'est à se voiler la face.

Eh bien ! non, il ne faut pas se voiler la face. Oui, tout cela est abominable. Oui, cette vérité est amère, trop amère. Mais, si la vérité n'était pas toujours amère, quel mérite y aurait-il à la vouloir ? Et qui donc, sinon la France, eût été capable de la vouloir, de la faire, dans un pareil drame ? Qui donc, sinon la France, eût fait d'une affaire judiciaire une crise nationale ?

J'ai déjà cité ce mot si profond de Tolstoï, au début de la crise : « C'est un grand bonheur pour la France qu'un problème de morale se pose devant elle. » Le problème a été posé, et la France le résout.

Et qu'on n'objecte pas que le problème n'a été posé que par quelques hommes. Car, d'abord, ces quelques hommes, quel est le pays, sinon la France, qui en eût pu produire de tels? Je n'en veux nommer que trois, parce qu'ils sont, tous trois, deux fois Français, Alsaciens : ce noble Scheurer, qui a dit cette belle parole : « Je n'aurais pas pu vivre si je n'avais parlé ! » et qui aura été le Voltaire de ce nouveau Calas, — cet admirable Mathieu Dreyfus dont la vie, depuis quatre années, est un prodige d'énergie et de vaillance, impassible sous l'outrage et la menace, âme haute et fière et qui suffirait, à elle seule, à ramener les plus dégoûtés à l'amour de l'humanité, — et puis, pour que l'armée ait, elle aussi, sa part dans cette gloire, et que ce soit la part la plus grande et la plus belle, Picquart, Picquart qui a tout sacrifié au devoir, à l'impératif catégorique de la conscience, Picquart qui ne sait rien, dans sa prison, de cette éclatante et solennelle justification de tous ses actes, mais qui ne sera jamais plus grand, quelques réparations superbes que lui réserve l'avenir, qu'aujourd'hui dans sa cellule, sous une odieuse accusation, dans cette première revanche de la justice qui est son œuvre et qu'il ignore, dans ce triomphe qui est le sien et dont il est absent. Oui, il y a d'autres pays où ont été commis des crimes judiciaires; mais quel est celui qui a produit, pour les réparer, des hommes comme ces trois-là? J'attends qu'on le nomme : quel est-il?

Et voici la seconde réponse à l'objection : c'est que, dans tous les temps et dans tous les pays, jamais, les révolutions — et c'en est une que cette entrée victorieuse de la morale dans la politique, — n'ont été entreprises que par une minorité. C'est là une loi historique, aussi sûre que les lois les plus certaines des sciences exactes, qui tient à la nature même des choses et qui ne comporte pas une seule exception. Pourquoi s'étonner que cette loi reçoive ici une nouvelle application? Ce ne sera pas la dernière. Demain, après-demain, dans les crises inévitables qui se préparent, qui traverseront fatalement encore notre vie nationale, ce sera encore et toujours une minorité qui, seule, au début, verra clair, qui sauvera l'honneur, qui préparera la victoire.

Mais la victoire même, c'est la France elle-même qui la remporte. Elle a été douloureusement déchirée depuis un an, cette pauvre et grande âme française; elle a été trompée, troublée, torturée, plongée dans les ténèbres; rien n'a été épargné pour l'effrayer, pour l'angoisser, pour lui rendre tout suspect, pour la rendre suspecte à elle-même, pour la faire douter de tout. Quoi de plus respectable, d'ailleurs, de plus touchant, que sa longue erreur! Elle ne voulait pas, ne pouvait pas croire que de tels crimes aient pu être commis. Auriez-vous préféré que, tout de suite, à la première dénonciation, elle eût cru, comme la chose la plus naturelle au monde, qu'il y avait de pareils scélérats dans son armée, que de pareilles vilenies avaient été perpétrées? Elle n'a pas pu imaginer que cela fût possible, et elle a méconnu, dès lors, ceux qui lui disaient la vérité, elle les a honnis, taxés de mensonge, outragés, frappés. Eh bien, ces coups, dont j'ai reçu ma petite part, je la remercie à deux genoux de nous les avoir donnés. Car cet aveuglement, qui a semblé interminable et qui n'a pas duré un an, il avait la cause la plus noble, l'impossibilité de croire à un certain degré de perversité et d'indignité. Cette âme française, que quelques-uns disaient fanée et corrompue, elle est toujours simple, ingénue et crédule comme celle d'un enfant. Et c'est pourquoi elle reste si belle. Et c'est pourquoi aussi, parce qu'elle est restée si jeune, qu'elle s'est ressaisie avec tant de force et qu'elle a résolu le problème qui était posé devant elle. Tous les pouvoirs publics étaient d'un côté, appuyés sur la plus formidable coalition d'intérêts et d'appétits. Qui en a triomphé ? L'opinion, elle seule. Il n'y a peut-être jamais eu de plus magnifique victoire de l'opinion.

Le destin a fait de la France un pays tragique. Tout y est grand, démesuré, le crime comme la vertu. Les passions qui ravagent l'âme des autres peuples devaient aussi ravager la sienne. Elle aussi, toute fille de la Révolution et de l'Encyclopédie qu'elle soit, devait connaître l'antisémitisme. Il a commis, en France, le plus hideux de ses crimes, un assassinat moral. Mais sa chute, devant la révélation du crime qui est son œuvre, y sera aussi plus profonde et plus décisive. Les paroles qui sont prononcées devant une parol sonore éveillent plus d'échos que celles qui sont criées dans la plaine. La France depuis qu'elle existe a toujours parlé devant une parol sonore. C'est un malheur pour l'humanité tout entière quand les paroles qu'elle dit sont de haine ou de mensonge. Mais, quand ce sont des paroles de vérité et de justice, de liberté et de pitié, le monde tout entier en devient meilleur.

L'affaire Dreyfus aura été la secousse nécessaire. Elle ne marque pas un progrès du crépuscule. Elle est un retour vers la lumière. Elle sera la date d'une vie nouvelle. Elle est une victoire nouvelle de la Révolution.

TABLE

Pro misero.

1. — Le curé de Fréjus ou les preuves morales . . . 3
2. — A l'île du Diable 15
3. — Les clairons de la pensée 22
4. — Le rêve de Brisson 27
5. — La voix de l'île 31

La Pièce secrète.

1. — La pièce secrète du procès Dreyfus 37
2. — La démonstration est faite 53
3. — Autres preuves 58
4. — Les pièces secrètes du procès Dreyfus . . . 68
5. — A la Cour de cassation 73

Le Droit d'une Femme.

1. — Le droit absolu de Mme Dreyfus 79
2. — De l'interprétation des lois 91

Coram Populo.

1. — Le procès Esterhazy 101
2. — A la commission de l'armée 103

3. — L'Election de Digne. 105
4. — Profession de foi. 109
5. — Lettre à M. Octave Mirbeau. 116
6. — Un démenti. 121

Les Enseignements de l'Histoire.

1. — Les enseignement de l'histoire. 123
2. — Devant le conseil d'enquête. 136

La Légende des aveux.

La nommée Mandrille. 147

Le Uhlan.

1. — De la lumière. 157
2. — L'honneur de l'armée. 161
3. — L'espion. 172
4. — L'honneur de l'armée. 179
5. — « Une plaisanterie de sa façon ». 182
6. — La Révision c'est l'honneur de l'armée. 191
7. — Pourquoi Esterhazy a pris la fuite. 197
8. — Les complices d'Esterhazy. 201

Les Faussaires (1re série). Du Paty de Clam.

1. — Position de la question. 215
2. — Le « demi-dieu ». 231
3. — Où l'on retrouve Lemercier-Picard. 241
4. — Les points sur les I. 246
5. — L'aveu par le silence. 248
6. — Tempora si fuerint. 252
7. — Les lettres de la dame voilée. 258
8. — Le point de droit. 267
9. — Page d'Histoire. 274
10. — Enquêtes à faire. 283
11. — La vérité en marche. 289
12. — Arrêt secret. 293
13. — Eupatoria. 297
14. — Le conseil des Dix. 303
15. — Page d'Histoire (suite). 305
16. — La peur de la lumière. 310
17. — Inscription. 313

LES FAUSSAIRES (2ᵉ série), Henry.

1. — Le coup de massue du général de Pellieux . . . 317
2. — Le général de Boisdeffre et le jury. 321
3. — Halte là ! 326
4. — Comment a été fabriquée la lettre Henry. . . . 332
5. — Le dossier ultra secret. 348
6. — Les faux d'Henry. 352
7. — Mes petites lettres 357
8. — Autres faux. 363

LES ÉTAPES DE LA VICTOIRE.

1. — Ceux qui ont peur 377
2. — La marche de la lumière 381
3. — L'éclatante vérité. 387
4. — Les aveux du uhlan 392
5. — La revision 397
6. — Une voix d'outre-tombe. 400
7. — La liberté 404

UNE CONSCIENCE : *Le colonel Picquart.*

1. — Un héros. 411
2. — Une conscience 414
3. — Manœuvre infâme. 421
4. — Étapes de la persécution 425
5. — Au Cherche-Midi 429
6. — Ceux qu'il faut plaindre 434
7. — La Justice. 438
8. — Le crime continue 443
9. — Le pouvoir civil. 447

LA VICTOIRE DU DROIT.

La victoire du droit. 453
TABLE. 459

Imprimerie Générale de Châtillon-s-Seine. — A. Pichat.

A LA MÊME LIBRAIRIE

PUBLICATIONS SUR L'AFFAIRE DREYFUS

L'AFFAIRE DREYFUS. — **Le Procès Zola** devant la Cour d'assises de la Seine et la Cour de cassation (7 février-23 février; 31 mars-2 avril 1898.) Compte rendu sténographique *in extenso* et documents annexes. Deux volumes in-8 de 550 pages. Prix. . . . . 7 fr. »

Le Capitaine ALFRED DREYFUS. **Lettres d'un innocent.** Un volume in-18 . . . . 1 »

A. RÉVILLE. Affaire Dreyfus. **Les étapes d'un intellectuel.** Une brochure in-18. . . . . 1 »

CAPITAINE PAUL MARIN. **Dreyfus?** Un fort volume in-18. 3 50
— **Esterhazy?** Un fort volume in-18 . . . . 3 50
— **Le lieutenant-colonel Picquart?** Un fort volume in-18. 3 50
— **Le capitaine Lebrun-Renault.** Un fort volume in-18. . 3 50

JUSTIN VANEX. Dossier de l'Affaire Dreyfus. (Les points éclaircis.) **Coupable ou non?** Une brochure in-8. 1 »

E. DUCLAUX, membre de l'Institut. L'Affaire Dreyfus. **Propos d'un solitaire.** Une brochure in-18. . . . . . 0 50
— **Avant le Procès.** L'Affaire Dreyfus. Une brochure in-18 . . . . 0 50

YVES GUYOT. **La Révision du procès Dreyfus.** Faits et documents juridiques. Une brochure in-8. . . . . . 2 »
— L'Innocent et le Traître. **Dreyfus et Esterhazy.** Le devoir du garde des Sceaux, ministre de la Justice. Une plaquette in-12. . . . . 0 25

BERNARD LAZARE. **Comment on condamne un innocent.** L'acte d'accusation contre le capitaine Dreyfus. Une brochure in-8. . . . . 0 50
— **L'Affaire Dreyfus.** Une erreur judiciaire. (Deuxième mémoire, avec des expertises d'écritures de MM. Crépieux-Jamin, Gust. Bridier, de Rougemont, P. Moriaud, E. de Marneffe, de Gray Birch, Th. Gurrin, J.-H. Schooling, D. Carvalho, etc.) Un volume in-8 . . . . . . 3 50
— **La Vérité sur l'Affaire Dreyfus.** Une erreur judiciaire. Premier mémoire (1897). Une brochure in-18. . . . 0 50

JEAN TESTIS. La Trahison. — **Esterhazy et Schwarzkoppen.** Une brochure in-16. . . . . 0 50

SAINT-GEORGES DE BOUHÉLIER. Affaire Dreyfus. **La Révolution en marche.** Une brochure in-18. . . . . . 0 50

H. VILLEMAR. — **Dreyfus intime.** Un volume in-18. . . 1 »

La clé de l'Affaire Dreyfus. Reproduction du bordereau, de l'écriture du commandant Esterhazy et de l'écriture du capitaine Dreyfus avec observations graphologiques. Un placard 0 25

Affaire Esterhazy. Reproduction du bordereau et de l'écriture du commandant. Un placard 0 25

Fac-similé du diagramme de M. Bertillon. Un placard . 0 25

ED. HEMEL et HENRI VARENNES. **Le dossier du lieutenant Fabry.** Pages d'histoire judiciaire. Une broch. in-18. . . . . 1 »

JOSEPH REINACH. **Le Curé de Fréjus et les preuves morales.** Une plaquette in-18. . . . . 0 25
— **A l'île du Diable.** Une plaquette in-18. . . . . 0 25
— **Les Enseignements de l'histoire.** Une brochure in-16. 0 25

RAOUL ALLIER. Une erreur judiciaire au dix-huitième siècle. **Voltaire et Calas.** Une jolie brochure in-18. . 0 50

ALFRED MEYER. Le bâillon en 1766. **Lally-Tollendal et son procès de trahison.** Un volume in-18. . . . . 1 »

Imprimerie générale de Châtillon-sur-Seine. — A. Pichat.

www.ingramcontent.com/pod-product-compliance
Lightning Source LLC
Chambersburg PA
CBHW060518230426
43665CB00013B/1565